Das Schubert-Lied
und seine Interpreten.

Sabine Näher

Das Schubert-Lied und seine Interpreten

Verlag J. B. Metzler
Stuttgart · Weimar

Die Deutsche Bibliothek – CIP-Einheitsaufnahme

Näher, Sabine:
Das Schubert-Lied und seine Interpreten /
Sabine Näher. – Stuttgart ; Weimar : Metzler, 1996
ISBN 3-476-01329-4

Gedruckt auf säure- und chlorfreiem, alterungsbeständigem Papier

ISBN 3-476-01329-4

©1996 J. B. Metzlersche Verlagsbuchhandlung
und Carl Ernst Poeschel Verlag GmbH in Stuttgart

Einbandgestaltung: Willy Löffelhardt unter Verwendung eines Fotos
von Peter Mathis (Schubertiade Feldkirch)
Satz: A & M dtp, Stuttgart
Druck und Bindung: Franz Spiegel Buch GmbH, Ulm

Printed in Germany

Verlag J. B. Metzler Stuttgart · Weimar

Inhalt

Olaf Bär

Eine Seelenwanderung

Herr Bär, Sie waren Mitglied des Dresdner Kreuzchores: Was gibt einem das mit auf den musikalischen, vielleicht auch den sonstigen Lebensweg?

Zunächst einmal verbringt man in diesem Chor eine lange Zeit seines Lebens: Ich war Kruzianer – so heißen die Mitglieder des Kreuzchores – von meinem neunten bis zum achtzehnten Lebensjahr, also bis zum Abitur, das damals in der DDR nach zwölf Schulklassen abgelegt wurde. Der musikalische Ertrag ist sicher für jeden einzelnen Kruzianer sehr unterschiedlich. Eine hervorragende Schule ist es für jeden insofern, als man spielend – in dem Alter ist der Zugang zur Musik zunächst ja noch ein spielerischer – lernt, auf hohem Niveau mit Musik umzugehen. Hat man zudem eine musikalische Begabung oder ein besonderes Talent, dann kann man relativ schnell sehr vieles lernen. Mir fällt heute zum Beispiel auf, daß ich große Probleme habe, auswendig zu lernen. Das kommt daher, daß ich Musik gut lesen und ziemlich sicher vom Blatt singen kann. Das Auswendiglernen ist dann ein mühsamer Prozeß! Kollegen, die hingegen viel Zeit für das Einstudieren aufwenden müssen, lernen nebenbei ganz von selbst auswendig. Mir bleibt nichts anderes übrig, als mich mit den Noten hinzusetzen – und zu pauken... Ein großer Vorteil war sicher auch, daß wir im Kreuzchor sehr viele stilistische Richtungen kennengelernt haben. Außerdem übt man sich darin, seine Ohren offenzuhalten, denn im Chor kann man eben nicht für sich allein singen, sondern muß immer auf das reagieren, was um einen herum passiert. Das betrifft die Chorarbeit natürlich in besonderem Maße, gilt aber auch darüber hinaus: Man lernt, sich auf andere einzustellen – immerhin leben da 120 Knaben und junge Männer miteinander. Die verschiedenen Altersstufen auf engem Raum, die gewiß für jeden schwierige Zeit der Pubertät, die Schule und die damit verbundenen Prüfungen – da können schon komplizierte Situationen entstehen! Jedenfalls lernt man in einem solchen Institut, mit vielen Menschen zurechtzukommen. Außerdem entwickelt sich eine gewisse Selbständigkeit; schließlich verbringt man nur sehr wenig Zeit zu Hause bei den Eltern. Und ein weiterer Punkt, den ich anführen möchte: Man hat sich zu disziplinieren. In einer solchen Gemeinschaft ist Disziplin das A und O. Und zwar nicht nur musikalische Disziplin, sondern grundsätzlich, alle Lebensbereiche betreffend.

Haben Sie jemals die Erfahrung gemacht, daß aus Ihrer Zeit als Kruzianer eine gewisse Erwartungshaltung des Publikums resultiert – etwa, daß man festgelegt ist aufs oratorische Fach oder zumindest auf ›brave‹ Rollen?

Nun, ich erinnere mich: Wenn wir mit dem Kreuzchor auf Reisen waren, hatte man uns meistens in Privatquartieren untergebracht. Mitunter wohnte man beim Pfarrer oder anderen, sagen wir mal, kirchlich gebundenen Leuten. Oft wurde man dann nach dem Berufswunsch gefragt und die Antwort, man möchte Sänger werden, rief Begeisterung hervor. Fiel dann aber zusätzlich der Begriff »Theater«, dann waren die Leute oftmals schockiert, daß der brave Junge, der da gerade am Altar noch Bach oder Schütz gesungen hatte, tatsächlich an so etwas denken konnte. Gerade in kleineren Dörfern hatte das durchaus noch etwas Anrüchiges... Heute jedoch begegnet mir diese Voreingenommenheit kaum. Allerdings hatte man zu Anfang des Studiums selbst einige größere Hemmschwellen abzubauen. Schließlich war man daran gewöhnt, im dunklen Anzug möglichst diszipliniert und ordentlich aufgereiht auf der Bühne zu stehen. Als ich dann im sogenannten dramatischen Unterricht meine erste Liebesszene zu spielen hatte – das war schon eher lächerlich... Aber ich denke, Probleme mit dem Spiel auf der Bühne haben die anderen Anfänger, die ja schließlich allesamt nicht Schauspieler, sondern Sänger werden wollen, genauso. Der Besitz einer guten, schönen Stimme ist schließlich noch kein Garant dafür, daß man sich auf der Bühne vernünftig bewegen kann. Das sieht man ja auch allerorten. Von einigen Kruzianern, die ebenfalls Sänger geworden sind, weiß ich aber, daß sie mittlerweile auch großen Spaß am Agieren auf der Bühne haben. Von mir selbst kann ich das auf jeden Fall behaupten.

Wo sehen Sie heute die Schwerpunkte Ihrer künstlerischen Arbeit?

Ich fühle mich – wahrscheinlich auch durch den Einfluß des Kreuzchores – sehr dem Lied verpflichtet. Das hängt andererseits auch damit zusammen, daß ich die Lyrik der Romantik sehr mag: Heine, Eichendorff, um jetzt nur diese beiden bekanntesten Namen herauszugreifen. Ich denke, daß diese Lyrik gerade für unsere Zeit sehr wichtig ist, weil uns diese Beziehung zu den urmenschlichen Problemen abhanden kommt: Liebe, Eifersucht, Schmerz, Einsamkeit, Freude, Trauer – alle diese emotionalen Bereiche des Lebens. Sie finden vor allem in der Kammermusik, zu der das Lied ja zählt, ihren Ausdruck. Das steht mir sehr nahe – und damit möchte ich als Sänger umgehen. Hinzu kommt, daß ich eine lyrische Baritonstimme habe, was dazu führte, daß ich mich zu Beginn meiner Karriere in der Oper hier oder dort etwas zurückgehalten habe, um die Stimme auf natürlichem Wege wachsen zu lassen. Heute, da ich mich stimmtechnisch sicher fühle und auch genau weiß, welchen künstlerischen Weg ich gehen will – schließlich muß man an diesen Punkt durch Erfahrung erst einmal kommen – versuche ich zunehmend, eine Balance zu finden zwischen Lied und Oper. Ich stehe wirklich gerne auf der Bühne; es macht mir unglaublichen Spaß, mich zu verkleiden – ich finde es faszinierend, in eine fremde Haut hineinzuschlüpfen. Andererseits: In die großen Liedzyklen »Winterreise«, »Schöne Müllerin« oder »Dichterliebe« kann man so viel Persönliches einbringen! Die großen oratorischen Werke, von Bachs »Matthäus-Passion« und »Weihnachtsoratorium« über »Die Schöpfung« von Haydn bis zum »Deutschen Requiem« von Brahms, sind die musikalische Welt, mit der ich aufgewachsen bin. Und bei der Aufführung dieser Werke möchte ich natürlich auch immer wieder mitwirken. Das gehört für mich einfach dazu.

Welche Bedeutung hat der Lied-Komponist Schubert für Sie?

Franz Schubert und sein immenses Liedschaffen von über 600 Werken – wo soll man da anfangen, wo aufhören? Ich glaube, ein Leben reicht nicht aus, um diese Fülle auch nur zu begreifen... Er ist zweifellos *der* Liedkomponist; ich möchte fast sagen: der Erfinder des Liedes. Das klingt nun vielleicht plakativ, aber je mehr man sich mit seinen Liedern beschäftigt, desto mehr kann man immer wieder entdecken. Allerdings muß man einräumen, daß der gute Meister Schubert es schon verstanden hat, die Lieder ›leicht‹ aussehen zu lassen – und dabei sind sie so unglaublich schwer... Es ist eben immer das Einfache, was schwer zu machen ist. Insofern ist natürlich für einen Liedsänger, der sich vorrangig mit dem deutschen Lied beschäftigt, Franz Schubert der zentrale Punkt. Ich möchte allerdings hier auf das Klischee zurückgreifen: Das Werk, an dem ich gerade arbeite, ist mir das allerliebste. Denn zu sagen, Schubert ist das absolute Zentrum, wäre ungerecht gegenüber allen anderen genialen Komponisten vor und nach ihm. Jeder Liederabend, sei es mit einem der großen Liedzyklen oder mit einem Programm, das die Werke mehrerer Komponisten vereint, ist ein unglaubliches Erlebnis – eine Seelenwanderung. Zumal wenn sich dann noch ein Gespräch entwickeln kann mit dem Zuhörer im Saal, wenn sozusagen der Funke überspringt.

Sie haben die Schubertschen Zyklen sehr jung eingespielt: die »Müllerin« 1987, die »Winterreise« 1989, den »Schwanengesang« 1990. Haben Sie sich, heute zurückschauend, jemals dazu gedrängt gefühlt oder sich gefragt, ob es vielleicht zu früh war?

Nein! Im Jahre 1987 war ich gerade dreißig Jahre alt. »Die Schöne Müllerin« erzählt schließlich die Geschichte eines jungen Müllerburschen, nicht die eines älteren Herren. Ich glaube, daß es gut und richtig ist, sich mit diesen Zyklen – auch »Winterreise« und »Schwanengesang« – so früh als möglich auseinanderzusetzen. Die Lesart wird sich natürlich verändern im Lauf der Zeit. Das hängt zum einen mit der stimmlichen Entwicklung zusammen, zum anderen aber auch mit der wachsenden Lebenserfahrung. Gerade bei der »Winterreise« wurde ich oft gefragt, ob es nicht zu ›früh‹ sei – und ob ich wohl schon die nötige ›Reife‹ aufweisen könnte. Ich empfinde das als ein Klischee: Was bedeutet eigentlich Reife? Jeder Mensch ist seinem Alter entsprechend ›reif‹ – und ich denke schon, daß ein dreißigjähriger Mann eine gewisse Erfahrung hat in der Auseinandersetzung mit dem Tod, mit Einsamkeit, mit einer verlorenen Liebe. Jeder Mensch macht diese Erfahrungen. Entscheidend ist, daß man sich mit diesen Dingen emotional und künstlerisch auseinandersetzt – und das kann und sollte man sehr früh tun. Denn gerade die Zyklen brauchen Zeit zum Reifen und Wachsen. Ein zweiter Punkt, den ich hier immer wieder anführe: Die Tragik der »Winterreise« besteht ja gerade darin, daß der Wanderer ein junger Mensch ist! Das zentrale Lied in diesem Zusammenhang ist »Der greise Kopf«: »Vom Abendrot zum Morgenlicht ward mancher Kopf zum Greise.

Wer glaubt's – und meiner ward es nicht – auf dieser ganzen Reise...«. Der Reisende erwacht und glaubt, er habe über Nacht weiße Haare bekommen – doch dann taut der Schnee hinweg und er hat wieder sein pechschwarzes Haar – das Haar eines jungen Menschen. An einer anderen Stelle heißt es: »Wie weit noch bis zur Bahre!« – er wünscht sich den Tod, ist aber – einen natürlichen Verlauf vorausgesetzt – ewig weit davon entfernt. Und schließlich der dritte Punkt: Sowohl Franz Schubert als auch Wilhelm Müller haben die Musik beziehungsweise den Text in jungen Jahren verfaßt! Das sind für mich alles eindeutige Hinweise dafür, daß man sich mit diesen Werken so früh als möglich auseinandersetzen sollte.

Sehen Sie denn bisher schon grundsätzliche Veränderungen in Ihrem Zugang zu einem der Werke?

Das ist sicher schwer festzustellen, weil man sich mit diesen Zyklen ja sehr oft beschäftigt. Ich schätze, alle zwei bis drei Monate sind ein oder zwei Konzerte mit einem der Zyklen vorgesehen. In dieser kontinuierlichen Auseinandersetzung werden sich Veränderungen kaum schlagartig ergeben, sondern sich eher allmählich entwickeln. Da müßte man schon die Plattenproduktionen heranziehen; vielleicht kann ich ja im Jahre 2000 eine Neuaufnahme der »Müllerin« mit der Einspielung von 1987 vergleichen... Normalerweise höre ich mir meine Aufnahmen ja nicht ständig wieder an – ist eine Platte erschienen, höre ich sie einmal; dann kommt sie ins Regal – und bleibt auch dort. Ich freue mich dann, wenn Leute auf mich zukommen und mir erzählen, wie schön sie diese oder jene Aufnahme finden... Neulich habe ich mir allerdings meine erste Lied-Produktion von Schumanns »Dichterliebe« aus dem Jahre 1985 wieder vorgenommen, um einige stimmtechnische Aspekte zu analysieren. Da muß ich allerdings feststellen: Der Dichter, der damals vor zehn Jahren gesungen hat, das war ein relativ junger, unbekümmerter, naiver Mensch. Der Dichter, der das heute singt, bringt doch sehr viel mehr Ironie und Bitterkeit zum Ausdruck. Allerdings nicht, weil ich mittlerweile bitter geworden bin, im Gegenteil, ich bin ein sehr optimistischer und positiver Mensch, sondern weil es Phasen in meinem Leben gegeben hat, die mich haben wissen lassen, daß gewisse Situationen eben einen bitteren Beigeschmack haben.

Und diese Erfahrungen habe ich mir konservieren können. Natürlich schwingen sie in der Seele eines Menschen mit – und man kann sie sozusagen wieder abrufen, um sie in eine Interpretation einfließen zu lassen.

Wie sehen Sie das Verhältnis der Schubertschen Zyklen zueinander: Ist die »Müllerin« der ›leichtere‹ Zyklus?

Ich wüßte nicht, wieso die »Müllerin« leichter sein sollte. Eine der Schwierigkeiten der »Winterreise« besteht sicher darin, daß eine Grundstimmung den ganzen Zyklus beherrscht und daß nicht direkt eine fortlaufende Geschichte erzählt wird. Auch die Beschränkung auf eine Person – nur im letzten Lied taucht der Leiermann auf – mag problematisch sein. Andererseits finde ich gerade das interessant: den einzelnen Stimmungen nachzugehen, die da aufscheinen – diese Befindlichkeit eines Menschen aufzuzeigen, der sich in einer ausweglosen Situation befindet: Er ist einsam und verlassen – nicht einmal der Tod bietet ihm einen Ausweg. Hier nachzuforschen, wie weit gehen die Möglichkeiten, Freude auszudrücken, Trauer auszudrücken – wo sind die Grenzen der Nuancierungsmöglichkeiten? Oder: Auf welch verschiedene Art zeigt sich Liebe? Das alles fasziniert mich an dieser interpretatorischen Auseinandersetzung. Der »Schönen Müllerin« hingegen liegt eine ganz andere Dramaturgie zugrunde: Das ist fast ein kleines Theaterstück. Hier kommt es darauf an, den Fortgang einer Geschichte zu erzählen: Ein junger Müllerbursche macht sich auf den Weg; er begegnet einer Liebe; irgendwann wird sie erwidert; irgendwann wird sie enttäuscht. Eigentlich ist es kein Zyklus über Liebe, sondern über Treue: Ist Treue überhaupt möglich? Und zwar nicht nur zwischen Mann und Frau, sondern allgemein, im weitesten Sinne. Hier vor allem in dem Sinne: Ist es möglich, einen Menschen zu besitzen? Denn das ist es, was der Müller gerne möchte: die schöne Müllerin besitzen. Und gerade hier liegt das Mißverständnis des Müllers und vieler Menschen – diese uneingeschränkte Treue kann es zwischen Menschen nicht geben; die kann man höchstens im Verhältnis zur Natur finden: Das Bächlein etwa wird nicht aufhören zu fließen. Dies ist für mich derzeit der Zugang zu dem Werk. Musikalisch gibt es zwischen »Winterreise« und »Müllerin« riesengroße Unterschiede, schon weil sie zu ganz verschiedenen Zeiten entstanden sind. Rein stimmtechnisch empfinde ich die »Müllerin« problematischer. Auch die vier Strophenlieder in der Mitte des Zyklusses, welche die Geschichte fast ein bißchen stagnieren lassen, sind zumindest interpretatorisch ein Problem. Musikdramaturgisch ist dieser Müllerbursche so geschildert, daß man die Müllerin verstehen kann: Man kann nachvollziehen, wieso sich diese junge Frau dem Jäger zuwendet! Ich könnte mir sogar vorstellen, daß sich Schubert in dem Müllerburschen selber schildert; schließlich hat er nicht gerade Glück gehabt im Umgang mit Frauen. Die Ursache des Todes von Franz Schubert war eine Geschlechtskrankheit, mit der er sich mit großer Wahrscheinlichkeit in einem bordellähnlichen Etablissement infizierte. Man muß offensichtlich davon ausgehen, daß dieser große Franz Schubert keine Liebe finden konnte – zumindest keine, die wahrhaft erwidert wurde. In der »Winterreise« spürt man das ganz deutlich, aber auch in der »Müllerin«. Der Müllerbursche jedenfalls scheint mir einer von diesen bedauernswerten Menschen: Er ist ganz lieb und ganz nett, aber er kann kein echtes Interesse erwecken... Dies ist allerdings ein rein musikalisch-interpretatorischer Ansatzpunkt.

Kommen wir zum »Schwanengesang«: Nach welchen Kriterien haben Sie Ihre Fassung des Werks zusammengestellt?

Der Zyklus in diesem Zyklus sind sicher die sechs Heine-Lieder, die ich in einer anderen Reihenfolge singe, als sie in der ohnehin willkürlichen Ausgabe bei Peters angegeben sind. Aber es gibt ja sowieso keine verbindliche Reihenfolge für das ganze Werk, das vom Verleger Tobias Haslinger nach Schuberts Tod unter diesem Titel so zusammengestellt worden ist. Zur »Taubenpost« nehme ich noch drei weitere Lieder nach Texten von Seidl dazu, die mir zur Gesamtstimmung dieses Abends passend erscheinen. Die Lieder nach Texten von Rellstab weisen ja auch keine direkte innere Verbindung auf. Nur bei Heine kann man, wenn man will, eine kleine Geschichte erzählen. Deshalb ordne ich die Lieder so an: »Das Fischermädchen«, »Am Meer«, »Die Stadt«, »Der Doppelgänger«, »Ihr Bild« und »Der Atlas«. Entwickelt hat diese Reihenfolge ein Musikwissenschaftler und ich habe es, noch als Kruzianer, mit Schreier so gehört, fand es sehr plausibel – und habe es nun übernommen. Mitunter wird es kritisiert, aber ich finde es so einfach sinnvoller.

Wie stehen Sie zu dem Einwand, der Interpret sollte die Zuhörer nicht mit der verzweifelten Stimmung der Heine-Lieder ›entlassen‹?

Dann dürfte man dem Publikum auch den Schluß der »Winterreise« nicht zumuten. Außerdem will ich ja keine ›Unterhaltung‹ bieten in dem Sinne, daß alle frohgemut und lächelnd nach Hause gehen. Dafür ist doch eher das Fernsehen zuständig. Im Gegenteil: Wenn eine Zugabe erwünscht ist, pflege ich nach Aufführungen des Zyklusses »Schwanengesang« das Lied »Schwanengesang« nach einem Text von Senn zu singen. Das ist noch deprimierender als alles Vorangegangene... Ich finde, man sollte den Zuhörer gerade in dieser Stimmung halten. In einem solchen Konzert sollen Saiten zum Klingen kommen bei den zuhörenden Menschen, die sie eben sonst gerade nicht vernehmen – und die sollen möglichst noch ein wenig nachschwingen... Ein Problem unserer Zeit besteht doch in der zur Perfektion getriebenen Art der Verdrängung – alles, was aus dem üblichen Rahmen fällt, soll verdrängt werden! Ob das unglückliche Liebe ist, Eifersucht – die glatte Oberfläche muß gewahrt bleiben; nur nicht vor anderen Menschen aus der Rolle fallen! Dadurch machen wir unser Leben so arm... Ich muß doch beispielsweise auch einmal richtig weinen können, wenn mir danach zumute ist, muß meine Wut oder Eifersucht erleben und nicht verdrängen. Um der Verarmung, dieser Sucht nach äußerer Perfektion entgegenzuwirken, stelle ich mich auf die Bühne und singe diese Lieder! Darum sehe ich auch kein Problem, die Zuhörer in einer, wie Sie sagten, ›verzweifelten Stimmung‹ zu entlassen. Falls das Publikum eines sieht, sollte es vielleicht nicht in Liederabende gehen... Ich bin jedenfalls nicht Sänger geworden, um die Leute einzulullen – wer das möchte, ist doch mit soap operas, Quiz-Shows, Fußball oder Tennis im Fernsehen besser bedient.

Ist es für Sie als Interpret grundsätzlich reizvoller, einen Zyklus zu gestalten, oder sich ein eigenes Programm zusammenzustellen?

Beides ist sehr interessant. Und wenn ich mir ein eigenes Programm zusammenstelle, hat das auch insofern einen zyklischen Charakter, als ich mir einen thematischen Aspekt suche – bei Schubert etwa Vertonungen eines bestimmten Dichters oder Texte, die um ein Thema kreisen. Christoph Prégardien hat hier auf der Schubertiade Feldkirch gerade »Lieder von Abschied und Reise« gesungen; Hermann Prey hatte vor vielen Jahren mal ein

Programm kreiert »Gott und die Welt« – Anknüpfungspunkte gibt es wirklich unzählige. Ich hatte beispielsweise auf einer Veranstaltungsreihe in Brüssel im Jahre 1993 mit dem Themenschwerpunkt »Sachsen« einen Liederabend zu singen und war um ein Programm sächsischer Komponisten, also etwa Mendelssohn und Richard Strauss, gebeten worden. Da ich das aber nicht besonders originell fand, suchte ich mir in verschiedenen Bibliotheken Lieder sächsischer Kapellmeister zusammen, die im Laufe der Zeit an der Dresdner Semper-Oper gewirkt haben: Johann Gottlieb Naumann, Karl Gottlieb Reißiger, Heinrich Marschner, natürlich Carl Maria von Weber. Das ergab ein außergewöhnliches Programm – und das Publikum ist dankbar, auch einmal etwas hören zu können, das nicht alle Tage geboten wird. Kürzlich war ich im Libanon auf einem Festival in der Nähe von Beirut – da ging es um die kulturellen Einflüsse des Ostens auf den Westen. Da gibt es zwar nun beim Lied nicht allzuviel, aber einiges haben wir doch ausgegraben: Brahms etwa hat Texte des persischen Dichters Hafis vertont, Wolf Lieder aus Goethes »West-Östlichem Diwan«, Schumann Lord Byrons »Hebräische Gesänge« – wenn man nur erst eine Idee hat und sucht, findet sich eigentlich immer etwas. Die Gestaltung von Programmen unterliegt ja auch wechselnden Moden. Man muß sich nur einmal vergegenwärtigen, daß die bekanntesten Schubert-Lieder alle aus dem ersten Band der sieben Bände umfassenden sogenannten Gesamt-Ausgabe von Peters stammen, die allerdings beileibe nicht alle Lieder enthält. Und dann gibt es nur die ersten drei Bände in einer Transposition, also für tiefere beziehungsweise höhere Stimme in Abweichung vom Original. Der erste Band enthält neben den drei Zyklen völlig willkürlich vom Herausgeber zusammengestellte Lieder, die er besonders mochte. Jedenfalls nimmt die Bekanntheit der Lieder kontinuierlich von Band zu Band ab. Und da liegen Schätze verborgen – das ist unglaublich! Hier auf der Schubertiade Feldkirch hört man zum Glück einige davon. Und immer mehr jüngere Sänger nehmen sich dieser vernachlässigten Lieder an!

Welche Rolle spielt der Text, wenn Sie sich neuen Liedern annähern – gibt es bevorzugte Textdichter?

Es hat eine Zeit gegeben, in der ich bestimmte Dichter bevorzugte, aber je länger man sich mit der Sache beschäftigt, desto

weniger kann man sich da festlegen. Germanisten würden jetzt
sicher sagen, Schubert hat bei der Auswahl der Textdichter nicht
immer eine glückliche Hand gehabt – das finde ich ungerecht,
denn dann müßte man Schuberts Qualität anzweifeln: Seine
Musik belehrt uns eines Besseren. Auf einen ›unmöglichen‹ Text
kann man keine gute Musik komponieren, also war es für ihn ein
›möglicher‹ Text. Wenn man sich nur ein wenig mit den Texten
beschäftigt – und dabei germanistische Spitzfindigkeiten beiseite
läßt –, dann kann man auch Texte, die heute, sagen wir mal, nicht
mehr aktuell sind, sehr gut interpretieren. Man muß sich ja auch
klarmachen, daß die deutsche Sprache kontinuierlich ärmer wird;
von den Amerikanismen will ich dabei gar nicht sprechen. Es
gehen einfach immer mehr Worte verloren – und damit Möglichkeiten zur sprachlichen Differenzierung. Ein Wort etwa wie
›töricht‹ – ein wunderschönes Wort: um nicht gleich sagen zu
müssen, »du bist blöd oder dumm«; es drückt eine gewisse Naivität aus und es ist doch kein Schimpfwort. Das kommt in sehr
vielen Gedichten vor, aber kein Mensch gebraucht es heute noch.
Also trägt die Aufführung dieser Lieder auch dazu bei, daß solche
Worte in Erinnerung bleiben – und bewahrt damit hoffentlich
einen sprachlichen Reichtum, der ansonsten verloren ginge.

Wie sehen Sie die Zukunftsaussichten des Liederabends als Ver-
anstaltungsform?

Ich fürchte, es wird immer schwieriger. Solche Veranstaltungen wie die »Schubertiade« werden wohl die Ausnahme bleiben.
Immer wieder wird zwar behauptet, es gäbe keine guten Liedinterpreten mehr – das stimmt aber derzeit überhaupt nicht! Es gibt
genügend Sänger, die das deutsche Lied hervorragend interpretieren, im übrigen nicht nur deutsche, sondern auch Sänger anderer
Nationalitäten – ich nenne jetzt nur einmal Barbara Bonney oder
Anne Sofie von Otter. Das Problem sind vielmehr die Veranstalter, die keinen Mut haben, Liederabende anzubieten, und argu-
mentieren, mit einem Klavierabend oder einem Streichquartett-
abend könnten sie einen Saal füllen, mit einem Liederabend
hingegen nicht. Daß dann die Leute, die zum Liederabend kämen,
wiederum dazu beitragen könnten, neue Interessenten für diese
Gattung zu gewinnen, spielt offensichtlich keine Rolle. Diese
Haltung der Veranstalter trägt dazu bei, daß der Liederabend als

Veranstaltungsform zunehmend zugrunde geht. Man muß die Chance haben, das Publikum für diese Art von Kunst zu gewinnen – was bei mittlerweile mehr als zwanzig Fernsehprogrammen sicher nicht leicht ist. Ich sehe in der Zukunft große Probleme! Davon ist allerdings nicht nur das Lied betroffen, vielmehr haben wir es mit einem allgemeinen Kulturverfall zu tun. Man kann nur hoffen, daß die jüngere Generation irgendwann begreift, daß diese Oberflächlichkeit, dieses Streben nach dem äußeren Schein nicht der tiefere Sinn des Lebens sein kann.

Wieviele Schubert-Lieder haben Sie im Repertoire?

Derzeit sind es etwas über hundert – und damit ein Sechstel des gesamten Lied-Schaffens Schuberts, also *noch* nicht allzu viele...

Haben Sie Lieblings-Lieder?

Also – ich finde faszinierend zum Beispiel in der »Winterreise« das erste Lied und das zweite Lied und das dritte Lied...

Eine gute Überleitung zu meiner Abschlußfrage: Läßt sich das Besondere am Schubertschen Lied für Sie in wenigen Worten ausdrücken?

Als das Besondere empfinde ich diesen unglaublichen Einfallsreichtum an Melodien, der in seinen Liedern steckt. Es ist wirklich kaum zu fassen, was Schubert an Melodien geboren hat, die aus unserem Leben einfach nicht wegzudenken sind; darüberhinaus diese einfachen Mittel, die er findet – eine Punktierung mehr oder weniger drückt bei Schubert Welten aus. Oder eine simple Rückung von Dur nach Moll – statt eines ›E‹ ist ein ›Es‹ zu spielen – und eine vollkommen neue Welt entsteht! Diese unglaubliche Konzentration an Ausdrucksmitteln – das ist im übrigen genau das, was es so schwer macht. Schon lange vorher auf ein solches Ereignis hinzuweisen, läßt es verpuffen. Ganz überspielen darf man es natürlich auch nicht! Exakt diese Feinheiten herauszuarbeiten – das ist es! Und da kann man probieren und probieren – und im Liederabend wird's dann trotzdem wieder anders... Die scheinbar ganz einfachen Mittel – die machen das Besondere an Schuberts Liedern aus.

23. 06. 95, Feldkirch

Juliane Banse

Schuberts Genie ist eben unfaßbar

Frau Banse, welcher Rang kommt dem Lied in Ihrer künstlerischen Arbeit neben Oper und Oratorium zu?

Das Lied hat für mich eine sehr große Bedeutung. Ich bin auch von allen meinen Lehrern so geprägt worden, daß das Lied einen wichtigen Platz in der Arbeit einnimmt. Jetzt, da ich selber im Berufsleben stehe, merke ich auch, wie wichtig es ist, immer wieder zum Lied zurückzukehren – zu dieser kleinen Form, wo auf engstem Raum ganze Welten enthalten sind. Diese Beschäftigung ist für die Oper wie für das Oratorium sehr hilfreich. Ich möchte keine der Gattungen missen und glaube, daß eine sinnvolle Mischung die beste Lösung darstellt. Das Lied aber ist und bleibt die Keimzelle, an der man lernt und aus der man schöpfen kann für die Arbeit an den größeren Formen.

Hat ein junger Sänger, der am Beginn seiner Laufbahn steht und noch keinen großen Namen hat, überhaupt die Chance, Liederabende zu geben?

Es ist zumindest sehr schwierig! Viele Veranstalter scheuen sich davor, einen Nachwuchssänger einen Liederabend singen zu lassen, weil sie auf die Verkaufszahlen schauen müssen und Angst davor haben, daß kein Publikum kommt. Einige wenige Veranstalter gibt es allerdings, die sich auf dieses Wagnis einlassen – und die damit auch schon Erfolge verzeichnen konnten. Man kann nur hoffen, daß dieses Beispiel Schule macht, denn es ist derzeit für junge Sänger wirklich nicht einfach, Lied zu singen. Man muß hineinkommen in dieses Karussell, das sich um einige wenige Namen dreht... Am einfachsten ist es, wenn man sich in der Oper schon einen großen Namen gemacht hat: Dann *darf* man auch Liederabende singen! Nur: Wenn man nicht schon in ganz jungen Jahren den Zugang zum Lied findet und sich auf diesem Terrain erproben kann, wie soll man es dann später plötzlich können...?

Sie waren Schülerin von Brigitte Fassbaender. Nun hat es sicher Vorteile, mit einer so prominenten Lehrerin gearbeitet zu haben, andererseits ist es zu Beginn der eigenen Karriere vielleicht schwie-

rig, weil eine besonders große Erwartungshaltung besteht. Wie haben Sie diese Situation empfunden?

Die Vorteile liegen klar auf der Hand: Mit einer solchen Persönlichkeit arbeiten zu dürfen, sie als Sängerin und Lehrerin erleben zu können, das prägt einen schon ungemein. Ich habe von Frau Fassbaender nicht nur vieles über das Singen gelernt, sondern auch, wie man mit diesem Beruf im täglichen Leben umgeht. Nachteile sehe ich eigentlich keine – und sollte es welche geben, wären sie in Anbetracht der Vorteile unwichtig. Man hört oft, die prominenten Lehrer kümmerten sich zu wenig um ihre Schüler, weil sie einfach zu selten da seien. Wir haben in der Hochschule daraufhin einmal genau Buch geführt – mit dem Ergebnis: Wir hatten mehr Unterricht als alle anderen Studenten! Allerdings nicht immer so regelmäßig, dafür aber umso intensiver, wenn Frau Fassbaender in der Stadt war. Zu Beginn des eigenen Berufslebens begegnete ich hin und wieder dem Vorurteil, von ihr protegiert zu werden. Dazu kann ich nur sagen: Wenn ich auf der Bühne stehe, muß ich ganz alleine beweisen, was ich kann... Und eine bestimmte Erwartungshaltung der Zuhörer wegen des prominenten Lehrernamens habe ich höchstens in positiver Weise erfahren: Man setzt einfach eine gewisse Qualität voraus. Allerdings muß man dem dann natürlich auch standhalten können!

Wie hat Frau Fassbaender Sie im Unterricht an das Lied herangeführt?

Das Lied war von Anfang ein wichtiger Bestandteil des Unterrichts. Natürlich studiert man Opernpartien ein oder bereitet Arien aus Oratorien vor. Aber ihr bevorzugter Bereich war das Lied. Da haben wir sehr intensiv gearbeitet und Frau Fassbaender hat uns immer dazu angehalten, es uns hier nicht bequem zu machen, sondern uns allen Schwierigkeiten zu stellen und uns ständig selber herauszufordern, alles zu wagen. Und uns ein sehr breites Lied-Repertoire zu erarbeiten! Die Auseinandersetzung mit dem einzelnen Lied war so intensiv, wie ich es ansonsten nur bei Herrn Fischer-Dieskau erlebt habe. Beide steigen vollkommen mit ein und zeigen, wie man sich einem Lied annähern kann – wie man diese Welt, die in jedem Lied verborgen ist, erfassen kann. Das hilft einem für alles, was man danach tut. Auch für Opernpartien!

Haben Sie im Unterricht eher gelernt, etwas nachzuahmen – oder den eigenen Weg aufzufinden?

Da ich kein Mezzosopran bin, war die Gefahr, etwas nachahmen zu wollen, ohnehin gering. Außerdem singt Frau Fassbaender relativ wenig vor und wenn, dann deutet sie eigentlich mehr an, um welchen Ausdruck es ihr geht. Sie kann einen klar erkennen lassen, was sie meint, *ohne* es vorzusingen. Im übrigen hat sie mir bei der Arbeit an Opernpartien bisweilen die hohen C's um die Ohren gehauen, daß ich nur so staunte...

Welche Bedeutung hat der Liedkomponist Schubert für Sie?

Schubert ist sozusagen die Decke, nach der man sich als Liedsänger streckt. Ich habe einen Heidenrespekt vor seinen Liedern, denn ich glaube, ein Schubert-Lied wirklich gut zu singen, gehört zum Schwersten überhaupt. Dabei klingen sie so einfach und sind oft so volksliedhaft angelegt, daß ein Hörer die Schwierigkeiten für den Sänger sicher nicht ahnt. Aber je mehr ich mich damit beschäftige, je tiefer ich versuche, in diese Lieder-Welt einzudringen, desto mehr werde ich mir der Schwierigkeiten bewußt. Ich singe viel Schubert – und finde es wunderbar, aber zugleich eine immense Herausforderung.

Im Jahre 1993 waren Sie Preisträgerin des Wiener Schubert-Wettbewerbs. Nach welchen Kriterien wurde dieser Preis vergeben?

Das war eine lustige Geschichte! Mir war zwar die Wiener Schubert-Gesellschaft ein Begriff, aber von der Existenz dieses Wettbewerbes wußte ich gar nicht... Sänger, Instrumentalisten, Komponisten, auch Musikwissenschaftler werden von der Jury insgeheim beobachtet – und dann für diesen Preis vorgeschlagen. Irgendwann erhielt ich zu meinem nicht geringen Erstaunen einen Brief, der mich davon in Kenntnis setzte, diesen »Wettbewerb« gewonnen zu haben... Einen solchen Wettbewerb, von dem ich gar nichts weiß, den lasse ich mir gefallen – ansonsten habe ich nämlich überhaupt nicht die Nerven für Wettbewerbe: Ich hasse diese Atmosphäre und bin ihr auch möglichst aus dem Wege gegangen. Es gibt Sänger, die werden bei diesen Konkurrenzkämpfen immer besser; ich hingegen singe dann eher unter meinem üblichen Niveau. Bei dem Schubert-Wettbewerb war mir noch nicht einmal die Jury bekannt – ich weiß nur, daß Claudio Abbado und Alfred Brendel ›mitgemischt‹ haben...

Hat es eine Sängerin schwerer, Liedinterpretin zu sein als die männlichen Kollegen: im Hinblick auf Veranstalter, Repertoire oder auch Vorbilder?

Ich merke davon nichts. Die Veranstalter lassen sich bisweilen sogar zu Bemerkungen hinreißen wie »Das Auge hört mit...« und verpflichten gerade besonders gerne eine junge Sängerin. An die großen Zyklen kann man sich als Sopran zwar nicht unbedingt wagen – auch wenn viele Mezzosoprane sich dieses Gebiet schon erobern. Aber es bleibt ja auch so eine Fülle wunderbarer Literatur! Was Vorbilder angeht, denke ich, daß gerade jetzt das Lied wieder populärer wird, während es eine Weile für die Sänger nicht sehr lohnend war, sich dem Lied zuzuwenden, weil es nicht gefragt war. Mit der Generation von Herrn Fischer-Dieskau, Herrn Schreier, Frau Fassbaender ist der Lied-Gesang doch wieder attraktiv geworden. Davon profitieren wir jungen Sänger jetzt!

Das Thema »Männerlieder« haben wir gerade angesprochen. Wie ist Ihre grundsätzliche Haltung dazu: Sollten, dürfen oder können Sängerinnen sich diese Lieder vornehmen?

Ich finde nichts dabei, die »Winterreise« von einer Frau zu hören. Ich denke, daß diese Seelenzustände, die in dem Werk geschildert werden, zwar vielleicht eher männliche als weibliche sind, daß sich eine Frau aber auch in diese hineinversetzen kann. Sonst dürfte es ja auch keine Hosenrollen geben! Dieser Transfer müßte meines Erachtens schon geleistet werden können – auch vom Publikum. Abgesehen von den Zyklen gibt es aber einzelne Männer-Lieder, die ich nicht singen würde – weil sie so offensichtlich männliche Gefühle transportieren oder männliche Geschichten erzählen. Oder wenn im Text ständig eine Frau angesprochen wird: Das möchte ich nicht unbedingt singen. Ist in einem Lied hingegen zweimal von »ihr« die Rede, war ich auch schon so dreist, das einfach abzuändern. Wofür man dann auch angegriffen wird...

Wie erklären Sie sich die vielfach doch vorhandenen Ressentiments, wenn Sängerinnen sich an die großen Zyklen wagen?

Vielleicht ist es nur eine Frage der Gewohnheit – und nach weiteren zehn Jahren gibt es keine Vorbehalte mehr...? Ich bin quasi damit aufgewachsen, habe es immer parallel gehört – ich kann nichts dagegen anführen. Vielleicht muß ein Zuhörender diesen Schritt erst einmal wagen: Von der Person, die da auf der Bühne steht, zu abstrahieren. Ich habe die Erfahrung gemacht, daß Leute voller Vorbehalte sich eine solche »Winterreise« angehört haben – und nach dem Konzert vollkommen überzeugt waren. Wahrscheinlich kommt es nur auf die Qualität der Sängerin an, die diese Überzeugungskraft eben aufweisen muß.

Was löste bei Ihnen den Wunsch aus, Sängerin werden zu wollen: Gab es ein »Urerlebnis«?

Nein, im Gegenteil: Ich wollte lange Zeit gar keine Sängerin werden. Zwar habe ich immer in etlichen Chören gesungen, auch immer wieder kleine Soli, habe aber eigentlich viel intensiver Geige gespielt – und noch intensiver getanzt. Das Tanzen wollte ich auch zu meinem Beruf machen. Da ergab sich die Möglichkeit, an meiner Schule wöchentlich Gesangsunterricht zu nehmen, und ich habe sie ergriffen. So habe ich eher zufällig damit angefangen und es machte mir viel Spaß. Nun kamen immer wieder Leute auf mich zu, die mir rieten, die Sache ernsthafter zu betreiben. Meine zweite Lehrerin in Zürich bestärkte mich auch darin. Und je mehr ich mich mit dem Singen beschäftigte, desto mehr erkannte ich, daß das Singen in der Tat ein Medium war, mit dem ich mich noch stärker ausdrücken konnte als mit dem Tanzen. Als ich dann die Chance bekam, Frau Fassbaender vorzusingen, wollte ich sie nutzen, um herauszufinden, wie es wirklich um meine Begabung stand. Als sie mir dann anbot, mich in ihre Münchner Gesangsklasse aufzunehmen, fiel damit für mich die Entscheidung, mich dem Singen zuzuwenden. Und diese Entscheidung habe ich bis heute nie bereut.

Wie wählen Sie neue Lieder für Ihre Programme aus?

Oft äußern die Veranstalter Programmwünsche. Falls es keine Vorgaben gibt, stöbere ich am liebsten zusammen mit dem Pianisten in den Notenbänden, wir spielen etliche Lieder durch und suchen zunächst eher intuitiv einiges aus. Danach versuchen wir, eine sinnvolle Anordnung, etwa nach Dichtern oder nach inhaltlichen Zusammenhängen, zu finden. Meist hat aber doch der Veranstalter ganz bestimmte Vorstellungen.

Nach welchen Kriterien stellen Sie Lieder in Programmen zusammen?

Wir – mein Pianist Wolfram Rieger und ich – versuchen schon, eine kleine Geschichte zu finden, einen roten Faden zumindest, der die Lieder irgendwie verbindet, so daß der ganze Abend eine Linie hat. Im Konzert funktioniert das dann allerdings nicht immer so, wie man es sich bei der Planung vorgestellt hat, und bisweilen stellen wir wieder um und ordnen neu. Um das endgültig entscheiden zu können, braucht man die Erfahrung aus der Konzertsituation: ob sich ein Spannungsbogen wirklich vermitteln läßt, wie man die Zuhörer am besten in der Konzentration hält und solche Dinge mehr. Ich beschränke mich übrigens gerne auf zwei bis drei Komponisten, weil die zu häufige Umstellung – auch für das Publikum – nicht von Vorteil ist. Wir haben auch reine Schubert-Abende in unserem Repertoire: Das ist besonders schwierig, aber auch besonders reizvoll und kann eine ganz starke, intensive Wirkung entfalten. Wahrscheinlich kann man das aber nur mit wenigen Komponisten wagen.

Wie schätzen Sie die Zukunftsaussichten für den Liederabend ein – im Hinblick auf das Publikum zum einen, auf die junge Sängergeneration zum anderen?

Sie sprechen wohl auf das verbreitete Vorurteil an, es gäbe keinen Nachwuchs... Das erlebe ich wirklich ganz anders! Es gibt viele junge Lied-Sänger, und auch viele gute! Ich glaube, daß gerade jetzt wieder Sänger nachkommen, die sich verstärkt auf das Lied konzentrieren. Daraus wird wohl eine Entwicklung hin zu mehr Liederabenden resultieren. Zum einen ist es, was das Publikum angeht, sicher eine Sache der Gewohnheit; zum anderen kann man sein Publikum auch ein wenig ›erziehen‹, diese Scheu vor Liederabenden abzulegen. Ich glaube, viele Leute trauen sich einfach nicht in Liederabende, weil das angeblich so etwas ganz ›Schweres‹ ist... Liederabende müssen mehr und mehr zum ›normalen‹ Konzertangebot gehören. Gerade junge Lied-Sänger können sicher helfen, hier einige Hemmschwellen abzubauen. Ich sehe da eigentlich keine Probleme für die Zukunft, sondern bin eher optimistisch.

Im Jahre 1993 haben Sie auf der Schubertiade bei einem Opernabend mitgewirkt. Wie waren Ihre Erfahrungen mit Schubert als Opernkomponisten?

Ich habe im gleichen Jahr auch in Wien in einer Schubert-Oper gesungen – und ich finde die Musik ganz wunderbar! Nur: Die Aufführung auf der Bühne bringt gewisse Schwierigkeiten mit sich. Wo Schubert versucht, große Oper mit großer Dramatik zu entfalten, da spürt man doch Unstimmigkeiten – es war wohl nicht so recht sein Metier. Die lyrischen Passagen in Arien, in Duetten sind wunderschöne Musik. Aber wenn dann die großen Chöre kommen: Das vermag nicht recht zu überzeugen. Ich schätze, das hat er selber auch so empfunden; schließlich gibt es zahlreiche Opernfragmente von Schubert. Warum die Musik in konzertanten Aufführungen nicht öfter zu hören ist, verstehe ich allerdings nicht. Sie hätte es wirklich verdient, ein größeres Publikum zu finden. Die Leute sind immer ganz überrascht, daß es diesen Schubert auch gibt...

Wie erklären Sie sich, daß von den vielen Schubert-Liedern nur ein relativ geringer Teil weithin bekannt ist?

Das hängt natürlich auch mit der Nachfrage zusammen. Ich habe es neulich noch erlebt: Da hatte ich ein Programm mit unbekannteren Liedern zusammengestellt und der Veranstalter wollte es so nicht akzeptieren – weil »die Leute doch immer wieder am liebsten ganz bestimmte Lieder hören wollen...«. Also haben wir unser Programm geändert. Ich denke, das Beste ist eine gute Mischung von bekannten und unbekannten Liedern, die das Publikum motiviert, das Ganze anzunehmen.

Wieviele Schubert-Lieder haben Sie derzeit in Ihrem Repertoire?

Ich schätze, ungefähr achtzig.

Was macht Ihrer Meinung nach das Besondere des Schubertschen Liedes aus?

Ich glaube, das ist diese Beschränkung auf das Einfache: Daß er oft so scheinbar einfach strukturierte Lieder geschrieben hat, die in ihrer ›Einfachheit‹ aber so unglaublich vieles enthalten. Genau das macht es so schwer, Schubert zu singen! Aber ich denke, er ist ein Genie – und deshalb kann man gar nicht genau beschreiben, worin das Geniale seiner Lieder liegt: Es läßt sich eben nicht fassen...

20. 06. 95, Feldkirch

Barbara Bonney

Das Herz öffnen und die Seele zeigen

Wie haben Sie zum deutschen Lied gefunden, Frau Bonney?

Zunächst habe ich Deutsch als Sprache studiert – und bin aus diesem Grund überhaupt nach Europa gekommen. Ich studierte in Salzburg an der Universität und hörte eigentlich eher zufällig, daß es dort auch ein Konservatorium gebe. Ich überlegte, ob ich das nicht auch für mich nutzen sollte – und kam über diesen Umweg zum Gesang... Die deutsche Sprache hat mich also zuerst beschäftigt, und wegen dieses Interesses war der Weg zum Lied vorgegeben, da für die Oper doch Italienisch die wichtigere Sprache ist.

Welche Bedeutung hat der Liedkomponist Schubert für Sie?

Schubert habe ich immer als den ›großen Heiligen‹ empfunden – und dementsprechend ein bißchen Angst davor gehabt, mich mit seinen Lieder auseinanderzusetzen. Sie sind ja auch sehr bekannt und unendlich viele Sänger und Sängerinnen vor mir haben sie gesungen. Wie ich dachte: viel besser, als ich es könnte. Also habe ich mich zunächst nicht daran gewagt. Nachdem ich schon zehn Jahre lang als Sängerin tätig war, habe ich schließlich angefangen, mich mit Schubert zu beschäftigen. Und trotz jahrelanger Auseinandersetzung finde ich Schuberts Lieder nach wie vor das Schwierigste, was es für Sänger gibt.

Können Sie näher erklären, worin diese Schwierigkeiten im einzelnen liegen?

Zunächst einmal darin, daß Schubert so sehr klassisch ist, und – wie alle wissen, die Mozart singen – erfordert gerade dieses klassische Singen am meisten Stil und Kontrolle über alle Ausdrucksmittel. Und besonders viel Phantasie: Man muß mit ganz kleinen Nuancen arbeiten, um deutlich zu machen, was Schubert wollte. Wenn man beispielsweise ein Lied von Strauss singt, dann kann man das insgesamt schwelgerisch und sehr romantisch anlegen – und dem Lied damit durchaus gerecht werden. Bei Schubert, wie auch bei Mozart, muß man da viel vorsichtiger herangehen.

Sehen Sie eine Schwierigkeit darin, sich als Sängerin, die Deutsch nicht als Muttersprache hat, mit dieser Literatur zu beschäftigen?

Für mich sehe ich da keine Probleme. Eigentlich habe ich in meiner bisherigen Laufbahn vor allem deutsche Literatur gesungen. Französisch macht mir da schon eher Schwierigkeiten – zu dieser Sprache gewinne ich einfach keine rechte Beziehung... Deutsch hingegen empfinde ich als meine zweite Sprache, die mir auch am besten gefällt. Ich bin der Auffassung, man kann keine Literatur überzeugend singen, zu deren Sprache man keinen Zugang findet. Würde mich etwa jemand fragen, etwas Russisches zu singen, würde ich das ablehnen. Eine rein phonetische Wiedergabe ist nur lächerlich – und hat nichts mit Interpretation zu tun. Man muß eine klare Vorstellung davon haben, was ein Text bedeutet, ja, was jedes Wort bedeutet. Man muß aus diesem Text für sich Szenen und Bilder entwickeln können, die man dann vor sich sieht. Es genügt nicht, ein Wort bloß auszusprechen, ohne mitzuempfinden, was an Bedeutung alles dahintersteht.

Welche Rolle spielt das deutsche Lied im englischen Sprachraum – bei den Sängern zum einen, beim Publikum zum anderen?

Ich lebe in London, und dort wird das deutsche Lied hochgeschätzt. Das Publikum von Wigmore Hall kennt sich da bestens aus – und weiß ganz genau, was es sich anhört: Die Lieder sind bekannt, die Texte sind bekannt. Die Köpfe sind nicht in den Programmheften vergraben, um mitzulesen. Ein tolles Publikum für Liederabende! In Amerika sieht es etwas anders aus. Verständlicherweise: Deutschland ist viel weiter weg, und die Amerikaner haben im Grunde keine Beziehung zu dieser Musikgattung. Da ist es sehr viel schwieriger, Liederabende zu singen. Traurigerweise...! Was die Sänger angeht, beschäftigen sich jedenfalls all jene, die in Deutschland gearbeitet haben, auch mit dem Lied. Eine ganze Menge englischer und amerikanischer Sänger beherrscht Deutsch – wenn auch nicht immer perfekt, so doch hinreichend gut, um in dieser Sprache singen zu können. Mir fällt übrigens neuerdings auf, daß eine Reihe junger deutscher Sängerinnen nachgewachsen ist, was zu meiner Anfangszeit noch anders war. Zu meinem Glück: Da bestand eine Lücke nach Lucia Popp, Elly Ameling, Edith Mathis und den anderen dieser Generation, in die ich gerade hineinschlüpfen konnte. Natürlich freue ich mich sehr darüber: Daß hier wieder Nachwuchs kommt, ist sehr wichtig für diese Kultur.

Welchen Stellenwert hat das Lied für Sie in ihrer künstlerischen Arbeit?

Das Lied steht für mich an erster Stelle, ist für meine Arbeit das A und O. Schließlich war es auch das, womit ich mich im Studium als erstes beschäftigt habe. Leider konnte ich in den ersten Berufsjahren sehr viel weniger Liederabende geben, als ich es gerne getan hätte – da stand die Oper doch sehr im Vordergrund. Und es war nicht leicht, von da wieder zum Lied zurückzukommen: Wenn man sich als Opernsängerin etabliert hat, findet man nur schwer ein Publikum für den Liederabend. Aber ich wollte es unbedingt – um den Preis vermehrter Arbeit und gleichzeitig verminderten Einkommens... Ich bin sehr froh, daß ich diese Energie aufgebracht habe, denn mittlerweile hat sie sich gelohnt: Die Oper macht nur noch fünfzig Prozent meiner Arbeit aus; die andere Hälfte ist dem Liederabend und Konzert vorbehalten.

Viele junge Sänger haben mir erzählt, daß es oft schwierig sei, einen Veranstalter für Liederabende zu finden. Würden Sie dieser Klage zustimmen wollen?

Ja! Und die Schwierigkeit besteht nicht nur für die ganz jungen Sänger, sondern für alle. Es gibt zu wenige Angebote. Meist fängt das Problem schon mit dem Saal an: Viele Städte verfügen nicht über einen Kammermusiksaal – und einen Liederabend in der Oper zu singen, macht eigentlich keinen Spaß. Diesen großen Räumen fehlt die Intimität, die man für den Liedgesang braucht. Ich verstehe natürlich das Argument der anderen Seite: Je größer der Saal ist, desto mehr Karten können verkauft werden. Aber für das Lied schafft man damit keine optimalen Voraussetzungen. Ich hoffe sehr, daß sich da künftig etwas zum Besseren verändern wird.

Sehen Sie den Liederabend als besondere Veranstaltungsform in seinem Bestand bedroht – etwa weil das Publikum nicht genügend Interesse zeigt?

Meine Erfahrung ist die: Wenn man sich anstrengt als Sänger und dem Publikum eine Geschichte erzählt, anstatt nur dazustehen und zu singen – dann hat man Erfolg! Man muß sein Herz öffnen und seine Seele zeigen. Und man muß sich mit den Werken, die man vorträgt, ausreichend beschäftigt haben. Dann kann man die

Zuhörer erreichen. Ich gebe zu: Es ist anstrengend, einen Liederabend anzuhören. Es ist auch anstrengend, einen Liederabend zu
singen! Aber es kann einem so viel geben – und zwar dem Sänger
wie dem Publikum. Meines Erachtens müßte man eine Kampagne
starten, um auf die besonderen Qualitäten eines solchen Abends
aufmerksam zu machen. In Amerika haben das einige von uns
schon begonnen: Dawn Upshaw, Thomas Hampson oder ich beispielsweise. Wir wollen das Publikum aufwecken, sich so etwas
Besonderes nicht entgehen zu lassen. Um den Zugang zu erleich-
tern, erzählen wir den Zuhörern kleine Geschichten und erläu-
tern, worum es in den Liedern geht. Wir agieren auch stärker, als
es ansonsten in einem Liederabend üblich ist. Wenn der Sänger
nur steif und ernst dasteht, schreckt das viele Leute ab. Wir versuchen sozusagen, aus dem Liederabend ein kleines Opernerleb-
nis zu machen. Ich denke, das hilft sehr, neue Interessenten für
diese Gattung zu finden. Außerdem bin ich auch dafür, ein wenig
populärere Musik hinzuzunehmen, um eine Verbindung aufzeigen zu können zwischen dem Alten, Traditionellen und dem
Neueren, Populäreren. Das kann auch eine Brücke sein. Schließlich ist es unser großes Anliegen, daß sich möglichst viele *junge*
Leute für uns interessieren – statt nur für MTV, VOX und was es
da sonst noch so alles gibt. Ein wenig lockerer die ganze Sache
anzugehen, kann nur von Vorteil sein. Ich hatte eine Periode, da
glaubte ich, in einem Liederabend vollkommen ernsthaft sein zu
müssen. Ich gab mir große Mühe, stellte alle möglichen Nachforschungen an – und erreichte damit, daß ich zwar intensiv empfinden konnte, was ich wie und warum tat, aber für das Publikum
war es schrecklich langweilig! Deshalb versuche ich neuerdings,
die Atmosphäre aufzulockern: Indem ich mich mehr öffne und
mehr von meinen Gefühlen zeige, wecke ich die Emotionen des
Publikums, das dadurch in einen Zustand gesteigerter Wahrneh-
mungsfähigkeit gelangen und den Liederabend viel intensiver aufnehmen kann – gleich ob er nun in San Francisco oder in Wien
stattfindet...

Kommen in Ihre Liederabende denn junge Leute?

Durchaus – und darüber bin ich sehr froh! Vor allem in Europa kommen sehr viele junge Leute, die sich dann auch hinterher
mit mir unterhalten möchten. Ich bin oft ganz erstaunt, mit

welcher Anteilnahme sie meine Arbeit verfolgen und wie gut sie informiert sind. Das begeistert mich!

Glauben Sie, daß die Opernsängerin Barbara Bonney da so manchen Fan auf den Liedgesang neugierig machen kann?

Ich bin überzeugt davon! Das ist einer der Gründe, weshalb man sich gleichzeitig mit der Oper und dem Lied beschäftigen sollte. Nur ganz wenige Liedinterpreten haben es geschafft, sich vollständig auf das Lied zu konzentrieren: Fischer-Dieskau, Elly Ameling, auch Janet Baker. Aber das bleibt die große Ausnahme! Außerdem macht die Oper auch sehr viel Spaß, und man kann vieles lernen: mit vielen Leuten auszukommen, etwas ganz Bestimmtes überzeugend darzustellen. Das kann dann wiederum bei der Liedinterpretation hilfreich sein! Und umgekehrt hilft der Liedgesang dem Opernsänger: Die Häuser sind so groß, das Orchester ist meist riesig – und wenn man zu viel Oper singt, dann läuft die Stimme Gefahr, steif zu werden oder gepreßt zu klingen. Dazu ist der Liedgesang der ideale Ausgleich: Man muß sich ganz auf seine stimmliche Flexibilität und Wandlungsfähigkeit besinnen. Ich möchte wirklich nicht auf eines der beiden verzichten und bin sehr froh, beides vereinbaren zu können.

Ist es nach Ihrer Erfahrung schwieriger für eine Sängerin, sich der Liedgestaltung zuzuwenden, als für einen männlichen Kollegen?

Darüber habe ich bisher eigentlich noch nicht nachgedacht... Ich würde so sagen: Schubert und Schumann haben den Männern mit den wundervollen Zyklen einen Repertoire-Vorteil gegeben. Außer »Frauenliebe und -leben« haben wir da leider nichts erhalten! Den Nachteil können wir aber dadurch ausgleichen, indem wir freier kombinieren – und damit kreativ etwas Neues zusammenstellen, das uns nicht vorgegeben ist. Ich persönlich bin mit meiner Situation als Liedsängerin eigentlich ganz zufrieden: Ich gebe fünfzehn Liederabende im Jahr – und das scheint mir gerade richtig.

Sie haben gerade das Repertoire angesprochen: Nun gibt es ja einige Sängerinnen, die sich auch die sogenannten Männer-Lieder vornehmen. Wie stehen Sie dazu?

Ich würde es nicht machen. Ich glaube auch, daß eine Mezzosopranstimme diese Werke überzeugender gestalten kann als ein lyrischer Sopran. Wenn es geht, suche ich die typischen Männer-Lieder zu vermeiden – bis auf einige wenige Ausnahmen wie etwa

Straussens »Ständchen«. Ich finde, es hört sich an, als sei es für eine Sopranstimme geschrieben. Wenn ein Lied so perfekt zur Stimme paßt, dann singe ich es auch. Aber die großen Zyklen, die nur männliche Emotionen ausstrahlen, die fände ich für mich nicht passend. Außerdem ist soviel Repertoire da für eine Frau! Bei mir kommt noch hinzu, daß ich sehr gut vertraut bin mit der schwedischen Sprache; ich kann also auch Norwegisch und Dänisch singen. Das ganze nordische Repertoire steht mir damit auch noch offen, so daß ich wirklich genügend Auswahl habe.

Nach welchen Kriterien stellen Sie Ihre Liederabend-Programme zusammen?

In jedem Jahr nehme ich mir ein oder zwei neue Komponisten vor. Dann sehe ich mir deren gesamtes Liedschaffen an und suche mir zunächst die Texte aus, die mir am besten gefallen. Als nächstes gehe ich die Lieder gemeinsam mit einem Pianisten durch und wähle die Lieder aus, die mir am besten zu meiner Stimme passen. Dann denke ich über Themen nach, schaue auf Tonarten und harmonische Beziehungen und versuche, kleine Gruppen zusammenzustellen, die sich nach all diesen Kriterien sinnvoll zueinander fügen. Und so lerne ich jedes Jahr fünfzig bis sechzig neue Lieder. Mein Repertoire wächst also stetig – und meine Möglichkeiten, interessante Programme zu entwickeln, ebenso. Ich bemühe mich auch darum, an einem Abend eine möglichst breite Palette zu haben, etwa Lieder von Schubert, Sibelius und Britten. Einen reinen Schubert-Abend würde ich nur ausnahmsweise singen wollen, auf ausdrücklichen Wunsch des Veranstalters etwa. Denn so wunderbar diese Lieder auch sind: Es ist unglaublich schwierig, einen ganzen Abend lang diesen klassischen Stil, wie ich es eben genannt habe, durchzuhalten und dabei überzeugend und glaubwürdig zu sein. Ich achte auch sehr darauf, am selben Ort dem Publikum immer wieder etwas Neues bieten zu können. Ich denke, die Zuhörer freuen sich darüber, und für mich stellt es eine Herausforderung dar: immer wieder Neues zu entdecken und zu lernen! Als Zugabe wähle ich dann übrigens bewußt ein Lied, das das Publikum schon von mir gehört hat. Mein Computer steckt voller Daten, was ich wann und wo gesungen habe... Es ist wie ein riesiges Puzzle-Spiel – und nicht leicht, die Übersicht zu behalten. Ich muß allerdings zugeben: Es macht mir auch riesigen Spaß!

Sie sehen sich zunächst die Texte an, wenn Sie neue Lieder auswählen, sagten Sie gerade. Ist die Qualität des Textes für Sie ausschlaggebend bei der Entscheidung für oder gegen ein Lied?

Der Text ist für mich sehr wichtig. Ich lerne ein neues Lied, indem ich zunächst den Text wie ein Gedicht auswendig lerne: Als ob ich es wie ein Schauspieler deklamieren wollte. Die Musik bleibt erst einmal außen vor. Als erstes möchte ich den Tonfall der Worte verinnerlichen, mich ganz damit vertraut machen – die Farbe der Sprache entdecken. Dann kommt die Musik hinzu – und ich habe meine Interpretation! Niemand braucht mir dann mehr zu erzählen, wie ich dieses Lied zu singen habe, wo ich am besten atme, wo ich das Tempo anziehen oder vermindern sollte – das ergibt sich alles aus der Bedeutung des Textes. Ich finde auf diesem Wege meinen Zugang zu dem Lied und lasse mich auch nicht durch den Hinweis, wie Elisabeth Schwarzkopf oder wer auch immer dies oder jenes gemacht hat, aus *meinem* Konzept bringen. Meiner Ansicht nach sollte jeder Sänger eine ganz eigene Vorstellung von jedem Lied, das er singt, entwickeln. In der Oper ist es ganz ähnlich: Man muß *seine* Interpretation finden. Der Text ist dazu der Zugang. Ich arbeite derzeit an Schumanns »Frauenliebe und -leben«. Obwohl der Text von Chamisso uns heute eher fernliegt und die Frauen sich unterwürfig verhalten, kann ich die Inhalte schon irgendwie nachempfinden. Wenn ich an meinen Mann denke, habe ich ganz ähnliche Gefühle: Ich möchte durch sein Leben mein Leben gestalten... Vielleicht ist er auch so weit, daß er *sein* Leben durch mein Leben gestalten möchte — aber die Gefühle, die in diesen Texten geschildert werden, die kann ich schon nachempfinden. Und nur wenn ich einen Zugang zu dem Text finde, kann ich das Lied überzeugend interpretieren. Allerdings kann ich auch eher mittelmäßige Texte akzeptieren, wenn sie mit der Musik eine neue Einheit bilden. Mahler zum Beispiel hat viele Gedichte vertont, die nicht gerade zur Weltliteratur zählen. Und dennoch haben die Lieder eine starke Aussagekraft. Man sollte da wohl keine Vorurteile haben. Ich schätze Rückert ganz besonders, aber grundsätzlich möchte ich offen sein für alles, was mir begegnet.

Wie erklären Sie sich, daß von der immensen Anzahl Schubertscher Lieder so viele nie zu hören sind?

Nach meiner Erfahrung sind die Sänger da gewissen Zwängen ausgesetzt. Als ich beispielsweise eine Schubert-CD aufnahm, wollte ich gerne ein reines Goethe-Programm machen. Die Plattenfirma war leider etwas anderer Meinung und wollte vor allem die bekanntesten Schubert-Lieder... Nun war die CD in der Tat ein schöner Erfolg und hat mir ein sehr positives Echo eingebracht, dennoch war es für mich etwas unbefriedigend, weil ich eben gerade ein paar der weniger berühmten Lieder hätte singen wollen. Im allgemeinen bin ich bemüht, eine gute Balance zu finden – für »Gretchen am Spinnrad« darf's dann als nächstes ein unbekanntes Lied sein...

Haben Sie Erfahrungen mit dem Opernkomponisten Schubert gemacht?

Dazu hatte ich bisher leider noch keine Gelegenheit! Obwohl ich schon in fünfzig Opern mitgewirkt habe, ist mir Schubert auf der Opernbühne noch nicht begegnet. Ich kenne diese Musik auch zu wenig, um mir ein Urteil darüber zu erlauben, ob es stimmt, daß Schubert da nicht so recht in seinem Element war – wie viele behaupten.

Haben Sie Lieblingslieder?

Ja – aber das ändert sich ständig... Derzeit bin ich auf einer Tournee mit den Göteborger Symphonikern, mit denen ich einige Orchesterlieder von Grieg und Strauss singe. Ich habe dafür nur Lieder ausgesucht, die mir nahestehen. Das schönste davon ist für mich »Ein Schwan« von Grieg – jedesmal kriege ich Gänsehaut, wenn ich es singe. Aber grundsätzlich würde ich kein Lied singen, das mir nicht gefällt. Insofern sind sie alle ›Lieblieslieder‹.

Was macht für Sie das Besondere am Schubertschen Lied aus?

Schubert hat eine ganz besondere Klarheit in der Vertonung von Texten, gleich ob es sich um ein Strophenlied oder um ein durchkomponiertes Lied handelt. Es ist immer kompakt und deutlich. Er schafft es, mit wenigen Mitteln etwas auszudrücken, wofür andere Komponisten sehr viel mehr aufwenden müßten – mehr Noten oder mehr Zeit oder mehr Dynamik. Schubert kann mit ganz wenigen Mitteln etwas sehr deutlich machen: alle Emotionen, alle Gedanken. Das finde ich das Wunderbare an ihm – und deshalb ist es so schwer, sich Schubert anzunähern. Er hat gewußt, wie es geht – und wir müssen uns mühsam herantasten, um zu dieser Erkenntnis zu gelangen. Er ist für mich ein unfaßbares Genie.

30. 10. 95, Köln

Christian Elsner

Durch verschiedene Gefühlswelten wandern

Herr Elsner, Sie haben im Jahre 1994 beim Internationalen Musikwettbewerb der ARD in München den 2. Preis gewonnen. Welche Auswirkungen hatte das für Ihren künstlerischen Weg?

Ich bekam in der Folge eine Reihe interessanter Projekte angeboten. Da ich in der Kategorie »Lied und Konzert« angetreten war, hat mir dieser Preis sehr vieles erleichtert: An Opernauftritte kommt ein junger Sänger eher – an Liederabende in aller Regel nicht... Insofern hatte ich sehr gute Startbedingungen, da man mich gleich als Liedinterpret zur Kenntnis nahm. Das hilft natürlich auch, bald an prominenten Orten auftreten zu können, und ist umso wichtiger, wenn man erst eine einzige Lied-CD vorzuweisen hat. Glücklicherweise hat mich Hartmut Höll für seine große Schubert-Edition verpflichtet, so daß ich nun die Chance habe, gleich bei mehreren Lied-Produktionen mitzuwirken. Insgesamt werde ich mehr als fünfzig Schubert-Lieder aufnehmen – was selbstverständlich ein toller Anfang ist... Ich singe natürlich nach diesem Preis kein bißchen besser, als ich es davor getan habe, aber man hat mich mehr zur Kenntnis genommen. Insofern ist ein solcher Preis eine große Hilfe. Für uns Sänger ist das zwar nicht ganz so wichtig wie für die Instrumentalisten, die oft nur zum Vorspiel eingeladen werden, wenn sie entsprechende Preise vorweisen können, aber die Kontakte zu einflußreichen Leuten knüpfen sich natürlich leichter – im übrigen auch, wenn man keinen Preis gewinnt, aber das Glück hat, von der richtigen Person im Wettbewerb gehört zu werden...

Liegt der Schwerpunkt Ihrer künstlerischen Arbeit grundsätzlich beim Lied?

Was meine Neigung angeht, auf jeden Fall! Schwieriger ist es, diese Vorliebe im Berufsleben zu verwirklichen. Gerade in letzter Zeit habe ich sehr viel Oper gesungen – und ich muß leider feststellen, daß die künstlerischen Gesichtspunkte da doch oft etwas zu kurz kommen. Eine Premiere wird gerade noch sorgfältig vorbereitet, aber bei den Repertoire-Vorstellungen geht es meist nur noch darum, daß sie irgendwie stattfinden...

Hat ein Nachwuchssänger heute überhaupt die Möglichkeit, sich ganz auf das Lied zu spezialisieren?

Ich schätze, nicht nur Nachwuchssänger hätten – von ganz wenigen Ausnahmen einmal abgesehen – große Probleme, wenn sie sich ganz auf den Liedgesang konzentrieren wollten. Meines Erachtens ist das schon rein finanziell unmöglich. Außerdem ist es wohl eine Prestigefrage: Als reiner Konzertsänger wird man von vielen gar nicht wahrgenommen – man muß einfach Oper singen, um wiederum an bedeutenden Stätten Konzerte und Liederabende geben zu können. Sich auf den Liedgesang ausschließlich zu konzentrieren, geht also – leider! – nicht.

Was macht für Sie den besonderen Reiz der Liedinterpretation aus?

Der Sänger hat im Liederabend die Möglichkeit, das Eigenste und Persönlichste an Interpretation einzubringen. Wichtige Voraussetzung dafür ist ein guter Begleiter, mit dem man seine Vorstellungen verwirklichen kann. In der Oper kommt noch so vieles hinzu wie Kostüm, Beleuchtung, Regie, die Verständigung mit den Sängerkollegen und Dirigenten – wenn das nicht alles im Einklang ist, vermag auch die eigene Leistung nicht zu überzeugen. Im Liederabend hingegen entscheidet vor allem die eigene Leistung über die Qualität. Das macht es so reizvoll, aber auch so schwer. Man kann sich hinter nichts verstecken, das Publikum hört alles, und man muß den Zuhörern etwas mitteilen können, was weit über technische Fertigkeiten hinausgeht.

Welche Bedeutung hat der Liedkomponist Schubert für Sie?

Er hatte anfangs eine so große Bedeutung für mich, daß ich einen großen Bogen um ihn gemacht habe... Da bauen sich sofort die »Schöne Müllerin« und die »Winterreise« vor einem auf – und mit diesen Werken wollte und will ich mich nicht zu früh konfrontieren.

Gehört für einen jungen Sänger heute also mehr Mut dazu, sich gewissen Werken noch nicht stellen zu wollen, als sie zu singen?

Ich möchte das nicht verallgemeinern, aber in meinem Falle trifft es zu. Sehr oft habe ich große Mühe, Veranstaltern verständlich zu machen, daß ich bestimmte große Werke jetzt noch nicht singen möchte. Ein ähnlicher Fall ist für mich auch der Evangelist in Bachs Passionen. Es gibt derzeit noch so vieles

andere für mich zu tun, was ich auch als eine Art Vorbereitung
begreifen möchte. Sicher: Als Herr Fischer-Dieskau jünger war,
als ich es jetzt bin, hatte er die großen Zyklen nicht nur im
Konzert gesungen, sondern auch schon eingespielt. Und diese
Aufnahmen zeichnen sich bereits durch eine solche Suggestion
aus – das macht es nicht eben leichter, sich seinerseits damit zu
beschäftigen... Ich möchte mit meiner Interpretation aber nicht
irgendeine Kopie abliefern – oder die Werke gerade so bewältigen. Das wird ihnen nicht gerecht. Um eine überzeugende
Gestaltung bringen zu können, muß man über allen technischen
Problemen vollkommen souverän stehen. Erst dann kann man zu
der eigentlichen Interpretation vorstoßen.

Sie wirken hier auf der Schubertiade Feldkirch bei der Auf-
führung des Schubertschen Oratoriums »Lazarus« mit. Wie erleben
Sie die Auseinandersetzung mit diesem selten zu hörenden Werk?

Mir kommen eigentlich ständig Vergleiche in den Sinn – vor
allem mit den Oratorien Mendelssohns. Ich empfinde die Ton-
sprache im »Lazarus« als diesen sehr ähnlich, aber stellenweise
weist er eine Schwülstigkeit auf, mit der umzugehen man erst lernen muß. Je mehr man sich einhört, desto überzeugender wird es
aber. Man sollte also mit vorschnellen Urteilen vorsichtig sein
und dieser Schubertschen Musik nicht ihre Qualität absprechen,
wenn man sich nicht eingehend damit beschäftigt hat.

Haben Sie eine Erklärung dafür, warum dieses Oratorium fast
nie aufgeführt wird?

Ich denke, viele Veranstalter oder auch Dirigenten haben eine
Scheu davor, ein fragmentarisches Werk, was »Lazarus« ja geblieben ist, aufzuführen. Hinzu kommt, daß der Inhalt sehr statisch
ist, weil alles nur darum kreist, daß Lazarus bald sterben wird.

Um bei dem ›unbekannten‹ Schubert zu bleiben: Haben Sie
schon Erfahrungen mit Schuberts Opernschaffen sammeln können?

Ich studiere derzeit gerade die Partie des Fierabras. Mir ist die
Oper allerdings nur deshalb bekannt, weil ich ein großer Fan von
Fritz Wunderlich bin und es da eine schöne Aufnahme gibt, in der
er mitwirkt. Ich vermute, mit Schuberts Opern verhält es sich
ähnlich wie mit »Lazarus«: Die wenigsten Leute haben sich wirklich richtig damit beschäftigt, aber viele haben ein – meist negatives – Urteil parat... Ich persönlich möchte mir über Schuberts

Opern deshalb kein Urteil erlauben, aber einen vergleichbaren Fall kenne ich recht gut: Hugo Wolfs »Corregidor« und »Manuel Venegas«, der übrigens auch ein Fragment ist. Der »Corregidor« ist eine der schönsten und auch lustigsten Opern, die es meines Erachtens gibt, ein wunderbares, in sich geschlossenes Werk. Es steht nie auf den Spielplänen – mir scheint, weil viele denken, wenn der ›Liedkomponist‹ Wolf eine Oper schreibt, dann brauche man das nicht ernst zu nehmen. Ich glaube, ähnliches trifft auch bei Schubert zu.

Sie waren Schüler von Dietrich Fischer-Dieskau. Bringt das eher Vorteile mit sich – oder ist es von Nachteil, weil das Publikum dann eine besonders hohe Erwartungshaltung hat?

Diese Situation ist für mich nicht so problematisch, weil ich Tenor bin! Ein Bariton wird, denke ich, zwangsläufig mit Fischer-Dieskau verglichen. Viele Schüler beschäftigen sich auch derart intensiv mit seinen Plattenaufnahmen, daß sie instinktiv eine Art zu singen annehmen, die der von Herrn Fischer-Dieskau sehr ähnlich ist. Eine Unterstellung ist hingegen, daß er das in seinem Unterricht verlange – im Gegenteil: Er ermuntert jeden, seinen eigenen Weg zu suchen. Ein einziges Mal habe ich versucht, ein Lied in seiner Art anzugehen. Er hat mich keine drei Takte singen lassen und mich darauf hingewiesen, daß jeder Sänger seine Singweise nach der Eigenart *seiner* Stimme zu richten habe. Ein anderes Problem liegt darin, daß in jeder Veröffentlichung zu lesen ist: »Schüler von Fischer-Dieskau«. Mein eigentlicher Gesangslehrer ist natürlich jemand anderes; zu Herrn Fischer-Dieskau kommt man schließlich erst, wenn man die grundlegenden Studien abgeschlossen hat. Und da hat man unter Umständen eine ganz andere Art des Singens gelernt, als er sie praktiziert. In Fragen der Gesangstechnik mischt er sich daher auch selten ein. Er regt vielleicht mal an, eine andere Tongebung auszuprobieren oder dergleichen – aber nur mit den eigenen Mitteln.

Welche Informationen ziehen Sie heran, wenn Sie sich neues Repertoire erarbeiten?

Gerade bei Schubert hat man es da vergleichsweise leicht, weil er so viele bedeutende Dichter vertont hat und man infolgedessen Mengen von Sekundärliteratur zur Verfügung hat. Andererseits birgt das die Gefahr, sich *nur* an diesen Informationen zu orientieren. Bei der »Schönen Müllerin« beispielsweise erfährt man von geradezu parodistischen Veranstaltungen, auf denen sich der Kreis um Wilhelm Müller diese Texte gegenseitig vorgelesen hat. Diesen Hintergrund sollte ein Sänger unbedingt kennen. Oberstes Gebot bleibt aber, herauszufinden, wie der Komponist das gesehen und verstanden hat. Natürlich kann es sich dabei nur um eine Annäherung handeln; gewiß wird auch vieles fehlinterpretiert. Ich würde sagen, man muß sich Hintergrundwissen erarbeiten, sich aber dadurch nicht den Blick auf die Komposition verstellen lassen.

Welche Bedeutung hat der Text für Sie, wenn Sie neue Lieder auswählen?

Wenn ich ein Programm für einen Liederabend zusammenstelle, gehe ich stark vom Text aus. Natürlich muß sich eine Gruppe auch musikalisch sinnvoll zueinander fügen; das versteht sich von selbst. Aber ich wähle gerne thematische Aspekte – und das Übrige ergibt sich dann daraus. Zumindest für mich selbst muß ein Sub-Text vorhanden sein: Die einzelnen Lieder müssen sich zu einer kleinen Geschichte verbinden lassen. Ob die Zuhörer diese Verknüpfung so nachvollziehen können, ist gar nicht entscheidend. Aber ich bin sicher, daß sich die Ruhe, die sich für mich als Sänger aus dieser Verbindung ergibt, auf das Publikum überträgt.

Wählen Sie ein Programm auch im Hinblick auf die vermutliche Erwartung des Publikums aus?

In gewisser Weise schon – mir ist zum Beispiel sehr wichtig, wie ich das Publikum aus dem Abend entlasse. Man kann einen Liederabend gezielt auf fünf Zugaben hin planen, indem zum Schluß die bekanntesten und beliebtesten Lieder versammelt sind, so daß die Hörer aus dem Klatschen gar nicht mehr heraus kommen. Andererseits frage ich mich, wem eine solche Programmgestaltung etwas bringt. Deshalb möchte ich insofern auf das Publikum Rücksicht nehmen, als es die Chance haben soll, in einem Liederabend durch verschiedene Gefühlswelten zu wandern. Es sollten nicht nur introvertierte Lieder sein, es sollte nicht andauernd Anlaß zum Schmunzeln geben – kurz: Es sollte vielseitig sein. In jedes Programm die ›highlights‹ hineinzupacken, weil das Publikum es angeblich so erwartet, damit unterfordert man seine Zuhörer meiner Ansicht nach. Eine ausgewogene Mischung aus

Bekanntem und Unbekanntem ist sicher das Beste, um ein Publikum, das nicht aus lauter Lied-Spezialisten besteht, bei der Stange zu halten. Ein Wiedererkennungs-Effekt läßt sich beispielsweise auch dadurch herstellen, daß man einen sehr bekannten Text nimmt, aber einmal in einer ganz anderen Vertonung! Ich glaube, daß ein Hörer nach einer solchen »Aha!«-Erfahrung eher bereit ist, sich auch auf etwas Neues einzulassen. Gerade die ganz prominenten Sänger, in deren Liederabende man dieser Person wegen geht, sollten ihre Bekanntheit nutzen, um unbekanntere Literatur an den Hörer zu bringen.

Was löste bei Ihnen den Wunsch aus, Sänger werden zu wollen?

Dieser Wunsch ist bei mir auf einigen Umwegen entstanden; zu der klassischen Musik hatte ich, zumindest was den Gesang angeht, lange keine Beziehung. Aber nach ein paar Jahren im Freiburger Domchor, wo ich meine erste Stimmbildung bei dem amerikanischen Tenor Richard Riffel erhielt, ging mir dann auf, daß man als Sänger die Chance hat, einen Beruf auszuüben, zu dem man – hoffentlich – das Talent hat, mit dem man seinen Lebensunterhalt bestreiten kann, mit dem man gleichzeitig anderen Menschen etwas geben kann – und den keiner besser machen kann, nur weil er mehr Geld hat.

Wie hat sich Ihr Kontakt zum Lied entwickelt?

Ich hatte in der Schule Leistungskurs Musik und mußte für das Abitur einige Lieder vorbereiten. Diese Beschäftigung entsprang allerdings weniger innerer Überzeugung; außerdem war ich stimmlich total überfordert. Dann studierte ich an der Musikhochschule in Frankfurt Gesang bei Professor Martin Gründler, der noch immer mein Lehrer ist. Während meines ersten Semesters war eine Professur für Liedbegleitung ausgeschrieben und ein Jahr lang kamen die Bewerber angereist – und mußten schließlich mit jemandem arbeiten können. Zunächst habe ich dort nur zugehört, während die älteren Semester sangen. Doch die verschwanden nach und nach – und die eingeladenen Dozenten wußten nicht, wen sie unterrichten sollten. Ich sah die Chance, bei dieser Gelegenheit sehr viel lernen – und kennenlernen zu können, und stellte mich zur Verfügung. Zum Glück kann ich gut vom Blatt singen und lerne auch schnell auswendig. Und so kam ich als Anfänger dazu, mit teils sehr prominenten Liedbegleitern intensiv an der Lied-Literatur arbeiten zu können. Bald merkte ich, wieviel mir dies bedeutete – sehr viel mehr, als möglichst viele hohe Töne auszustoßen; zumal mir das italienische Repertoire nicht besonders liegt. Meine Neigung zum Lied ist seither stetig gewachsen.

Nun haben Sie gerade geschildert, wie Sie als Sänger auf Umwegen und durch Zufälle zum Lied gekommen sind. Was könnte man Ihrer Ansicht nach tun, um neue – und jüngere – Hörer für das Lied zu gewinnen? Und: Wie sehen Sie die Zukunftsaussichten für den Liederabend generell?

Die Zukunftsaussichten sind – meines Erachtens nicht nur für das Lied – alles andere als rosig. Was in diesem ganzen Musikbetrieb gut funktioniert, sind doch nur noch die Musicals. Sie nehmen immer mehr die Stelle ein, die bisher von der Oper besetzt war. Was das Lied angeht, ist die Situation dadurch verschärft, daß das Publikum hier seit jeher ein spezielles und zahlenmäßig begrenztes war. Solange die Massenmedien, vor allem das Fernsehen, nicht eingreifen, indem sie diese Gattung für ein größeres Publikum ein wenig aufbereiten und helfen, Hemmschwellen gegenüber dieser Kunstrichtung abzubauen, sehe ich die Besucherzahlen schwinden. Von mir aus könnte in einer Talkshow auch mal ein Lied gesungen werden – das Publikum müßte zum Beispiel schätzen lernen, was es bedeutet, wenn einer ohne Mikro und live singt! Die Schule könnte auch einen Beitrag leisten: Hier sollten kleine Liederabende veranstaltet werden, zum Beispiel als Bestandteil eines Schulkonzerts, damit ein Prozeß der Gewöhnung an diese Gattung in Gang kommt. Das Elitäre, das dem Lied anhaftet, müßte man eliminieren.

Wie steht es denn mit dem Sängernachwuchs: Ist das Interesse und der Einsatz für das Lied hier ausreichend?

Oberstes Gebot für einen Sänger ist, technisch so fit zu sein, daß er beim Vorsingen an der Oper in seinem Stimmfach alle Töne parat hat. Die zusätzliche Beschäftigung mit dem Lied hat da oft wenig Platz. Außerdem ist man aus finanziellen Gründen oft gezwungen, etwas anzunehmen, das mehr einbringt, zum Beispiel als Solist in geistlichen Konzerten mitzuwirken. Als junger Sänger hat man es mit dem Lied sehr schwer – und Geld verdienen kann man damit schon gar nicht. Die größte Chance, die einem geboten wird, ist die, einen Liederabend in einem Saal zu geben, für den man nicht zahlen muß... Leider wird das oft vorhandene Interesse am Lied da in keiner Weise gefördert. Deshalb sollte man die Defizite nicht den jungen Sängern anlasten, sondern mehr tun, um ihnen zu helfen. Wer nicht einflußreiche Eltern, einen berühmten Lehrer oder sonst einen Förderer hat, hat keine Chance.

Warum kommen in Liederabenden oder auf CD's vorrangig immer wieder dieselben Schubert-Lieder vor, wo es doch so eine riesige Auswahl von über 600 Liedern gibt?

Es gibt Sänger, die ihr Repertoire danach ausrichten, was sie selber als Plattenaufnahme kennen... Das andere sind die Gesetze des Marktes: Lied verkauft sich ohnehin nicht so gut; am besten verkaufen sich immer noch die bekanntesten Lieder... Wer Randrepertoire vorschlägt, wird damit so schnell keine CD machen können. Deshalb braucht man aber nicht gleich die 20 »größten Hits« von Schubert aufzunehmen, sondern kann sich um einen Kompromiß bemühen. Daß in aller Regel nicht mehr als etwa 150 Schubert-Lieder in den Programmen vorkommen, ist allerdings schon ein Armutszeugnis für die Sänger. Daß alle anderen 450 ›nicht so gut‹ sind, das kann einfach nicht sein. Ein solches Urteil sollte ein Sänger nicht ungeprüft übernehmen. Ich schätze, bei den ganz prominenten Sängern fehlt es oft einfach an der Zeit, sich intensiver damit zu beschäftigen. Daß solche Leute eine CD-Produktion sozusagen vom Blatt machen, finde ich unglaublich. Aber wer nur noch unterwegs ist, findet eben nicht die Zeit für eingehendere Vorbereitung. Ein junger Sänger ist schon darauf angewiesen, sich nach den Anforderungen von außen zu orientieren – aber bei den arrivierten Sängern kann mich dieses Argument nicht überzeugen. Sie hätten meiner Meinung nach die Aufgabe, Unbekannteres an *ihr* Publikum heranzutragen.

Wieviele Schubert-Lieder kennen Sie derzeit?

Da ich mich wegen der genannten Schubert-Edition mit Hartmut Höll derzeit intensiv damit befasse, dürften es ungefähr 200 Lieder sein. Für die 1997 in Köln stattfindende Schubertiade, deren Programme Herr Fischer-Dieskau zusammengestellt hat, erhielt ich ein Programm, von dem ich vorher gerade zwei Lieder kannte – so werden es eben kontinuierlich mehr, und für solche

Anreize bin ich sehr dankbar. Man muß auch bedenken: Bei den unbekannten Liedern hat das Publikum keine festgefügten Interpretationen anderer Sänger im Ohr. Das ist schließlich auch von Vorteil!

Was macht Ihres Erachtens das Besondere am Schubertschen Lied aus?

Das Herausragende ist, denke ich, die in sich immer stimmige Vertonung seiner Texte. Ich meine jetzt nicht nur die Umsetzung des Wortes in Musik, sondern die im ganzen zutreffende Stimmung. Gleich, ob man die musikalische Sicht der Gefühlswelt, die ein Text ausdrückt, teilt oder nicht – es ist immer so, daß diese Sicht in sich überzeugend ist. Wenn man sich darauf einläßt, wird man ihr immer etwas abgewinnen können, denn dieser Ehrlichkeit und Direktheit kann man sich kaum entziehen.

15. 06. 95, Feldkirch

Brigitte Fassbaender

Menschlich und wahrhaftig interpretieren

Frau Fassbaender, Sie haben sich in allen musikalischen Gattungen betätigt; Sie haben ein sehr umfangreiches Repertoire aufzuweisen: Gibt es dennoch einen – oder mehrere – besonders wichtige Komponisten für Sie?

Der wichtigste Komponist für mich ist Schubert. Er ist die große Liebe meines Lebens. Das war er immer – aber ich habe mich dieser großen Liebe nie gewachsen gefühlt. Deshalb habe ich sehr spät erst angefangen, Schubert zu singen. Zwar hatte ich früher schon einmal eine Platte mit Schubert-Liedern aufgenommen und auch das eine oder andere Lied im Konzert gesungen – frisch und unbefangen, mit aller Naivität, die man als junger Mensch einbringt und die von Vorteil sein kann, wenn man sich eben keine übertriebenen Gedanken macht, sondern sich ganz der Musik hingibt. Dann habe ich es für viele Jahre ganz gelassen – und mich danach gleich an die »Winterreise« herangewagt... Schubert ist allerdings nicht die einzige große Liebe, die ich habe. Dazu kommt Hugo Wolf! Diese beiden haben für mich auch viel miteinander zu tun. Sie lassen sich wunderbar kombinieren – und das ergibt ein Traum-Programm, welches ich auch ein paarmal gesungen habe im Konzert. Jetzt bei meinem Abschied vom Singen ist mir der Abschied von diesen beiden natürlich besonders schwergefallen...

Sie haben auch die großen Schubert-Zyklen gesungen – was ist reizvoller zu gestalten: eine selbst gewählte Zusammenstellung von ›Einzelliedern‹ oder der vorgegebene Zyklus?

Bei Schubert war es für mich reizvoller, die Zyklen zu interpretieren, weil ich deren innere Abläufe so schlüssig und zwingend finde. Bei der Auswahl einzelner Lieder habe ich mich immer darum bemüht, auch da eine ›Seelenhandlung‹, eine Entwicklung oder einen roten Faden zu finden. So habe ich etwa einmal einen Schubert-Abend zusammengestellt, der in der ersten Hälfte Lieder rund um das Thema ›Wasser‹ vereinte – die Metapher für das Dahinströmen und Dahinhasten des Lebens, die oft benutzt wird, um innere Zustände darzustellen. Im zweiten Teil habe ich dann Lieder aus dem Themenbereich der griechischen Mythologie, mit dem Schubert sich oft befasst hat, gewählt. Das fand ich eine wunderbare Zusammenstellung, die zu singen mir große Freude gemacht hat. Aber: Die Zyklen sind schon die Höhepunkte in Schuberts Schaffen!

Graham Johnson hat Sie für seine »Schubert-Edition« verpflichtet – das Projekt, alle Lieder Schuberts mit verschiedenen Sängern bis zum Jahre 1997 auf CD einzuspielen. Haben Sie dabei auch musikalisches Neuland entdecken können?

Ja, durchaus! Da sind ein paar Lieder enthalten, die ich vorher nicht kannte. Johnson stellt diese Aufnahmen ja unter thematischen Aspekten zusammen – und wählt die Sänger dazu aus, von denen er glaubt, daß sie zu dieser Thematik einen besonderen Zugang haben. Mir hat er dabei das Thema ›Tod und Verklärung‹ zugedacht. Darauf konnte ich keinen Einfluß nehmen, wollte es auch gar nicht, denn ich fand seine Idee prima. Ich merkte, daß das Thema ›Tod‹ mir doch sehr nahelag und daß ich diese Lieder sehr gut interpretieren konnte. Natürlich ist es grundsätzlich so, daß das Dunkle, Melancholische, Schwermütige der Mezzosopranistin beziehungsweise Altistin besonders gut liegt – auch meiner Person. Das soll zwar nicht heißen, daß ich mich ständig mit dem Thema ›Tod‹ beschäftige – auch wenn es mir ein sehr nahes und vertrautes Thema ist, aber ich hatte mit dieser Liedauswahl jedenfalls keine Schwierigkeiten. Mit der ›Verklärung‹ ist das vielleicht schon wieder eine andere Sache... Übrigens habe ich ja auch Mussorgskys »Lieder und Tänze des Todes« aufgenommen – in russischer Sprache. Da nähert sich der Tod dem Menschen ganz so, wie der es gerade braucht: als Liebender, als Helfender, als mütterlicher Tod – im Russischen ist der Tod weiblich –, als Mutter etwa, die den Sterbenden in ihre Arme nimmt, als rächender Tod, als grotesker Tod, der den Betrunkenen im Schnee erlöst und um ihn herum tanzt, um ihn zu wärmen. In der russischen Volkssage hat der Tod also vielerlei Gestalten – wie in unserem Kulturkreis ja auch. Ich fand es besonders schön, daß nun diese beiden Todesthemen in so verschiedener Gestalt an mich herangetragen wurden. Im übrigen sind auf der CD aus der Schubert-Edition ja auch einige geradezu groteske

Lieder dabei – etwa »Der Geistertanz«, wo die Geister zur Mitternacht aus ihren Gräbern entsteigen und tanzen. Das fand ich schon ganz toll!

Warum sind Ihrer Meinung nach gemessen an der Gesamtzahl aller Schubert-Lieder so wenige im Konzertleben präsent?

Weil die Zuhörer das Bekannte immer wieder hören wollen. Man muß als Sänger schon sehr gut – und möglichst auch bekannt – sein, wenn man das Publikum mit Neuem konfrontieren will. Die meisten Leute kommen wegen des Sängers, nicht wegen des Programms. Dem Sänger kommt dann eine quasi erzieherische Aufgabe zu. Aber nach wie vor freut sich das Publikum am meisten, wenn »An die Musik« kommt – und hört sich die »Ballade vom nächtlichen Windhund« – oder was es da an Raritäten sonst noch geben mag, vielleicht weniger gerne an... Und dabei finden sich bei den unbekannteren Schubert-Liedern so unendlich tolle, die genau dieselbe Berechtigung hätten, groß und bekannt zu sein, wie die wenigen, denen das wirklich geglückt ist. Im Laufe des Jahrhunderts hat sich so ein Standard-Programm herauskristallisiert, auf das man eben immer wieder zurückgreift. Ich habe allerdings immer versucht, auch relativ unbekannte Schubert-Lieder einfließen zu lassen und in die gewählte Thematik einzubinden. Wobei ich jedoch anmerken muß, daß ich nicht alle Lieder gleichermaßen gut finde – vor allem, was die Texte angeht. Etwa diese ganzen Sachen für Männerchöre, die oft auch solistisch gemacht werden. Damit kann ich, ehrlich gesagt, wenig anfangen.

Wie haben Sie sich einem neuen Lied angenähert: Haben Sie Text und Musik als getrennte Ebenen betrachtet oder gleich als Einheit aufgefasst?

Das war für mich immer gleichwertig! Ich habe mich stets bemüht, gute Texte zu singen – denn wenn ich mit einem Text gar nichts anfangen kann, dann kann ich auch das Lied nicht singen. Sei es noch so schön komponiert! Irgendwie muß ich mich mit dem Text identifizieren können, um einen wirklichen Zugang zu einem Lied zu finden.

Wie sehen Sie das Verhältnis Text und Musik allgemein, über das Lied hinaus?

Im Lied hat man die Möglichkeit, in den meisten Fällen einen Text zu wählen, der musikadäquat ist. In der Oper ist das schon schwieriger... Allerdings ist es dort auch nicht so gravierend, weil man sowieso höchstens zwei Drittel vom Text versteht: Entweder weil die Sänger nicht deutlich genug sprechen – oder weil das Orchester sie zudeckt. Außerdem kommt die Aktion dazu, das schauspielerische Element, das einem die Rolle nahebringt. Da ist es vielleicht gar nicht erforderlich, daß man wirklich jedes Wort versteht. Andererseits gibt es auch in der Oper ganz großartige Texte – etwa bei Bergs »Wozzeck« oder »Lulu«, aber auch bei Mozart: »Figaro« oder »Cosi«, um jetzt nur ein paar herauszugreifen. Und bei der geistlichen Musik ist die Thematik von vornherein eingeschränkt, oft basiert sie auf alten geistlichen Gesängen. Diese Texte haben meistens eine große Qualität. Bisweilen sind sie etwas naiv, aber das ist doch auch ganz schön!

Denken Sie, daß die absolute Achtung vor dem Text, vor jedem Wort – und Satzzeichen, für einen überzeugenden Liedgestalter an erster Stelle stehen muß?

Für mich ja! Sonst überzeugt er mich nicht. Das hat mit der intellektuellen Ausdeutung dieser Texte zu tun – ansonsten könnte ich ja auch Nonsenstexte singen. Und meist stimmt die Aussage der Musik ja mit der des Textes überein: Der Komponist hat den Gehalt des Textes so hervorragend erfaßt, daß er ihn kongenial ausdeutet, indem er ihn vertont. Hugo Wolf etwa konnte gar keine schlechten Texte komponieren – dann war gleich auch die Musik nicht gut. Deshalb hat er sich seine Texte aber auch mit Bedacht ausgesucht! Bei Schubert war das etwas anders: Er hat halt schon mal den mittelmäßigen Text eines guten Freundes komponiert – und dabei doch ein wunderschönes Lied geschrieben. Übrigens finde ich, daß Wilhelm Müller völlig unterschätzt wird: Die Texte der »Winterreise« und auch der »Schönen Müllerin« finde ich wunderbar! Ich habe ja die Müller-Lieder kürzlich noch aufgenommen, um die Zyklen zu vervollständigen. Dabei spreche ich die Gedichte mit, die Schubert nicht vertont hat: Da sind noch drei Gedichte, ein großer Epilog und ein Prolog. Und gerade diese ausgelassenen Gedichte sind besonders schön – ich habe sie so gerne gesprochen, mir diese Sprach-Musik ausgetüftelt, denn sie sind nicht leicht zu lesen. Es erschließt sich nicht gleich, wo man am besten betont, pausiert, bindet – das ist durch den Fluß der Worte nicht direkt vorgegeben. Ich fand das so spannend, daß ich anfange zu verstehen, warum Dietrich Fischer-Dieskau Rezitationsabende macht...

Sie haben lange Jahre auch unterrichtet – wie haben Sie Ihren Schülern zu vermitteln versucht, worauf es bei der Liedgestaltung vor allem ankommt?

Das kann man als Lehrerin auf zweierlei Weise versuchen: Wenn man mit einem Anfänger arbeitet und ihn erst einmal an die Literatur, die es zu bewältigen gilt, heranführt, steigt man über das Lied ein. Das habe ich auch jahrelang gemacht, ehe ich anfing, mich mit der Oper zu beschäftigen. Oder man gibt Kurse, wo man dann schon relativ fertige Sänger vor sich hat – und nicht mehr an der Technik, sondern nur an der Interpretation arbeitet. Wichtig zu vermitteln finde ich vor allem, daß junge Sänger sich um eine moderne Ausdeutung bemühen – daß sie aufzeigen, wie uns die aus vorigen Jahrhunderten überkommenen Texte heute noch betroffen machen können. Diese großen Themen, um die es ja immer wieder geht, nämlich Liebe und Tod, Sehnsucht und Erfüllung oder auch Verzweiflung, sind allgemeingültig und zeitlos – und kommen immer wieder in neuem Gewand auf uns zu. Und wir können sie uns immer wieder mit unserer Phantasie und der Intention des Dichters und Komponisten zu eigen machen. Vor allem müssen sie menschlich und wahrhaftig interpretiert werden, nicht nur stilistisch stimmig. Wirkliche Interpretation kann sowieso erst einsetzen, wenn man sein Handwerk beherrscht. Der alte Spruch »Kunst kommt von Können« stimmt! Man kann als Sänger langsam zum Künstler werden. Man ist es bestimmt nicht von Anfang an.

Sie sagten eben, der Text spiele für Sie immer eine große Rolle: Haben Sie bei Schubert Vorlieben für bestimmte Textdichter und sehen Sie eventuelle Zusammenhänge mit der Qualität der Musik?

Schuberts Goethe-Vertonungen finde ich schon ganz gewaltig – und, wie gesagt, halte ich sehr viel von den Müllerschen Texten. Grundsätzlich bin ich der Meinung: Die ganz großen Lieder sind auch immer die ganz großen Dichter. Nehmen wir ruhig die Goethe-Lieder als wirkliche Geniestreiche Schuberts: Wenn ein Achtzehnjähriger »Gretchen am Spinnrad« schreibt – und die Atmosphäre derartig trifft, ähnlich wie beim »Erlkönig« – das ist doch unglaublich!

Sind die biographischen Bezüge, die Umstände der Entstehung von Werken für den Interpreten von Belang – sollte er sie kennen?

Natürlich! Ich will doch nicht nur ein Lied singen; ich will mich mit Schuberts Leben und seiner Persönlichkeit beschäftigen. Ich habe immer soviel zum Thema gelesen, wie ich nur konnte. Und Schubert bleibt einem trotzdem verschlossen. Er – wie auch Mozart – entzieht sich unserer biographischen Deutung meiner Ansicht nach sehr – trotz aller voyeuristischen Beobachtung, der er ausgesetzt war und durch die er verklärt – oder verkleinert – worden ist... Aber die Beschäftigung mit der Biographie des Komponisten gehört meines Erachtens unbedingt zur Auseinandersetzung mit dem Werk dazu. Man kann daraus sicher einiges für die Interpretation entnehmen – und Einsichten und Sensibilitäten entwickeln.

Schuberts Zyklen gelten nach wie vor weithin als ›Männer-Lieder‹. Bedurfte es eines besonderen Mutes, sich als Sängerin an diese heranzuwagen?

Diese Kontroverse habe ich eigentlich nicht zu spüren bekommen, höchstens ganz am Rande. Es hätte mich aber auch überhaupt nicht interessiert! Einmal wurde ich allerdings doch damit konfrontiert, als ich die »Winterreise« in Paris gesungen hatte. Da ging nach dem letzten Lied ein Mann demonstrativ und lautstark schimpfend hinaus... Das übrige Publikum ging auf die Barrikaden und konnte es nicht fassen. Das ist aber wirklich die einzige Geschichte dieser Art, die ich erlebt habe. Sicherlich bin ich immer wieder mal darauf angesprochen worden, aber Schwierigkeiten hatte ich wirklich nicht. Ich habe ja auch lange genug damit gewartet, dieses Gebiet zu betreten. Im übrigen kann ich es sogar verstehen, wenn jemand zunächst Probleme damit hat, diese Zyklen von einer Frau gesungen zu hören – schließlich ist das so eine tradierte Angelegenheit... Viele Zuhörer haben mir aber bestätigt, daß das Konzerterlebnis ihnen einen wieder ganz anderen Einblick in das Werk erlaubt hat. Und genau so empfinde ich selbst es auch: Ich liebe die »Winterreise« von Fischer-Dieskau gesungen – und meine liebste Aufnahme ist die von Peter Anders. Von einem Mann gesungen ist sie so etwas vollkommen anderes, daß ich das überhaupt nicht vergleichen würde. Im übrigen war ich ja nicht die erste Frau: Lotte Lehmann und Christa

Ludwig haben sie vor mir gesungen – und neuerdings gibt es mehrere junge Mezzosopranistinnen, die sich daran wagen. Was ich sehr richtig finde!

Die Reihenfolge, in der Sie sich die Zyklen erarbeitet haben, war: erst »Winterreise«, dann »Schwanengesang«, zuletzt die »Schöne Müllerin«. Warum gerade so?

Weil ich den »Schwanengesang« noch schwerer finde als die »Winterreise« – und die »Müllerin« am allerschwersten... Ich wollte erst so weit als möglich eindringen in diese Zyklenwelt, bevor ich mich selbst daran wage. Bei den Müller-Liedern habe ich auch deswegen so lange gezögert, weil ich dachte, das ist nun eine wirkliche Männer-Domäne – und kann eigentlich nur von einem Mann so empfunden werden. Ich weiß gar nicht, warum ich diesen Unterschied zur »Winterreisc« gemacht habe – wahrscheinlich, weil mir die Thematik der »Winterreise« näher liegt in der jetzigen Phase meines Lebens, die doch eine gewisse Reife mit sich bringt, während die Müller-Lieder von einem ganz jungen Menschen in einer Sturm- und Drangzeit erzählen. Der Winter-Reisende muß für mich nicht ganz jung sein, im Gegenteil: Ich glaube, daß der schon eine Portion Lebenserfahrung hinter sich hat, um über die Dinge so reflektieren zu können, wie er es tut. Wenn man hingegen liest, wie die Müller-Lieder entstanden sind, wenn man den Prolog und Epilog, den Müller dazu geschrieben hat, hört, dann merkt man, daß Schubert sie eigentlich viel zu ernst genommen hat... Er hat sich doch sehr auf diesen Tod, diesen anrührenden Marsch in den Bach hinein, konzentriert, während die Lieder doch aus einer Singspiel-artigen Veranstaltung heraus entstanden sind. Müller fordert sein Publikum geradezu auf, sich mit dem Müllerburschen auf die Reise zu begeben – zu diesem Tod kommt es eigentlich mehr beiläufig, während es bei Schubert doch konsequent darauf hinausläuft... Die letzten paar Lieder des Zyklusses – etwas Schöneres gibt es doch nicht an Versunkenheit in Melancholie und Eintauchen in überirdische Abgeklärtheit dem Tod gegenüber. Wo die Natur diesen großen Atem der Ruhe ausbreitet über dem kleinen Menschenschicksal... Dieser Schluß ist mir natürlich gar nicht schwergefallen. Und so habe ich mir den Zyklus vom Ende her erarbeitet. Als ich anfing, darüber nachzudenken, ihn zu singen und zu gestalten, waren mir immer die letzten Lieder die nächsten. Ich mußte mich von rückwärts hineintasten, um dann auch die ersten Lieder in ihrer Wanderburschen-Herrlichkeit, ihrer Burschikosität bewältigen zu können. Und diese Naivität, die spürbar wird bei manchen Tenören, die das frisch von der Leber weg runtersingen, die war mir natürlich nicht möglich. Ich weiß nicht, ob eine Frau überhaupt so naiv sein kann...

Sie meinen also, die Interpretation sollte vom Ende her gedacht werden – muß dann die scheinbar unbeschwerte Fröhlichkeit des Anfangs schon so ein Schatten umwehen?

Ob man *das* kann – und muß, weiß ich nicht. Es handelt sich ja um einen Denkvorgang, den man sich beim Erarbeiten aufbaut. Und wenn man das für sich getan hat, dann sollte man wohl die Reise wagen – dann weiß man ja, wo man ankommt. Bei der »Winterreise« habe ich das übrigens nie gewußt. Ob der Leiermann der Tod ist oder nicht – wie ich das empfinden werde am Schluß, das habe ich mir immer offen gelassen. Und es war auch jedes Mal anders.

Peter Gülke schreibt in seinem Buch »Franz Schubert und seine Zeit«: »Weil des Burschen Weg vorentschieden ist, weil der Bach ihm, ohne daß er es weiß, näher ist als das schnippische Mädchen, braucht er sich der Auseinandersetzung gar nicht erst zu stellen, erscheint seine Geschichte entwertet zum Vorwand des Gesprächs mit der Natur und des ›schönen‹, als Heimkehr gefeierten Todes.« Wie stehen Sie zu dieser Auffassung?

Ich finde, er sagt damit im Grunde nichts anderes als ich. Nur er drückt es intellektuell aus – und ich emotional. Ich lese übrigens oft in Gülkes Buch und versuche immer wieder, mich damit auseinanderzusetzen. Und hier sind wir, glaube ich, wirklich einer Meinung: »Der Bach ist ihm näher als das Mädchen« finde ich sehr schön gesagt! An das Mädchen kommt er ja im übrigen auch gar nicht heran; der Bach *bleibt* sein einziger Ansprechpartner. Aber deshalb muß er sich doch nicht unbedingt am Schluß hineinlegen – und ersaufen... Das sehe ich bei den ersten Liedern noch nicht.

Kommen wir zur »Winterreise«. Ich habe gelesen, daß Sie sie erstmals 1987 auf der Schubertiade Feldkirch gesungen haben...

Nein, das stimmt nicht! Zum wirklich ersten Mal habe ich sie gesungen bei einem Amerika-Aufenthalt. Zunächst habe ich mich hier nämlich nicht getraut... Ich war damals drei Monate an der Met. Da habe ich sie mit einem jungen Korrepetitor einstudiert und in einer kleinen Kirche in der Nähe von New York bei einer Kaffee-Gesellschaft mit lauter alten Damen, die blau gefärbte Haare hatten, zum ersten Mal in meinem Leben gesungen! Die aßen derweil Kuchen und klapperten mit ihren Kaffeetassen... Ich stand auch nicht auf einem Podium, sondern mittendrin, und ich sang auch nicht auswendig, sondern aus dem Klavierauszug, weil ich noch nicht ausreichend sicher war. Und dem Korrepetitor war vor lauter Angst so schlecht, daß er sich immerzu fast übergeben mußte, was er schließlich auf der Nachhausefahrt auch getan hat... Es war also ganz grauenhaft! Und dann geschah das Schöne, daß die alten Damen, so nach dem dritten oder vierten Lied, allmählich aufhörten, in ihrem Kuchen zu stochern – und begannen, zuzuhören! Plötzlich klapperte nichts mehr; es war eine spürbare Spannung im Raum. Im Anschluß hatte ich dann ein paar interessante Gespräche, denn einige Leute hatten die »Winterreise« schon mal woanders gehört – was in Amerika so selbstverständlich nicht ist. Das war dann eigentlich sehr rührend. Und erst danach habe ich sie hier gewagt – das Kuchen-Erlebnis hatte mir Mut gemacht...

Ich empfinde Ihren Wanderer auf der Einspielung mit Aribert Reimann von 1988 als sehr leidenschaftlich, wild und aufbegehrend. Haben Sie ihn so angelegt?

Ja, absolut! Er begehrt auf gegen das Schicksal und hält sich noch offen, eben nicht in den Tod zu gehen. Allerdings hat sich meine Interpretation seit damals schon ein bißchen verändert. Ich habe sie übrigens jetzt gerade noch einmal aufgenommen für einen Fernsehfilm – ob der gelingt, steht noch dahin. Es war jedenfalls die letzte Aufnahme, die ich gemacht habe. Und vielleicht kommt sie ja irgendwann auch als Platte heraus; dann hätte man einen interessanten Vergleich. Die Zeiten sind teilweise verändert, der Begleiter ist ein anderer, und ich habe einen etwas abgeklärteren und ruhigeren Zugriff gewonnen – was dem Werk ganz gut bekommt. Der innere Gehalt hat sich also schon geändert. Das zu erleben war für mich selbst sehr wichtig, erst dieses Drängen und Wüten mit dem Geschick... Aber das war ja schon immer meine Art, in die Zyklen einzusteigen. Als ich Schumanns

»Frauenliebe und -leben« gesungen habe, hat mal ein Kritiker geschrieben: »Gleich mit dem ersten Lied ist sie im Zentrum des Sturms...«. Nun ist das natürlich dort etwas anderes als bei der »Winterreise«, aber irgendwie habe ich mir immer alles im Sturm erobert – und die Ruhe allmählich kommen lassen.

In seinem Buch »Auf den Spuren der Schubert-Lieder« schreibt Fischer-Dieskau: »Mit dem ›Leiermann‹ ist nicht nur der Stimmungstiefpunkt des Zyklus, sondern überhaupt alles dessen erreicht, was Schubert zu Papier gebracht hat... Das Leben hat kaum noch eine Chance... Die Wirkung auf den Hörer ist lähmend.« Als Zuhörerin empfinde ich das genau so. Wie aber fühlt sich der Interpret bei diesen extremen Liedern?

Wie gesagt, habe ich mir dieses Ende immer offengelassen. Ich habe mich da hinführen lassen. An wirklich großen Abenden, die es ab und zu einmal geben kann, entsteht meiner Ansicht nach sowieso eine quasi meditative Arbeitsweise – man wird zum Gefäß: Etwas geschieht in einem und schwingt durch einen hindurch, wobei man nicht mehr die Möglichkeit hat, viel zu verändern. Dabei hat man seine schönsten und größten Erlebnisse. Den ›Leiermann‹ habe ich übrigens immer als Appendix empfunden, der eigentlich mit dem übrigen Zyklus nichts zu tun hatte. Das ist ein Lied aus einer anderen Welt. Wobei ich eben offen gelassen habe, ob diese Welt erlebt wird als Todesbereitschaft – oder nicht. Ob der Wanderer weiterlebt – weiterleben muß mit dieser Qual, ob sich die Qual beruhigt oder ob ihre Schizophrenie noch stärker zum Ausdruck kommen wird – das war für mich nie entschieden. Der ›Leiermann‹ stellt für mich fast einen rezitatorischen Anhang dar, den ich losgelöst vom musikalischen Duktus empfunden habe. Es fällt mir schwer, darüber zu sprechen, eben weil ich als Sängerin auch nicht ›darüber‹ gesungen habe. Ich habe hier nichts mehr berichtet.

Sprechen wir abschließend über den »Schwanengesang«: Das Werk ist nun kein Zyklus im eigentlichen Sinne, weshalb die Reihenfolge, bisweilen auch die Zusammenstellung der Lieder variiert. Nach welchen Kriterien haben Sie sich ›Ihren‹ »Schwanengesang« zusammengestellt?

Ich habe mir zunächst einige Seidl-Lieder so angeordnet, wie ich es schön fand, und dann die Rellstab-Lieder so gesungen, wie sie in der Schubert-Ausgabe vorgesehen sind – in der Reihenfolge wohl, in der Schubert sie komponiert hat. Das Lied »Herbst« habe ich allerdings hinzugetan, was ich absolut legitim finde, weil es sich da wunderbar hineinfügt. Und die Heine-Lieder habe ich mir so zusammengestellt, wie sie für mich eine innere Dramaturgie, einen roten Faden ergeben: Es beginnt mit dem fröhlichen »Fischermädchen« und wird dann immer düsterer. Zum Schluß kommt die sinnlose Aufbäumung im »Atlas«.

Einige Sänger setzen die Heine-Lieder in die Mitte und schließen mit Seidl. Warum steht bei Ihnen Heine am Ende?

Weil diese Lieder für mich ganz klar den Höhepunkt darstellen – schon von den Texten her. Außerdem halte ich gerade sie für *die* Lieder, die auch ganz direkt in unser Jahrhundert hineinreichen; sie haben etwas überaus Modernes. Ich empfinde Schubert auch eigentlich gar nicht als Romantiker, viel eher als klassischen Expressionisten. Und diese Heine-Lieder treffen meines Erachtens direkt den Nerv unserer heutigen Empfindung. Da der »Schwanengesang« für eine Frau rein stimmlich wirklich sehr schwer zu bewältigen ist, habe ich ihn eigentlich nur selten gesungen. Der musikalische Duktus dieser Lieder ist doch absolut für eine Männer-Physis gedacht. Und um ihn stimmlich besser in den Griff zu kriegen, hätte ich ihn sicher viel öfter singen müssen im Konzert. Bei der Plattenproduktion ist das ja etwas anderes; da kann man sich zwischendrin ausruhen.

Welches Werk steht Ihnen näher: Die »Winterreise« oder der »Schwanengesang«?

Die »Winterreise«! Weil da eben ein ganz anderer Zusammenhang besteht. Das macht es für den Interpreten leichter. So von einer Welt in die andere zu springen wie im »Schwanengesang« hat natürlich auch seine Reize, aber was eine ›Handlung‹ hat, zieht mich letztlich doch stärker an. Weshalb mir die Heine-Lieder im »Schwanengesang« auch wieder am nächsten sind... Es gibt aber eben auch diesen stimmtechnischen Aspekt: Während die »Winterreise« für mich am Ende der reinste Spaziergang war – ich konnte mich wirklich absolut auf die Interpretation konzentrieren, hörten beim »Schwanengesang« die Überlegungen nie auf: Wie teile ich mir's am besten ein? Und vor so einem Lied wie »Kriegers Ahnung« hatte ich immer eine Heidenangst! Und wenn man vor etwas Angst hat, kann man nicht sein Bestes geben...

Das war bei der »Schönen Müllerin« übrigens ganz ähnlich.

Kann man, was Schuberts Lieder im besonderen ausmacht, in wenigen Sätzen beschreiben?

Nein, das glaube ich nicht. Was er *mir* bedeutet – das habe ich gesungen.

05. 03. 95, Bonn

Dietrich Fischer-Dieskau

Ein Dichter in Tönen

Im Jahre 1947 haben Sie Ihre ersten Liederabende gegeben: Welche Bedeutung hatte das Lied im zerstörten Nachkriegs-Deutschland, Herr Fischer-Dieskau?

Es spielte damals eine sehr große Rolle. Noch in den dreißiger Jahren hatte es zahlreiche Lied-Interpreten gegeben, die diese Literatur gepflegt haben. Für das deutsche Publikum verbindet sich die Liebe zur Musik nun einmal seit jeher in besonderem Maße mit der Liebe zur Dichtung – und damit mit dem Kunstlied. Im Blickwinkel steht dabei vor allem das romantische Lied; das Interesse reicht etwa bis in die Zeit Goethes zurück. Die Menschen in den ersten Nachkriegsjahren waren nun geradezu ausgehungert nach dieser Kunst... Noch immer lag alles weitgehend in Trümmern; es gab nichts; man litt Hunger. Die Musik war wohl mehr als alle anderen Künste dazu geeignet, die Menschen diesen grau-in-grauen Alltag für eine Weile vergessen zu lassen, indem sie zum einen Erinnerungen an bessere Tage zu wecken und zum anderen die Phantasie in eine ebenfalls glücklichere Zukunft zu lenken vermochte.

Liegt heute die genau gegenteilige Situation vor: Sind wir übersättigt von dem allzu großen Angebot?

Das könnte man so sehen – natürlich ist im Laufe der Jahre eine gewisse Übersättigung eingetreten, vor allem da das ›Nahrungsangebot‹ weitgehend aus dem immer gleichen Stoff besteht, jedenfalls im Bereich des Liedgesangs... Hier sollte vielleicht eine neue Form gefunden werden. Unter Umständen kehrt man zu dem althergebrachten Misch-Programm zurück, wie es in der Klassik und der frühen Romantik ›en vogue‹ war. Alle Gattungen sind in einem Programm enthalten und wechseln sich ab: Lieder werden gesungen, Orchesterstücke gespielt, man rezitiert, macht Kammermusik. Eine solche Entwicklung könnte ich mir vorstellen, zumal angesichts der vielen jungen Ensembles, die derzeit in Deutschland wie Pilze aus dem Boden schießen – was ich sehr begrüße, denn die Kulturszene erfährt dadurch eine Belebung. Bei diesen ist nun die Tendenz zu beobachten, Altes und Neues miteinander zu verbinden: eine sehr gesunde und gute Tendenz, wie ich meine. Hier in Berlin hat sich gerade ein Ensemble gebildet, das es sich zur Aufgabe macht, Zusammenhänge in Zeiträumen von jeweils hundert Jahren aufzuzeigen. Mit viel Erfolg, wie mir scheint...

Sind Sie demnach der Meinung, der Liederabend in seiner jetzigen Gestalt habe keine Zukunftschance?

Das möchte ich wiederum nicht sagen! Denn im Augenblick gibt es dafür zu viele gute Begabungen für den Liedgesang: Junge Menschen, die auf das Lied neugierig sind, die nachfragen, die fleißig sind – und dabei über eine sehr schnelle Auffassungsgabe verfügen. Wahrscheinlich eine schnellere, als wir sie in unserer Anfangszeit hatten, schon weil heute eine ganz andere Übung des Gehörs stattfindet durch die ständige Überflutung mit Musik in jeder Form, die die Jugend gewohnt ist, aufzunehmen. Und diese jungen Sänger sind geradezu durstig danach, die Lied-Literatur zu studieren! So viele kommen zu mir und fragen nach ausgefallenen Werken, auf die ich in meiner Anfängerzeit sicher gar nicht gekommen wäre. Außerdem freue ich mich natürlich darüber, daß Literatur, die vor meiner Zeit kein Mensch sang, heute für die jungen Sänger selbstverständlich zum Repertoire gehört...

Der hin und wieder angestimmten Klage, es fehle an Nachwuchssängern, die sich mit vollem Engagement auf das Lied einlassen, möchten Sie sich demnach nicht anschließen?

Ich möchte vielmehr das Gegenteil behaupten: Allein in den letzten fünf Jahren sind acht Baritonisten durch meine Hände gegangen, die eine sehr gute Laufbahn vor sich haben. Auch hervorragende Sopranistinnen gibt es eine ganze Reihe. Hinzu kommt, daß verschiedene Orte und Festspiele sich verstärkt dem Lied – und seinen jungen Interpreten – zuwenden und dem Nachwuchs so ein entsprechendes Podium bieten.

Sie haben Ihre erste Einspielung der »Winterreise« im Jahre 1948 gemacht und das Werk gewiß schon etliches früher im Konzert gesungen. Wie stehen Sie zu der Auffassung, der Interpret der Schubertschen Zyklen müsse eine gewisse ›Reife‹ erlangt haben?

Von dieser Einstellung bin ich weit entfernt – ich habe die »Winterreise« 1943 zum ersten Mal gesungen; da war ich noch

Schüler. Bedenken Sie doch, daß Schubert ein ganz junger Mensch gewesen ist, als er diese Werke komponierte! Es ist eine Frage der Erlebnisfähigkeit, so etwas zunächst einmal in sich aufzunehmen und es verstehen zu können. Die Wiedergabe ist eine Sache für sich: Man muß, was man sich erschlossen hat, so weitergeben können, daß es die Menschen erreicht und ihnen etwas zu sagen vermag. Zu einer angemessenen Interpretation bedarf es vieler Bestandteile der Begabung. An erster Stelle wäre eine Unmittelbarkeit dem Publikum gegenüber zu nennen – der Wille, das Gegenüber ansprechen zu wollen, sich nicht zu verschließen.

Mir ist bei meinen Gesprächen für dieses Buch des öfteren die Auffassung begegnet, daß zwar S i e in ganz jungen Jahren schon zu einer überzeugenden Interpretation dieser Werke in der Lage waren, daß es Ihnen hierin aber kein anderer Sänger gleichtun könne...?

Man muß sich doch einmal die Situation vergegenwärtigen, in der ich damals war: Genau genommen war ich allein auf weiter Flur! Es gab ja kaum noch Sänger. Die wenigen älteren Kollegen, die ich noch kennengelernt habe, wie etwa Heinrich Schlusnus – ein wunderbarer Lieder-Sänger, auf seine Weise! – oder Julius Patzak, Erna Berger, Tiana Lemnitz und natürlich Hans Hotter, von dem ich einiges gelernt habe, die entschieden sich jetzt entweder dafür, ganz auf der Opernbühne zu wirken, oder sie schlossen ihre Sängerlaufbahn ab, weil sie vom Krieg versehrt waren und nicht mehr weitermachen konnten. Ich hatte damit Voraussetzungen, wie sie *kein* junger Mensch heute vorfindet: Da gibt es überall Rivalität und es ist schon schwierig, überhaupt irgendwo anzukommen. Denn so viele Konzertreihen, wie wir Sänger dafür hätten, gibt es gar nicht...

Sie haben die Schubertschen Zyklen vielfach eingespielt. Können Sie verschiedene Interpretationsansätze beschreiben, die sich im Laufe der Zeit ergeben haben?

Von der »Winterreise« gibt es derzeit neun Einspielungen allein auf CD; auf LP gab es noch mehr. Jede ist in einem anderen Lebensalter, unter anderer Konstitution, mit anderen Lebens-, auch Leidenserfahrungen entstanden. Das alles sind Faktoren, die auf eine Interpretation natürlich einwirken. Angefangen habe ich ein bißchen larmoyant, mit sehr breiten Tempi, mich ganz verlassend auf meinen schmalen, oboenhaften Stimmklang, der sich erst allmählich erweitert hat. Dann kamen Opernerfahrungen hinzu: Sehr früh schon sang ich große, heldisch angelegte Partien – das hat selbstverständlich meine Tongebung beeinflußt, auch im Liedgesang. Darauf folgten Phasen, in denen ich mich wieder mäßigte. So ist nun mal das Leben: ein ewiges Auf und Ab...

Neulich las ich, die »Winterreise« sei als ein Werk der Reife zu verstehen – und damit eher einem älteren Sänger gemäß, während die »Schöne Müllerin« eines der ›Sturm- und Drangzeit‹ sei – und eher für einen jüngeren Sänger geeignet...?

Das ist meines Erachtens ein völliges Mißverständnis: Ich glaube, daß beides ein junger Mann singt. Bei oberflächlichem Hinsehen unterscheiden sich die beiden Zyklen vor allem dadurch, daß die »Müllerin« eine Geschichte erzählt, also verschiedene Stationen aufweist, so daß eine Entwicklung vorhanden ist: Zu Anfang wird eine andere Situation beschrieben als am Ende. Die »Winterreise« hingegen besteht aus einer einzigen Stimmung – und das in 24 Variationen. Hier wird eine ganz andere Verzweiflung geschildert. Im Leben des Dichters Wilhelm Müller sind die beiden Texte eben ganz verschiedenen Stationen zuzuordnen. Aber auch er war zur Entstehungszeit ein junger Mensch, und zwar in beiden Fällen! Er ist genau so alt geworden wie Schubert – also sehr früh gestorben.

Sehen Sie Parallelen zwischen den Figuren des Müllerburschen und des Wanderers?

Sicherlich! Da ist zunächst einmal das Wandern – als ein Prinzip überhaupt in Schuberts Schaffen: dieses Fortwollen vom Fleck, die ewige Sehnsucht, woanders hinzugelangen. Zu Schuberts Zeit hängt das gewiß auch mit den Bedrängungen politischer Art zusammen, bei ihm persönlich mit der Enge und dem Milieu, in dem er aufgewachsen ist – vielleicht auch mit dem engen Kreis von Freunden, der über ein gewisses Maß an Zuwendung, aber auch an geistigem Anspruch nicht hinausging. Und Schubert hat eben immer darüber hinweg gestrebt. Müller hatte sicher noch einen stärkeren politischen Antrieb als Schubert; seine Texte haben einen sozialkritischen Hintersinn – den Schubert allerdings, als für sich nicht maßgeblich, außer acht ließ.

Hat Schubert die von Müller nicht ganz ernst gemeinten Texte zur
»Schönen Müllerin« also mißverstanden?

Von einem Mißverständnis kann man insofern nicht sprechen,
als die Texte das, was Schubert in ihnen gesehen hat, *auch* enthalten. Er hat sie für sich so interpretiert, wie es seiner lyrischen
Natur entgegenkam. Auch muß man sich seinen Gesundheitszu-
stand vergegenwärtigen: Er litt unter einem syphilitischen Anfall
und hat den ganzen Zyklus mehr oder weniger auf dem Kranken-
bett komponiert. Daher rührt diese große Sehnsucht nach der
Natur – der Bach als ein bewegtes Element ist für Schubert ganz
wichtig und taucht in seinen Werken immer wieder auf. Er ist ein
Sinnbild des Fortwollens, des Oszillierens und bedeutet zugleich,
sich nicht festlegen zu können auf eine bestimmte Art der Aussage.

Was haben Sie als die reizvollere Aufgabe empfunden: einen
vorgegebenen Zyklus zu gestalten oder sich ein eigenes Programm
zusammenzustellen?

Ich habe mich immer für beides begeistert, war aber zunächst
dankbar dafür, daß es Zyklen gab, die mir die Programmgestaltung
abnahmen... Ich wußte, dies sind vom Komponisten abgesegnete
Reihenfolgen, die mir auch einen sinnvollen dramaturgischen Ablauf gewährleisten. Bei einer eigenen Zusammenstellung sind demgegenüber unzählige Dinge zu berücksichtigen. Zum Beispiel wäre
zu vermeiden, daß viele breite, langsam angelegte Stücke aufeinander folgen, daß sich die Tonarten zu oft wiederholen, Schlußwir-
kungen innerhalb der Gruppen müssen bedacht werden, die Gedichte müssen sinngemäß zueinander passen – und dergleichen
mehr. Aber vielleicht ist das eine altmodische Einstellung und
heute wäre es viel angebrachter, gerade Gegensätzliches, Dinge, die
auf den ersten Blick nicht zueinander zu passen scheinen, nebeneinander zu stellen...?

Wie sieht für Sie ein ideales Liederabend-Programm aus?

Für mich war ein Programm immer dann ideal, wenn ich mich
auf einen Dichter beschränken konnte. Bei Hugo Wolf etwa hat
man die schöne Möglichkeit, sich nur an Mörike oder nur an
Goethe zu halten. Das verleiht einem Programm eine wunderbare
Einheit. Eine Art Vorbild bei der Gestaltung waren für mich
immer die großen symphonischen Gebilde wie die achte von
Bruckner oder von Mahler: abendfüllende Stücke, die aber gleich-

sam architektonisch geformt sind und einen inneren Zusammenhang aufweisen.

*Der »Schwanengesang« steht nun genau dazwischen: Er zählt
eigentlich nicht zu den Zyklen...*

Im Grunde sind es zwei begonnene Zyklen: Man kann wohl
davon ausgehen, daß Schubert einen größeren Heine-Zyklus
plante, aber nicht mehr zu dessen Vollendung kam. Und auch
die Rellstab-Gedichte müßte man sich wohl erweitert vorstellen.
Letztlich bleibt hier vieles Vermutung.

*Wie sieht für Sie eine sinnvolle Zusammenstellung des »Schwa-
nengesangs« als abendfüllendes Werk aus?*

Es hat sich eine hübsche Möglichkeit gefunden, wie ich meine:
die Rellstab-Lieder um einige weitere zu ergänzen und vor Heine
eine Gruppe von Leitner-Liedern einzufügen – alle aus der späten
Schaffenszeit Schuberts. Das ergibt einen sehr schönen abendfül-
lenden Zyklus! Die als ursprünglich deklarierte Reihenfolge der
Heine-Lieder, die dann mit dem »Atlas« schließen, halte ich allerdings nicht für so günstig. Die vom Verleger vorgenommene Anordnung mit dem »Doppelgänger« am Schluß scheint mir doch
überzeugender – und Schuberts Absichten am ehesten zu ent-
sprechen. Eine vollkommene Lösung kann es hier gar nicht geben,
da Schubert mit Sicherheit noch ganz andere Lieder geplant hatte.

*Wie wichtig ist grundsätzlich das Hintergrundwissen um bio-
graphische und zeitgeschichtliche Zusammenhänge für einen
Sänger?*

Ich halte es für sehr wichtig und bin sicher, daß die Interpreta-
tion davon beeinflußt wird, wenn man etwa weiß, was für ein
Naturell Hugo Wolf hatte. Wer hellhörig ist und sich den musikalischen Vorgängen gegenüber ein wenig sensibel verhält, der
wird das zwar auch bald herausfinden – mit Hilfe der Musik.
Aber es ist schlicht erleichternd, es vorher schon zu wissen – wie
vereinsamt er war und wie dieser Zustand gegen Ende seines
Lebens immer mehr zunahm. Oder beispielsweise Brahmsens
Flucht vor der Bindung: ein durchgehendes Thema in seinem
Schaffen...! Zu wissen, unter welchen Umständen ein Stück ent-
standen ist, ist immer hilfreich für die Interpretation.

*War dieses Hintergrundwissen für frühere Sängergenerationen
selbstverständlicher als für die heutige?*

Es war früher keineswegs selbstverständlich! Ich habe selbst auch erst relativ spät damit begonnen, mich über all diese Zusammenhänge zu informieren. Ich befragte meinen Lehrer, der mir einiges erzählen konnte, aber wer nicht gerade der Sohn eines berühmten Musikwissenschaftlers und mit diesem Wissen quasi großgeworden ist, kann sich diese Kenntnis nur erarbeiten. Mir kam die Einsicht, solche Informationen miteinzubeziehen, erst allmählich. Die jungen Leute, mit denen ich heute in Kontakt komme, sind auf diese Dinge neugierig – und teilweise erstaunlich gut unterrichtet. Manchmal halte ich einen langen Vortrag – um am Schluß festzustellen, daß das meiste bereits bekannt war...

Würden Sie der Klage, daß es heute weniger Sänger-Persönlichkeiten gebe als früher, zustimmen wollen?

Das ist eine sehr diffizile Frage! Eine ausgeprägte Persönlichkeit zu haben ist unabdingbare Voraussetzung für jeden Sänger. Aus genau diesem Grund könnte die Kultur des Liedgesangs ernsthaft bedroht sein: Die Betonung von Persönlichkeit paßt immer weniger in unsere Zeit. Die gesamte kulturelle Entwicklung – sofern man das überhaupt Kultur nennen kann – strebt zur Nivellierung! Was aus einem mittleren Niveau herausragt, ist gleichsam verdächtig. Auf allen Gebieten zeigt sich die Tendenz, in einer anscheinend gesicherten Allgemeinheit aufzugehen. Um wirklich eigenständig gestalten zu können, bedarf es aber mehr. Die Zeiten haben sich seit der Entstehung der wichtigsten Lieder eben sehr verändert! Was in diesem Jahrhundert an Liedern geschrieben wurde – und Formen einschließt, die mit dem traditionellen Lied nicht mehr viel gemein haben, das ist gekennzeichnet durch genaue, geradezu übermäßig genaue Notation. Es verlangt weniger nach einem Interpreten als nach jemandem, der zu möglichst genauer Ausführung der Vorgaben in der Lage ist, während eben bei Schubert, Schumann oder Brahms unendlich viele Dinge offenbleiben.

Seit vielen Jahren unterrichten Sie auch. Was sind die grundlegenden Elemente der Liedgestaltung, die Sie Ihren Studenten als erstes nennen würden?

Grundprinzip eines jeden Unterrichts sollte sein, die Selbstkritik zu stärken: eine Erziehung dazu, sich selber kritisch zuzuhören und nicht nur hinzunehmen, was einem ohnehin geschenkt ist. Das mag sehr schön und auch genußreich sein, aber man sollte darüberhinaus in der Lage sein, die eigenen Fähigkeiten zu überprüfen. Damit meine ich nicht, daß ein Sänger während des Singens quasi neben sich stehen und seine Interpretation von außen beobachten solle, sondern diese Selbstüberprüfung muß zum Ingredienz der Arbeit an den Stücken werden – und eigentlich müßte man sie dann wieder vergessen zum Zeitpunkt der Interpretation. Daneben sind natürlich allgemein musikalische Erziehungsinhalte wie Dynamik, Agogik, Rhythmik ganz wichtig. Man kann nicht unbedingt voraussetzen, daß dies alles vorhanden ist. Da hat der Lehrer so etwas wie eine ordnungspolizeiliche Funktion zu erfüllen – und muß bei Verstößen immer wieder eingreifen. Jeder Dirigent muß das übrigens mit dem Orchester genauso tun.

Das betrifft nun das Singen im allgemeinen. Läßt sich auch etwas zur Liedgestaltung im konkreten sagen?

Das ist deshalb schwer allgemein zu fassen, weil es sich bei jedem Lied um eine andere singende Figur handeln sollte. Singe ich zwanzig Lieder hintereinander, so kommen die Lieder eigentlich aus zwanzig verschiedenen Mündern – und aus zwanzig verschiedenen Gemütern. Stehen etwa Platen und Rückert und Keller nebeneinander, so sind vollständig verschiedene Charaktere und Individuen vereint, denen man gerecht werden muß. Allerdings auf dem Wege über deren Komponisten Brahms – und dazu gehört wiederum ein besonderes Stilgefühl, ein Empfinden für den spezifischen Tonfall dieses Komponisten. Zu deren Ausbildung kann der Lehrer unter Umständen beitragen. Und die Technik des Singens spielt selbstverständlich immer mit hinein: Haltung, Atmung, Deklamation, Stimmsitz, wo werden die Konsonanten erzeugt, wie werden sie erzeugt – und vieles mehr...

Hin und wieder hört man, die Ausbildung an deutschen Musikhochschulen weise grundsätzliche Defizite auf; so hat Matthias Görne zum Beispiel darauf hingewiesen, daß die Zahl der Gesangsstunden pro Woche im Vergleich zur Sängerausbildung in der DDR drastisch abgenommen habe. Wie sehen Sie die Situation?

Die Schüler, die aus dem östlichen Bereich Deutschlands zu mir kommen, sind eindeutig besser aus- und vorgebildet! Mit ihnen kann man gleich bei der substanziellen Arbeit anfangen, während man bei den anderen in den ›Außenbezirken‹ beginnen muß, um sich dem Kern der Arbeit allmählich anzunähern.

Woraus ergeben sich diese Unterschiede: Müssen die Studenten nach dem nunmehr im ganzen Land geltenden westlichen Muster zu viele Nebenfächer absolvieren?

Das könnte ein Grund sein; ich bin mir da nicht ganz sicher, woran es wirklich liegt. Ich schätze, im östlichen Bereich war die Überfüllung der Hochschulen nicht so stark wie im Westen, wo auch die Aufnahmebedingungen immer viel zu niedrig angesetzt werden. Es dürften eben wirklich nur die Besten studieren.

Braucht ein Gesangspädagoge Ihrer Ansicht nach unbedingt die eigene Erfahrung einer erfolgreichen Laufbahn?

Das mag sein. Andererseits habe ich Fälle erlebt, wo Karrieren ganz früh abgebrochen worden sind – ohne große Übung, ohne große Erfahrung, und wo sich gerade aus den eigenen Grenzen und Mängeln ein Gefühl dafür gebildet hat, was den Schülern zu vermitteln ist. Man sollte so etwas aber nicht verallgemeinern. Ich komme zum Beispiel mit meiner immensen Praxis und Erfahrung in den Unterricht und versuche natürlich, diese auch weiterzugeben, obwohl man seine eigene Person auf keinen Fall als ständigen suggestiven Faktor in den Unterricht einbringen darf: Das Wesen des Schülers soll erweckt werden; dessen Charakter muß zum Tragen kommen; dessen Annäherungsweise an die Werke ist ausschlaggebend!

Wie stehen Sie – als Pädagoge, aber auch grundsätzlich – dazu, wenn Sängerinnen die ›Männer-Zyklen‹ interpretieren möchten?

Da bin ich ganz altmodisch: Ich bin dagegen! Auch wenn ich schon in meiner Kindheit erlebt habe, daß die »Winterreise« oder die »Magelone« oder sogar die »Müllerin« von Mezzosopranistinnen gesungen wurden. Aber ich persönlich halte nichts davon, weil ich glaube, daß diese Werke von den Komponisten nicht so gehört worden sind: Im inneren Ohr hat eben doch eine Männerstimme geklungen. Eine Schwierigkeit liegt darin, daß wir sehr viel mehr ›Männerstücke‹ haben als ›Frauenstücke‹ – das letztere Repertoire ist in der Tat verhältnismäßig gering! Aber schließlich gibt es genügend Lieder, die von beiden Geschlechtern gesungen werden können.

Bei den Gesprächen für dieses Buch fiel mir auf, daß Sängerinnen immer wieder betonten, wie schwierig es für sie sei, Schubert zu singen. Gibt es da Unterschiede zwischen Frauen- und Männerstimmen?

Nein – für Männer ist es genauso schwierig! Schubert-Lieder stellen gewissermaßen abstrakte Forderungen an einen Sänger: Die Stücke sind bei ihm zunächst einmal oft technisch schwieriger zu bewältigen als bei anderen Komponisten. Und dann steht noch eine ganze Welt dahinter – viele unbewußte Dinge, die aber doch zum Klingen kommen sollten! Mit den schönen Tönen ist es noch nicht getan, auch wenn Teile des Publikums nur darauf warten – und sich damit begnügen. Die Skala der Ausdrucksmöglichkeiten bei Schubert ist gewaltig groß! Und ich meine auch, daß sie erwartet werde vom Komponisten. Er war selbst sehr anspruchsvoll, was die Interpretation seiner Werke anging – jedenfalls nach den wenigen Zeugnissen, die uns vorliegen. Unterschiede zwischen Sängerinnen und Sängern sehe ich nur insoweit, als es problematisch sein kann, wenn sich Frauen reiner Männerlieder bemächtigen: Daraus könnten technische Schwierigkeiten erwachsen.

Wie stehen Sie zu der Auffassung, die bei Schubert geforderte Natürlichkeit der Deklamation sei für die höher liegende Frauenstimme schwieriger zu realisieren?

Viele Sopranistinnen behaupten das. Frau Schwarzkopf erklärte zum Beispiel immer, eine Frau könne die Vokale nicht so rein singen wie ein Mann, weil die Frauenstimme um eine Oktave höher intoniert. Ich bezweifle das. Denn ich sehe bzw. höre immer wieder, daß dasselbe Ergebnis bei einiger Insistenz des Lehrers doch möglich ist. Im übrigen hat sich Frau Schwarzkopf selber widerlegt: Auf der wunderbaren Schubert-Platte, die sie mit Edwin Fischer eingespielt hat, sind die Vokale einfach vollendet! Das belegt meine Auffassung: In der Höhe reine Vokale zu singen, ist ohne Frage eine technische Schwierigkeit – aber eine überwindbare!

Nun hat Schubert ja auch etliche Bühnenwerke geschrieben: Wie schätzen Sie die Qualität der Schubertschen Opern ein?

Das sind zum Teil ganz erstaunliche Stücke, die eine ungeheure Dramatik enthalten – zum Beispiel in »Alfonso und Estrella« gibt es phantastische Strecken, auch in »Fierabras«. Aber Schubert hat leider nie einen Librettisten gefunden, der ihm wirklich Vollwertiges liefern, ihm ausreichende Nahrung für sein Temperament bieten konnte. Bei Goethe-Liedern verfügte er darüber: Ein Stück wie der »Prometheus« offenbart alle dramatischen Möglichkeiten, die in Schubert schlummerten. Das Singspiel »Claudine von Villa Bella« nach Goethe ist leider unvollendet geblieben. Schade – man hätte es sicher auf die Bühne bringen können. Nach wie vor ist mir rätselhaft, weshalb Schubert nicht mit Ferdinand Raimund in eine Arbeitsgemeinschaft eintrat: Beide wirkten zur gleichen Zeit in Wien, Schubert freilich längst nicht so erfolgreich. Daraus hätte sich sicher etwas Tolles ergeben! Raimund hätte keineswegs nur mit solchen Komponisten wie Wenzel Müller arbeiten müssen...

Das Problem bei Schuberts Oper sehen Sie demnach in den Textvorlagen – welche Bedeutung hat die Qualität des Textes grundsätzlich: zum einen in der Oper, zum anderen beim Lied?

Eigentlich würde ich da keine Unterschiede machen wollen, auch wenn es nur sehr wenige Opern mit wirklich vollwertigem Text gibt – und die stammen dann meist vom Komponisten selbst. Im Lied ist der Text jedenfalls enorm wichtig, schon weil die gesamte Einheit eines Stückes hier durch den Text bedingt wird. Die Idee zur Musik kommt vom Wort: Die erste Phrase ist oft diktiert vom Rhythmus und Laut der ersten Gedichtzeile. Die Einheit der Stimmung, die jede echte Lyrik ja beinhaltet – zumindest im Goetheschen Sinne, der seine Gedichte ›Lieder‹ genannt hat – ein solch geschlossenes Ganzes läßt sich im Lied, aber kaum in der Oper erreichen, allein schon wegen der Zeitdauer. Außerdem wird der Text hier regelmäßig durch rein instrumentale Musikanteile unterbrochen, die unter Umständen so selbständig sind, daß sie zum interessantesten Objekt werden...

Wenn Sie sich neues Liedrepertoire erarbeitet haben, bildeten Text und Musik dann von Anfang an eine Einheit oder haben Sie sich beides auch getrennt voneinander angesehen?

Das habe ich ganz unterschiedlich gemacht – je nach der Eigenart der Werke. Wenn ich mir etwa eine Mörike-Vertonung von Wolf vornehme, kann ich gar nicht umhin, mir zunächst einmal das Gedicht anzusehen, weil Wolf beim Komponieren genauso vorging. Er sprach die Gedichte so lange vor sich hin, bis er die ihm passend erscheinende musikalische Umsetzung gefunden hatte. Aber nicht nur deshalb gehe ich hier so vor, sondern weil bei Mörike eine Lyrik vorliegt, die auch ohne Musik Bestand hat. Es ist insofern von Vorteil, die Musik von einem Standpunkt aus zu betrachten, der sich des Wortes bereits sicher ist. Das ermöglicht von vornherein einen anderen Zugriff auf die Musik. Schaut man sich Wolfs Vertonung ohne den Text an, dann ist sie – um mit George Szell zu sprechen, der mir dies in der Pause eines Wolf-Abends in Luzern sagte – schon ein wenig ›Unmusik‹. Diese Meinung kann man über Hugo Wolf haben. Ich teile sie nicht. Um aber auf die Ausgangsfrage zurückzukommen: Bisweilen besteht gar keine Möglichkeit, Text und Musik als Einheit kennenzulernen. Denken Sie etwa an folgenden Fall: Sie erhalten alte Kopien romantischer Gesänge, etwa von Otto Nicolai – und den handgeschriebenen Text können Sie gar nicht lesen! Dann werden Sie sich gleichwohl ans Klavier setzen und die Musik spielen, um sich einen ersten Eindruck von der Komposition zu verschaffen. Die Art des Zugangs hängt sehr stark von dem jeweiligen Werk ab.

Mit der zeitgenössischen Musik haben Sie, was die Oper wie das Lied angeht, zahlreiche Erfahrungen gemacht. Warum sind viele Ihrer Kollegen damit so zurückhaltend?

Der Hauptgrund liegt sicher darin, daß hier jeweils Neuland auch für das Publikum zu erschließen ist: Sie müssen Ihre Zuhörer dazu bewegen können, mit Ihnen zu gehen. Und das ist nicht immer einfach! Ich nehme als Beispiel die »Terzinen« von Hofmannsthal in der Vertonung von Wolfgang Fortner: Das ist eine sehr trockene, abstrahierende, serielle Musik, und Sie können unter gar keinen Umständen erwarten, daß das Publikum bei erstmaligem Hören überhaupt mitzugehen in der Lage ist. Das ist einer der Gründe, warum solche Aufgaben mit einem besonderen inneren Aufwand verbunden sind. Auf der anderen Seite halte ich es für unabdingbar nötig, sich für das Schaffen der eigenen Zeit einzusetzen und wenigstens bruchstückhaft die musikalischen Äußerungen seiner Zeit zu spiegeln. Das sollte für jeden Künstler unverzichtbar notwendig werden. Davon einmal ganz abgesehen, empfand ich es immer als sehr spannend, mich mit etwas völlig Neuem auseinanderzusetzen. Viel hängt davon ab, ob man bedeutende Komponisten persönlich kennenlernt. Aus solchem Kontakt können unglaubliche Initiativen entstehen. Lernt man sie nur abstrakt via Notenbild kennen, sieht das anders aus. Damit meine ich nun nicht, daß befreundete Komponisten ihre Stücke erklären müßten – das ist bei Aribert Reimann und mir zum Beispiel nie der Fall gewesen, aber man gewinnt dennoch einen anderen Zugang zum Werk.

Liegt hier nicht gerade ein Versäumnis in der ›üblichen‹ Sänger- ausbildung?

Schon richtig, aber Sie müssen bedenken, daß ein gewisser Standard an Repertoire natürlich von einem werdenden Sänger erwartet wird – die Grundstützen muß er sich zunächst einmal erarbeiten, um von diesem Ausgangspunkt zu den Rändern des Repertoires gehen und das noch nicht Erprobte wagen zu kön- nen. Nicht jede Hochschule ist in der glücklichen Lage wie die HdK hier in Berlin, einen Lehrer wie Aribert Reimann für die Liedinterpretation gewinnen zu können, der seine ganzen Kurse auf dieses Repertoire hin ausrichtet, so daß es für die Studenten zur selbstverständlichen Speise wird...

Wie würden Sie die Beziehung zwischen Sänger und Pianist beim Liedgesang charakterisieren?

Es handelt sich um die innigste Beziehung, die zwei Kammer- musiker – und so sehe ich nun mal den Liedgesang – haben können. Sie müssen beide in stärkerem Maß als jede andere Kam- mermusik-Kombination lernen, aufeinander zu hören, und die be- sonderen Gesetze, denen der Gesang nun einmal unterliegt, be- herrschen. Das gilt für den Pianisten beinahe noch mehr: Er muß zum Beispiel vorausahnen, wann der Sänger atmen wird – und wann nicht. Oder er muß über die verschiedenen Gewohnheiten der Sänger, die Konsonanten zu bringen, genau unterrichtet sein. Und er muß die Anmut – oder Nicht-Anmut – seines Partners er- spüren und in seinem Spiel wiedergeben. Unglaublich viele Ge- sichtspunkte sind zu berücksichtigen! Ich habe übrigens immer große Freude daran gehabt, die Pianisten zu wechseln, weil sich daraus ständig neues Funkenspiel ergab, ständig neue Anregung erwuchs, indem andere Musikauffassungen auf die meine prall- ten. Und die notwendige Verständigung darüber brachte immer auch neues Verständnis mit sich.

Wäre das schon die Antwort auf die Frage, warum es kaum feste Lied-Duos gibt?

Neben Mitsuko Shirai und Hartmut Höll, die hier natürlich auf jeden Fall zu nennen wären, gibt es auch einige andere Lied-Duos. Aber die beiden sind natürlich insofern ein Glücksfall, als sie zwei Musiker sind, die nicht zur Routine neigen, sondern versuchen, die Dinge immer neu auszuhören. Das ist ein gravierender Unterschied zu solchen, die sich gerne auf ihren Lorbeeren ausruhen und, wenn sie einmal etwas zusammen einstudiert haben, allzu gerne dabei bleiben...

Wie ist eigentlich Ihre Einstellung zur historischen Aufführungspraxis – etwa zu einem Schubert-Abend mit Hammerklavier?

Das kann ich Ihnen leider nicht sagen, weil ich es noch nicht ausprobiert habe! Natürlich habe ich es mir schon einmal angehört, aber ich bin mir nicht ganz im klaren, wie ich dazu stehen soll. Die Art zu singen hat sich ja schließlich auch verändert: Wenn ein heutiger Sänger mit seiner heutigen Art zu singen zusammentrifft mit dem Instrumentalklang von vor 150 Jahren, könnte es Diskrepanzen geben. Wir waren schließlich nicht dabei und können nicht beurteilen, wie es damals geklungen hat. Leider gibt's keine Plattenaufnahme aus Schuberts Zeit...! Ich bin mir aber ziemlich sicher, daß wir die damalige Singweise gar nicht nachahmen könnten – und daß sie darüberhinaus vom Publikum auch nicht akzeptiert würde. Solche historisierenden Aufführungen geben der Sache einen interessanten ›touch‹ – aber das alleine ist noch keine ausreichende Begründung dafür, es zu machen.

Warum sind Ihrer Ansicht nach so viele Schubert-Lieder weitgehend unbekannt?

Schubert hat einfach zu viel komponiert: Wenn jemand sich den Luxus leistet und seine letzten Lebenskräfte an die Arbeit des Niederschreibens gibt, dann entsteht eine solche Menge, daß notgedrungen vieles dem Vergessen anheimfällt. Versuche, das gesamte Liedschaffen in das Blickfeld der Öffentlichkeit zu rücken, gab es und gibt es immer wieder: Ich habe vor Jahren eine Gesamtausgabe herausgebracht, bei Hyperion erscheint gerade eine auf CD, in Köln wird in der Saison 1996/97 nahezu das gesamte Werk im Konzert aufgeführt. Ich bin aber davon überzeugt, daß die breite Hörerschaft dadurch noch kein Bewußtsein für die unbekannten Schubert-Lieder entwickelt.

Sie waren immer darum bemüht, Randwerke des Repertoires zu Gehör zu bringen. Geht die Tendenz nach Ihrer Ansicht heute eher in Richtung auf eine erneute Beschränkung des Repertoires?

Inzwischen ist das Repertoire mehr oder weniger ausgeschöpft, aber es gibt immer noch einige Schatzgräber unter den Interpreten, die in den letzten Ecken der Musikgeschichte suchen und aus dem Staub auch das herausholen, was vielleicht doch des Erweckens nicht wert wäre... Wohin die Tendenz letztlich geht, ist schwer zu sagen. Ich würde mich jedenfalls freuen, wenn nur ein Bruchteil des Schubertschen Œuvres, das immer noch weitestgehend unbekannt ist und zu dem ganz wichtige Werke zählen, ein wenig in das Bewußtsein einer breiteren Öffentlichkeit dringen könnte. Ähnlich liegt der Fall übrigens bei Hugo Wolf. Aber auch abgelegenere Komponisten würden hie und da größere Beachtung verdienen – ich denke etwa an Reichardt oder Carl Philipp Emanuel Bach. Aber bisher waren Bemühungen dieser Art vergeblich! Das Publikum nimmt solch seltene Programme im Moment vielleicht an, vergißt sie aber von heute auf morgen wieder – nachhaltige Wirkung stellt sich nicht ein. Und so werden auch auf Schallplatte immer wieder die bekannten Sachen veröffentlicht: Der Käufer greift nicht zu dem, was er nicht kennt. Das ist leider so...! Aber die eigene Experimentierlust und Freude am Unbekannten darf man sich als Interpret davon nicht nehmen lassen.

Haben Sie feststellen können, daß es in verschiedenen Städten ein dem Lied unterschiedlich gewogenes Publikum gibt?

Ja – da gibt es große Unterschiede. In gewissen Gegenden Deutschlands ist man für Kammermusik zwar sehr zu haben, aber hält es für quasi unter seiner Würde, sich mit sängerischen Darbietungen zu befassen... Andere hingegen sind gerade für den Gesang sehr aufgeschlossen und haben weniger Sinn für Kammermusik allgemein. Eine Mischung von beidem ist äußerst selten!

Wie erklärt sich das?

Das ist zum großen Teil durch lange Traditionen bedingt. Wo die Oper einen besonders guten Ruf hatte, wuchs das Interesse am Gesang; wo man in den Privathäusern Hausmusik pflegte, eher Interesse an instrumentaler Kammermusik.

Sind solche Traditionen durch engagierte Veranstalter heute noch zu korrigieren?

Von den Veranstaltern hängt ohnehin mehr ab, als sie selbst ahnen. Eine ganze Reihe hat überhaupt kein Interesse daran, eine gewisse Erziehungsarbeit am Publikum zu leisten – die Möglichkeit dazu bestünde aber! Zum Glück gibt es heutzutage die Chance, sich auf speziellen Veranstaltungen, meist allerdings vor kleinem Publikum, zu bewähren, was für junge Lied-Sänger sehr wichtig ist. Eine Vielzahl von Gesellschaften widmet sich meist dem Schaffen eines bestimmten Komponisten und bietet entsprechende Foren. Mit dem ›normalen‹ Konzertbetrieb hat das allerdings nichts zu tun...

Sie sind der künstlerische Leiter der eben schon erwähnten Konzertreihe in Köln, die in der Saison 1996/97 alle Schubert-Lieder aufführen läßt. Bergen solche Jubiläumsveranstaltungen neben der Chance, neue Publikumskreise anzusprechen, nicht auch die Gefahr, daß man des gefeierten Komponisten überdrüssig wird?

Vielleicht die einer Art von Überernährung, so daß man dann eine Pause braucht, um etwas Abstand zu gewinnen. Wahrscheinlich ist der Effekt ähnlich wie bei der Gesamtausstellung eines Malers: Die Menschen strömen zu Abertausenden hinein – und man sieht im Grunde von den vielen Bildern nur ganz wenig. Zum einen weil immer Leute davor stehen; zum anderen weil die Bilder sich gegenseitig totschlagen. Das war auch mein Argument, als damals die Deutsche Grammophon die Bitte an mich herantrug, alle Schubert-Lieder einzuspielen. Ich fragte mich, wer das hören – und kaufen würde. Aber die Plattenfirma überzeugte mich von diesem Unternehmen, das sich in gewisser Weise ja auch gelohnt hat. Aber eine Gefahr des Überangebots, die sehe ich durchaus.

Gibt es grundsätzlich eine besondere Beziehung zwischen Sängern und Schuberts Musik?

Das hängt meines Erachtens eng mit den stimmlichen Gegebenheiten zusammen. Es gibt Menschen, die haben von vornherein ein sowohl instrumentales wie wortmächtiges, aber kammermusikalisches Organ. Wenn sie zudem noch eine rhythmische Begabung aufweisen, erfüllen sie die wichtigsten Vorbedingungen, um Schubert singen zu können. Des weiteren müßte sich ein solcher Sänger dazu erziehen, für Empfindungen durchlässig zu werden,

obwohl er streng in der Form bleibt: Der Vortrag muß mit wahr-
nehmbarer Lebendigkeit erfolgen. So dürfen die vielen – text-
lichen wie musikalischen – Wiederholungen für den Hörer nie
langweilig werden!

Gibt es Schubert-Lieder, die Sie ganz besonders schätzen?

Ich vermag mich da kaum festzulegen: Das fängt mit der »Lei-
chenphantasie« an, ein Stück, das ich sehr liebe, weil es der
unglaubliche Geniestreich eines Kindes ist... Am liebsten gehe ich
aber von rückwärts nach vorn: Die späten Werke sind für mich
doch die allergrößten – da gibt es eine Anzahl von Stücken, die
einfach umwerfen. Wenn man dann weiter nach vorne geht, lassen sich etliche »Eckpfeiler« ausmachen – aber nicht viele! Meine
Präferenzen sind enthalten in den Liederabend-Programmen, die
ich zeit meines Lebens gesungen habe. Bei Schubert kann man
nicht vorbei an der sehr deutschen Todessehnsucht – die für
Franzosen etwa schwer nachvollziehbar ist: Dennoch wird Schubert sehr hoch geschätzt in Frankreich. Der ›heitere‹ Schubert ist
ja auch immer melancholisch – und der ›melancholische‹ Schubert hat unglaublich süße Strecken. Darin ist er Mozart verwandt,
wie ich meine. Bei Beethoven ist das alles sehr anders...

*Können Sie beschreiben, was für Sie das Besondere am Schu-
bertschen Lied ausmacht?*

Das Besondere an Schubert ist dieses Zusammentreffen des
Empfindens für Worte *und* für Musik in gleicher Intensität. Im
Grunde ist er selber ein Dichter: Er dichtet in Tönen. Mehr als
alle anderen ist er ein für Worte sensibler Komponist. Das macht
ihn zum Zentrum der ganzen Lied-Geschichte. Man unterschätzt
gemeinhin, daß Schubert einen ausgeprägten Sinn hatte für alles
Neue in seiner Zeit. Er beschäftigte sich mit druckfrischer Lyrik –
und er hat eigentlich alles Wertvolle berücksichtigt. Was er, wie
die Texte Hölderlins etwa, ausließ, das ist ihm eben nicht begegnet. Ich glaube, daß man kein Instrumentalwerk Schuberts ohne
Gedanken an das Lied hören kann, da dieses für ihn eine umfas-
sende Äußerung darstellt. Hätte er länger gelebt, hätte er sein
Genie noch ganz anders unter Beweis stellen können – und ich
bin sicher: Das 19. Jahrhundert hätte sich anders entwickelt, und
Schubert hätte noch großen Einfluß auf die Oper genommen. Das
läßt sich bereits an hochdramatischen Werken wie der »Gruppe

aus dem Tartarus« ablesen. Daneben gibt es bei ihm eben ein Nonplusultra an Lyrik und an Ausspartechnik. Die Fülle in der Beschränkung: So könnte man das Schaffen Schuberts vielleicht charakterisieren.

02. 01. 96, Berlin

Irwin Gage

Eintauchen in die Welt der Romantik

Herr Gage, was weckt das Interesse eines Pianisten für die Liedbegleitung?

Mein Interesse galt zunächst der Literatur, die ich auch studiert habe. Allerdings englische Literatur – ich war ja in Amerika. Von der deutschen Literatur wußte ich damals sehr wenig. Natürlich kannte ich einige Goethe-Texte, aber viel mehr auch nicht. Wie man sich vorstellen kann, war Deutsch in den fünfziger Jahren in Amerika nicht gerade populär. Als Fremdsprachen lernte man Französisch oder Latein. So fand ich auch erst einen Zugang zu französischer Musik. Im Jahre 1963 kam ich dann nach Europa – und hielt mich für einen Debussy- und Ravel-Experten. Wie ich mich überschätzt hatte, wurde mir klar, als ich in Paris zu studieren begann... In Wien erst lernte ich Deutsch sprechen und kam auch mit deutscher Literatur in Kontakt. Sich auch für das Lied – und für Schubert! – zu interessieren, war dann nur noch eine Frage der Zeit. Das Lied ist schließlich nicht mehr – und nicht weniger – als die Verbindung von Text und Musik.

Was, außer den selbstverständlichen pianistischen Fähigkeiten, muß ein guter Lied-Begleiter mitbringen?

Ich denke, man muß eine besondere Fähigkeit haben, legato zu spielen – man muß gleichsam selber singen; man muß mitatmen. Man könnte das auch als lyrische Spielweise bezeichnen – ein weicher Anschlag, keinesfalls trocken. Der Klang des Klaviers muß sich dem Klang des anderen Instruments, in diesem Fall: der Stimme, anpassen können. In den siebziger Jahren gab es dieses Klangideal, verkörpert etwa von Wilhelm Kempff, aus dessen Schule ich auch stamme. Heute hat man da größtenteils andere Vorstellungen, bedingt auch durch die historische Aufführungspraxis, die einem sachlicheren Klang huldigt. Ich kann damit wenig anfangen und versuche den Studenten meiner Liedklasse in Zürich diesen weichen, sensibleren Klang nahezubringen. Sehr wichtig ist aber auch etwas ganz anderes: die Phantasie! Diese braucht man auf jeden Fall, denn man muß einen Text in Musik umsetzen, muß die

dem Text gemäße Atmosphäre schaffen können. Eine rein sach-
liche Sicht, also nur zur Kenntnis zu nehmen, was da schwarz auf
weiß steht, genügt nicht. Man muß versuchen, sich in den Komponisten hineinzuversetzen, quasi seine Phantasien nachzuvoll-
ziehen. Was auch noch unbedingt zu erwähnen ist: Der Pianist
darf keine Scheu davor haben, sich auszudrücken – er darf sich
nicht zu sehr zurücknehmen. Man darf nicht in den Kategorien
»Sänger – und Begleiter« denken: Hier treffen zwei Musiker aufeinander. Beide sind gleich wichtig. Kein Sänger kann einen Liederabend ohne Pianisten geben... Wirklich große Liederabende
ereignen sich dann, wenn Sänger und Pianist Kammermusik miteinander machen! Ich habe zwar viele ›Begleiter‹ gehört, die
diese Bezeichnung zu Recht tragen, weil sie nichts zu sagen
haben. So sollte es meiner Ansicht nach aber nicht sein...

*Ob Sie mit dieser gängigen Bezeichnung als »Begleiter« einver-
standen sind, wollte ich Sie fragen – nun haben Sie das bereits
korrigiert: Der Pianist ist der Kammermusikpartner des Sängers.
Möchten Sie es so verstanden wissen?*

Ich kann es musikalisch nicht anders sehen – auch wenn man
mit dem einen oder anderen Sänger schon mal seine Probleme
hat... Die beiden müssen Partner sein, sonst macht es musikalisch keinen Sinn. Im Laufe der Jahre lernt man natürlich, auf die
Sänger weitestmöglich einzugehen, und man muß auch Kompromisse schließen können. Ich war früher immer der jüngste Begleiter und arbeitete mit Sängern, die viel älter waren als ich. Heute
arbeite ich mit zahlreichen jungen Sängern – und bin froh, ihnen
Anregungen geben zu können. Mir fällt allerdings auf, daß die
jungen Leute in der Regel mit weniger Phantasie an die Sache herangehen, sich weniger klare Vorstellungen machen als die
Generationen davor. Daher muß ich oft mit Vorschlägen einspringen, die sie meist auch dankbar aufgreifen. Denn: Begeistert
vom Lied sind sie alle. Und so macht diese Arbeit mir große
Freude.

*Gibt es für Sie noch mehr auffällige Unterschiede im Vergleich
zwischen den Sängergenerationen?*

Die jungen Sänger sind heute in der Tendenz noch besser aus-
gebildet – was die Technik anbelangt. Hingegen haben sie in aller
Regel kaum Hintergrundwissen. Das erstaunt mich immer wie-

der: Sie lesen nicht – oder zumindest nicht genug. Sie haben keine Vorstellung von einem Eichendorff, einem Mörike.

Wie erklären Sie sich diese Defizite?

Zunächst wird deutsche Lyrik in den Schulen wohl kaum mehr unterrichtet. Ich vermute, dieser Umstand geht – wie letztlich sehr vieles Unheil – auf den Zweiten Weltkrieg zurück. Die romantische Literatur trug sozusagen einen braunen Anstrich; infolgedessen kam in den fünfziger Jahren die neue Sachlichkeit auf. Romantik war – und ich fürchte: ist – out! Das kann ich aber nur schwer beurteilen, der ich als ›American boy‹ damals vorrangig Interesse an Baseball hatte... Als ich dann nach Europa kam, habe ich aus einem Gefühl der Minderwertigkeit heraus unglaublich viel gelesen, um alles das nachzuholen, was die Europäer mir, wie ich glaubte, voraus hatten mit ihrem Bewußtsein für die Kulturgeschichte. Als ich in den sechziger Jahren in Wien lebte, begegnete ich dort prominenten Wissenschaftlern – ich habe meinen Schubert unter anderem mit Otto Erich Deutsch studiert! Er hatte mich in einem Konzert gehört und lud mich daraufhin zu sich ein. So war ich oft dort – zum Spielen und Diskutieren. Natürlich habe ich dabei unglaublich viel gelernt. Das ganze Berg- und Schönberg-Repertoire konnte ich mit Helene Berg studieren – und dergleichen mehr. Ich bin mir zwar nicht sicher, ob ich gerne nochmals dreißig Jahre alt wäre, aber wenn ich heute auf all diese Begegnungen zurückblicke: Ich hatte noch direkten Kontakt mit einer Generation, die aus dem 19. Jahrhundert stammte... Hindemiths »Marienleben«, das ich morgen hier in Köln mit Julie Kaufmann musizieren werde, habe ich etwa mit Hindemith selbst erarbeitet! Bis heute besorge ich mir möglichst viel Sekundärliteratur zu den Themen, mit denen ich mich beschäftige. Gerade das tut von den jungen Sängern eigentlich niemand. Jedenfalls von den deutschsprachigen Sängern: Ich kenne einige Amerikaner, die es eher so angehen wie ich, zum Beispiel Thomas Hampson. Natürlich singen die anderen auch ›richtig‹ Lied – aber diese Welt einem Publikum zu vermitteln, wenn man nicht selber in ihr lebt, ist schon sehr schwierig. Denn Schuberts Zeit war eben nicht sachlich...

Wie würden Sie Ihre Beziehung zu Schubert beschreiben?

Schubert war für mich seit jeher der wichtigste Komponist und der, den ich am meisten gespielt habe. In meiner Jugend in

Amerika spielte Schubert allerdings keine große Rolle – damals schwärmten alle für Chopin. Man dachte, Schubert habe lediglich lange und langweilige Sonaten komponiert... Von den Liedern wußte man eigentlich nichts. Nur der »Erlkönig« war bekannt; ich habe ihn auch gespielt – aber ohne mich um den Text zu kümmern. Zwar war ich schon in meiner Schulzeit sehr an Literatur interessiert, aber die deutsche Romantik ist etwas sehr Eigenes. Wie hätte ich damals von ihr wissen sollen? Wie gesagt: Das änderte sich schlagartig, als ich in Wien war. Nun ging ich tatsächlich in ›mondbehellten Nächten‹ spazieren – und dachte an Eichendorff... Was ich nun an Schubert ganz besonders lieben lernte, ist sein von innen kommender Zugang zu einem Text. Man muß für die Interpretation eine Synthese aus Text und Musik finden, fast wie eine Improvisation. Da ich glücklicherweise über eine große Phantasie und ein reges Innenleben verfüge, hat mir das nie Schwierigkeiten bereitet. Insofern war Schubert immer leicht für mich. Schumann war schwerer! Und zu Wolf konnte ich anfangs gar keinen rechten Zugang finden – heute liebe ich seine Musik sehr. Aber Schubert zu verstehen, war nie ein Problem für mich. Ich komme auch mit den Texten, die er für seine Lieder auswählte, hervorragend zurecht. Ich weiß nicht, warum sie vielen Leuten immer wieder Anlaß zum Schmunzeln geben. Ich finde sie wunderbar – und kann meine Gefühle in ihnen wiederfinden. Diese frühe Zuwendung zu Schubert hat übrigens nie einen Einbruch erlitten: Er stand mir immer sehr nahe, und ich komme immer wieder gerne auf seine Musik zurück. Ich glaube allerdings, nicht alle Musiker können sich in Schubert wirklich einfühlen: Man darf sich ihm nicht sachlich nähern wollen! Seine Musik ist etwas sehr Spezielles – eine sehr innige Angelegenheit. Man muß versuchen, herauszufinden, wie sein Zugang zu einem Text aussah. Ich stelle etwa gerne Vergleiche an, wie verschiedene Komponisten denselben Text vertont haben. Da wird anschaulich deutlich, was für den einzelnen besonders wichtig war.

Nun hat Schubert mehr als 600 Lieder geschrieben. Warum kommt in den gängigen Programmen immer nur eine kleine Zahl davon vor?

Zunächst: Auf meine Programme trifft das nicht zu! Warum viele Sänger immer nur dieselben Lieder im Repertoire haben, könnte auch damit zusammenhängen, daß die Gesangsprofessoren alle nur die »Schöne Müllerin« und die »Winterreise« kennen... Das sind fraglos wunderbare Werke, die aber nicht rechtfertigen, daß man nicht über den ersten Band der Schubert-Ausgabe, in dem die Zyklen und einige ausgewählte Lieder vorkommen, hinaussieht! Allerdings sind viele der unbekannten Lieder auch zu Recht nicht bekannt: Nicht alles, was Schubert komponierte, ist gleich gut. Wenn man aber den rechten Zugang zu dieser Musik gefunden hat, dann kann man in jedem Lied etwas Geniales entdecken. Ich nehme mir jeweils einen Band vor und spiele alle Lieder durch. Ich kenne sie alle – auch wenn ich nicht alle für ein Konzert nehmen würde. Wenn mich ein Sänger fragt, welche wenig bekannten Lieder für sein Programm noch geeignet wären, habe ich immer passende Ideen. Warum oft ausschließlich die ›Schlager‹ zu hören sind, kann ich mir nicht recht erkären. Wahrscheinlich kommt hier auch der Einfluß der Schallplattenindustrie zum Tragen: Das Bekannte verkauft sich eben besser...! Der Kölner Schubert-Zyklus, der in der Saison 1996/97 alle Schubert-Lieder zu Gehör bringen will, ist eine ganz tolle Sache! Fraglich bleibt, wie das Publikum dieses Projekt aufnehmen wird. Wenn ich etwa an ein Lied denke wie »Der Winterabend«: Da sitzt jemand und schaut siebeneinhalb Minuten lang nur aus dem Fenster in den fallenden Schnee – und sinnt und sinnt.... Ob die Zuhörer heute sich auf so etwas wirklich einlassen? Zum Glück werden wir die Gelegenheit haben, es festzustellen...!

Dem Publikum gilt meine nächste Frage: Von Sängern wird oft argumentiert, sie müßten die bekannten Sachen singen – weil ihr Publikum es von ihnen erwarte! Wie sind Ihre Erfahrungen mit ungewöhnlichen Programmen?

Ich pflege Sängern zu sagen: »Ihr Publikum möchte Schubert von Ihnen hören, nicht aber unbedingt bestimmte Lieder! Wenn Sie ein unbekanntes Lied nehmen, das ganz nach Schubert klingt, wird es von jedem Publikum mit Freude angenommen.« Ein weiteres Argument, das ich gerne anführe, ist: Wenn eine junge Sängerin statt »Gretchen am Spinnrad« eben ein unbekanntes Lied singt, dann hat das Publikum nicht bestimmte, andere Interpretationen im Ohr – und die Sängerin eine größere Chance, *ihre* Sichtweise dieses Liedes zu vermitteln. Hinzu kommt, daß die

Schubertschen Zyklen in jeder Hinsicht sehr schwierig sind. Was die Gesangstechnik angeht, dürfte der »Schwanengesang« der schwierigste sein – und die scheinbar ›leichte‹ »Müllerin« jedenfalls schwieriger als die »Winterreise«. Und welche Ausdruckskraft da verlangt wird! Ich weiß wohl, daß die Dichter und Komponisten ebenfalls jung waren, als diese Werke entstanden – aber die unendliche Tiefe, die in der Musik spürbar wird, können eben nicht alle Interpreten in jungen Jahren schon zum Ausdruck bringen. Warum auch sollten junge Sänger sich gerade das Schwierigste vornehmen? Ich empfehle, damit ein wenig zu warten – und sich mit den unzähligen wunderbaren einzelnen Liedern zu beschäftigen. Auch die Oper sollte nicht vernachlässigt werden: Hier kann ein Sänger vieles für die Liedgestaltung lernen! Man muß die Dramatik in einem Text erkennen – und wiedergeben können. Mir scheint, daß sich derzeit zwei Lager bilden: die Opernfreaks auf der einen und die Anhänger des Liedes auf der anderen Seite. Diese Entwicklung finde ich sehr bedenklich. Ein Sänger muß möglichst viele Erfahrungen sammeln, wenn er sich auf die Lied-Interpretation, insbesondere die der großen Zyklen!, einlassen will. Es gibt also unzählige Gründe, sich etwas abseits des üblichen Repertoires zu bewegen. Graham Johnson vertritt diese Auffassung ja auch und nimmt sich der vernachlässigten Schubert-Lieder mit großem Engagement an. Hoffen wir, daß solchen Aktivitäten Erfolg beschieden ist – indem sich der Horizont bei den Sängern wie dem Publikum erweitert.

Von welchen Erwägungen lassen Sie sich leiten, wenn Sie ein Liederabend-Programm zusammenstellen?

Es geschieht häufig, daß Sänger mich um Programmvorschläge bitten. Dann frage ich, ob sie bestimmte Komponisten wünschen oder sonstige Vorgaben machen möchten. Ich orientiere mich aber grundsätzlich an der Persönlichkeit des einzelnen Sängers: Ein Programm für Julie Kaufmann muß anders aussehen als ein Programm für Christine Schäfer! Dann suche ich mir ein bestimmtes Thema, denn auch bei der Zusammenstellung von Einzelliedern denke ich zyklisch. Was im ersten Lied passiert, muß in irgendeiner Weise zum zweiten Lied überleiten können. Das heißt: Der Text spielt eine bedeutende Rolle. Nach diesen Kriterien entstehen die einzelnen Gruppen. Ich kombiniere dann gerne be-

stimmte Komponisten, etwa Schubert und Mahler: Da empfinde
ich eine Art von Fortsetzung. Oder Schönberg und Strauss. Schubert und Schumann passen meines Erachtens übrigens nicht zueinander: Das sind verschiedene Welten... Schumann und Schönberg hingegen weisen in ihrer Musik eine vergleichbare
Psychologie auf; die stelle ich gerne zusammen. Dann nehme ich
möglichst oft eine Gruppe mit französischen Liedern hinzu –
ebenfalls Randrepertoire, das eine ganz neue Farbe in jedes Programm bringt. Mit Christine Schäfer habe ich Schubert auch des
öfteren mit Mendelssohn kombiniert – wozu ich sagen muß: Die
Lieder Mendelssohns sind sehr schön, aber man lebt länger mit
Schubert... In den überwiegenden Fällen sind die Sänger mit meinen Vorschlägen einverstanden. Was mich freut – denn ich investiere viel Zeit in die Suche nach einer passenden Zusammenstellung. Schließlich gibt es viele tausend Lieder – und unzählige
Kombinationsmöglichkeiten.

Wie groß ist die Bedeutung des Textes – würden Sie ein Lied
nicht nehmen, mit dessen Text Sie nichts anfangen können?
Ich würde sagen: Zu 95 % entscheidet der Text. Und je älter
ich werde, desto mehr Gewicht kommt dem Gedicht zu. Allerdings gibt es immer wieder geniale Lieder, deren Texte für sich
genommen nicht überzeugen. Denken Sie etwa an Schuberts
Lied »Der Wanderer«: »Ich komme vom Gebirge her...«: Ein ziemlich scheußlicher Text – aber eines der schönsten Lieder, die
Schubert je komponiert hat... Bei der Zusammenstellung von Liedern für ein Programm sind die Textzusammenhänge für mich
ausschlaggebend. Bei den jungen Sängern fällt mir übrigens auf,
daß sie – wie ich in diesem Alter – eindeutig die schwierigen,
depressiven Texte vorziehen. Alle sensiblen Achtundzwanzig-
jährigen scheinen dem Weltschmerz zu verfallen: Die Stimmung
kann gar nicht düster genug sein! Die Literatur des 19.Jahrhun-
derts gibt da sehr viel her: Offenbar wurde nicht viel gelacht;
selbst die ›heiteren‹ Texte sind eher zum Weinen... Heute strebe
ich eher eine ausgewogene Mischung der verschiedenen Stim-
mungslagen an – nicht mehr den ganzen Abend nur »Totengräbers Heimwehe«... Mit zunehmendem Alter entdecke ich meine
Vorliebe für die ganz innigen Lieder und kann mit den großen,
brillanten Stücken nicht mehr so viel anfangen. Da bin ich mit der

Literatur des 19. Jahrhunderts auch bestens bedient – zum Beispiel mit Brahms' subjektiver, melancholischer Musik, die ich sehr liebe. Brahms paßt übrigens auch ausgezeichnet zu Schubert!

Von Ihrer Beziehung zu Schuberts Zyklen, die Ihnen im Laufe der Jahre mit vielen Sängern immer wieder vorgekommen sind, würde ich gerne noch etwas ausführlicher sprechen. Wie stellt sich für Sie das Verhältnis zwischen der »Schönen Müllerin« und der »Winterreise« dar?

Mein ursprünglicher Eindruck war der, daß die »Winterreise« so eine Art Fortsetzung der »Schönen Müllerin« darstellt. Der Müllerbursche springt nicht in den Bach! Er verläßt den Ort seiner unglücklichen Erfahrung und zieht in eine Stadt, wo er das Leben eines Einsiedlers führt. Vielleicht zehn Jahre später begegnet er der Müllerstochter dort wieder – und das ganze Unglück wird wieder aufgewühlt in ihm! Und dann muß er sich auf seine Winterreise begeben... Ich weiß: Es is absurd – aber diese Vorstellung drängte sich mir früher auf. Abgesehen von dieser assoziativen Verbindung haben die beiden Zyklen nichts gemein. Die »Müllerin« hat eine Handlung: Der Bursche tritt in die Dienste des Müllers, lernt dessen Tochter kennen, verliebt sich in sie, die Liebe wird nicht erwidert – und er ist verzweifelt. Bei der »Winterreise« handelt es sich um eine Sache der Stimmung: Diese bleibt bestehen; es gibt kaum Veränderungen. Schubert hat die Texte ja auch nicht in der Reihenfolge vertont, in der Müller sie geschrieben hat. Aber das tut nichts zur Sache – ausschlaggebend ist diese Stimmung, die von Anfang bis Ende bestehen bleibt. Es gibt kein einziges fröhliches Lied in diesem Zyklus, nur dunkle Farben. Bei der »Müllerin« spürt man hingegen, daß es sich um eine jüngere, jedenfalls aber unerfahrenere Person handelt: Da sind Hoffnungen und freudige Momente. Wie sich so oft im Leben die Hoffnungen nicht erfüllen und man seine Wunschträume nicht in die Realität umsetzen kann, so muß der Wanderer in der »Winterreise« als der ältere Mann eben dies erkennen. Daher kommt seine Verbitterung. Obwohl ich weiß, daß die Zyklen nicht als Einheit gedacht sind, sehe ich da die Verbindung: Zwei Lebensalter – derselben Person? – werden geschildert. Bei dem »Schwanengesang« haben wir einen anderen Fall: Die Lieder sind nicht von Schubert als Zyklus zusammengestellt. Zwar hatte er die Lieder nach Texten von Rellstab und die nach Heine wohl als zyklische Arbeit geplant – sie lassen sich auch als kleine Geschichte verstehen, aber zwischen ihnen gab es keine Verbindung. In sich sind sie zudem durch einen einheitlichen Kompositionsstil verbunden. Dann gibt es da auch noch die »Taubenpost« auf einen Text von Seidl. Ich habe ein schönes Programm entworfen, das alle Seidl-Lieder und alle Lieder nach Texten von Collin vereint. Hinzu tritt ein Sprecher, der weitere Texte dieser beiden Wiener Dichter liest. Das Publikum war sehr angetan von dieser Idee. Seidl hat etwa eine Novelle verfaßt, die sich offensichtlich an Schubert anlehnt: »Der Leiermann«. Ein anderer Text von Seidl ist überschrieben: »Gedanken eines Konzertbesuchers«. Es ist hochinteressant, wie da diese Zeit beleuchtet wird. Und Schubert hat sowohl die Seidl- als auch die Collin-Texte in einem gewissen Stil komponiert.

Wie sähe eine sinnvolle Zusammenstellung des »Schwanengesangs« für Sie aus?

Wenn es möglich ist, beginne ich am liebsten mit einer Gruppe von Seidl-Liedern, die auch die »Taubenpost« enthält. Dann nehme ich die Heine-Gruppe, und nach der Pause folgen die Rellstab-Lieder einschließlich »Herbst«, was ursprünglich nicht dazu gehört, aber sehr gut dazu paßt. Der Abend endet dann mit dem Lied »Abschied«, was für mich ein sehr schöner Abschluß ist. Mit Matthias Görne habe ich es in letzter Zeit mehrmals anders gemacht: Er wollte lieber die Heine-Gruppe am Schluß. Natürlich geht das auch: Es ist die tollste Musik! Ich finde allerdings, daß ein emotional so schweres Stück nicht unbedingt ans Ende eines Programms gehört. Die Rellstab-Lieder entfalten auch große dramatische Wirkung – und »Abschied« empfinde ich als ein tieftrauriges Lied. Aber es hat etwas Persönliches; es vermittelt, daß das Leben weitergeht. Mit dem »Atlas« oder dem »Doppelgänger« aus der Heine-Gruppe ein Konzert zu beschließen: Da bleibt für mich noch etwas offen – da fehlt mir noch etwas.

Könnten Sie sagen, welcher Sänger, mit dem Sie gearbeitet haben, einen der Zyklen nach Ihrer Meinung besonders überzeugend gestaltet hat?

Ein Sänger, der immer unterbewertet war in Deutschland und dem ich wunderbare musikalische Erlebnisse verdanke, ist Tom Krause. Ihm ist es nicht gelungen, neben Fischer-Dieskau und

Hermann Prey gebührend wahrgenommen zu werden. Mit ihm habe ich den »Schwanengesang« aufgenommen – und das ist für mich nach wie vor die überzeugendste Aufnahme, die es von diesem Werk gibt. Ich habe auch nie eine bessere »Winterreise« gehört als die seine! Er ist eine äußerst intelligente Persönlichkeit – und er hat Schuberts Welt vollkommen verstanden. Die »Schöne Müllerin« hat er nie gesungen. Für mein Empfinden paßt zu diesem Zyklus auch eine Tenor-Stimme besser. Die »Winterreise« höre ich dagegen lieber mit einem Bariton.

Woran liegt das: an der helleren bzw. dunkleren Stimmfarbe?

Richtig. Außerdem kann ein Tenor das Jugendliche, das der »Schönen Müllerin« eigen ist, meines Erachtens besser darstellen. Im übrigen singt der Tenor hier die originale Tonart. Um aber auf die Ausgangsfrage zurückzukommen: Meine ideale Interpretation der »Schönen Müllerin« erlebte ich mit dem jüngeren Peter Schreier. Das bleibt mir unvergessen. Neulich hörte ich noch einen Kassettenmitschnitt von einer unserer Aufführungen: wunderschön! Schreier zählt zu den Leuten, die einen Liedvortrag zutiefst persönlich gestalten können. Man hat als Zuhörer den Eindruck, er erlebt, wovon er singt – oder erzählt. Und so muß es sein! Aber nicht viele können es: Die Atmosphäre, die einem Gedicht anhaftet, mit der Musik so zu kombinieren, daß eine zwingende Einheit entsteht. Das Wesentliche ist, sich innig auszudrücken! Sänger wie Schreier stehen dieser Welt offensichtlich näher als andere. Er hat eine überzeugende Symbiose geschaffen aus Hoffnung und Verzweiflung – ohne viel zu machen. Denn manieriert darf es bei Schubert ebenfalls nicht sein. Zudem sang er schön...

Gibt es Sänger, mit denen Sie besonders gerne zusammenarbeiten?

Ja, unbedingt! An erster Stelle sind da zwei Sängerinnen zu nennen, die leider beide verstorben sind: Arleen Auger und Lucia Popp. Mit beiden verband mich auch eine enge persönliche Beziehung. Dann auf jeden Fall Brigitte Fassbaender, Elly Ameling, von der ich als junger Begleiter sehr viel lernte, und natürlich Gundula Janowitz, mit der ich sehr viele Schubert-Lieder aufgenommen habe. Diese fünf waren besonders wichtig für mich. Und Arleen und Lucia vermisse ich nach wie vor sehr.... Die junge Jessye Norman habe ich übrigens auch begleitet; das war ebenfalls ein besonderes Erlebnis.

Haben Sie Lieblingslieder von Schubert?

Mein allerliebstes Lieblingslied ist »Im Frühling«. Auch den schon erwähnten »Winterabend« liebe ich sehr. Dann wäre zu nennen »An den Mond«, in der 2. Fassung – aber eigentlich berühren mich alle Schubert-Lieder unendlich, wenn ich sie spiele... Wie gesagt, kommt auch den Texten eine wichtige Rolle zu: Sie sind so menschlich – man muß immer wieder über sie nachdenken.

Gibt es Schubert-Lieder, die Sie in besonderem Maße für unterschätzt halten?

Die eben genannten sind leider alle nicht besonders bekannt. Außerdem könnte ich noch »An den Mond in einer Herbstnacht« anführen, »Amalia« aus Schillers »Räubern« – ein wunderbares Lied! – oder »Lambertine«. Eigentlich sind das auch alles Lieblingslieder... »Im Freien« nicht zu vergessen! Sie sind alle vernachlässigt. Die Seidl-Lieder kann man insgesamt nennen: Was ist zum Beispiel »Sehnsucht« für ein herrliches Lied! Oder das »Zügenglöcklein«. Genau genommen hätte ich jetzt einen Großteil des Schubertschen Liedschaffens aufzuzählen... Man muß einräumen, daß es lange Zeit keine Transpositionen von diesen Liedern gegeben hat; das mag ihrer Verbreitung hinderlich gewesen sein. Aber jetzt liegt das alles vor. Ich hoffe sehr, die Bereitschaft, in *allen* Schubert-Bänden nach passenden Liedern zu suchen, wird zunehmen!

Was macht Ihrer Ansicht nach das Besondere am Schubertschen Lied aus?

Seine unendliche Phantasie angesichts eines Textes – und wie er mit scheinbar einfachsten melodischen und harmonischen Mitteln die Atmosphäre eines Textes unnachahmlich einfangen kann. Immer wieder bin ich davon überrascht, wie treffend er die Farben eines Textes wiederzugeben vermag, wie perfekt ihm der Ausdruck gelingt. Ich glaube, das macht für mich das Wesen seiner wunderschönen Lieder aus.

04. 11. 95, Köln

Matthias Görne

Eingriff in die menschliche Seele

Nach Herrn Fischer-Dieskaus Entscheidung, nicht mehr als Sänger aufzutreten, haben Sie als ›Einspringer‹ auf einen Schlag einige Liederabendtermine an prominenten Orten übernehmen können. War das für Sie, Herr Görne, die ganz große Chance für einen Karrierestart als Liedinterpret – oder war es vielmehr der Super-Stress, als ganz junger Sänger d e n Liedinterpreten unserer Zeit ›ersetzen‹ zu sollen?

Ein solches Konzert zu früh zu übernehmen, kann sicher katastrophale Folgen nach sich ziehen. Unabdingbare Voraussetzung ist daher, daß man sich in früheren Auftritten eine ausreichende Sicherheit erarbeitet hat. Bevor ich zu Herrn Fischer-Dieskau kam, hatte ich eine solide, fundierte und gründliche Ausbildung bei meinem Gesangslehrer in Leipzig erhalten. Mein Studium absolvierte ich ja noch in der DDR, wo die Sängerausbildung anders aufgebaut war, als das heute – wie damals in den alten Ländern – der Fall ist. Wir hatten sehr viel mehr Hauptfach-, also Gesangsunterricht. Um es anschaulich in Zahlen auszudrücken: Mitunter hatte ich sechs Gesangsstunden in der Wochen; jetzt stehen einem Studenten eineinhalb Stunden zu… Unser Studium war unglaublich arbeitsintensiv, was die rein ›handwerkliche‹, sängerische Ausbildung anging. Da wurde ein solides Fundament geschaffen, auf dem ich dann später leicht weiter aufbauen konnte. Und so war ich früh in der Lage, eigene Konzerte zu geben – und auch einmal schnell einzuspringen, ohne daß mir das irgendwelche Schwierigkeiten bereitet hätte. Also nahm ich auch an Wettbewerben teil – und so gelangte ich wiederum zu Fischer-Dieskau. Mit ihm habe ich dann jahrelang intensiv gearbeitet, was für mich außerordentlich fruchtbar war. In dieser Zeit hat er auch schon einmal die eine oder andere Empfehlung ausgesprochen… Als er sich dann Ende des Jahres 1992 vom Singen zurückzog, erhielt ich in der Folge einige konkrete Anfragen. Mittlerweile hatte ich genügend Erfahrung, um entscheiden zu können, was ich guten Gewissens annehmen kann. Diese Fähigkeit, selber einschätzen zu können, was man sich in der gegenwärtigen Situation zutrauen darf, ist in unserem Sängerberuf sehr wichtig. Man muß unbedingt auch nein sagen können! Natürlich war ich bei diesen Konzerten dann ein bißchen mehr nervös als sonst – schließlich hatte das Publikum eine sehr hohe Erwartungshaltung. Aber fraglos war es für mich eine große Chance, die ich mit Freude wahrgenommen habe. Da die Umbesetzung frühzeitig bekanntgemacht wurde, habe ich mich umso mehr über die beachtlichen Besucherzahlen gefreut – in die für einen Liederabend sehr große Kölner Philharmonie waren beispielsweise mehr als 1000 Leute gekommen. Das war schon ein tolles Erlebnis...

Braucht ein junger Sänger, der überall als Schüler von Fischer-Dieskau angekündigt wird, ein besonders großes Selbstbewußtsein, um aus diesem Schatten heraustreten zu können?

Das habe ich nicht so empfunden. Eine eigene Persönlichkeit braucht ein Sänger aber allemal – unabhängig von jedem Schüler-Lehrer-Verhältnis. Hinzu kommt, daß der Unterricht bei Fischer-Dieskau alles andere als diktatorisch ist. Er erwartet keineswegs, daß alle Sänger nachahmen, was er jahrzehntelang zum Maßstab gemacht hat. Eher wird man stimuliert, den eigenen Weg zu finden. Anfangs ist man sogar versucht, nachzufragen, wie er denn dies oder jenes gemacht habe – aber es bleibt bei Anregungen. Den Rest muß man alleine schaffen. Und genau das ist ungeheuer wichtig! Ansonsten würden keine neuen Sängerpersönlichkeiten entstehen, sondern lediglich Möchte-Gern-Fischer-Dieskaus... Man muß sich ja auch vergegenwärtigen, daß man sich selber intensiv vorbereitet – für ein großes Werk wie zum Beispiel den »Schwanengesang« wochenlang! Und wenn ich dann aus der Stunde käme und von meiner Vorarbeit wäre nichts mehr übrig geblieben, dann müßte ich mir ernsthaft Gedanken machen, ob ich selber ausreichende Fähigkeiten für diesen Beruf habe. Daß man sich anregen läßt, etwas anders zu machen, oder auch schlagartig erkennt, daß der Vorschlag des Lehrers viel besser ist, steht auf einem anderen Blatt. Aber wenn ich dann auf dem Podium stehe, muß es *meine* Sache geworden sein – ansonsten kann ich sie dem Publikum nicht vermitteln.

Wurde Ihr Interesse für das Lied im Studium geweckt, oder war es schon vorher vorhanden?

Es war seit meiner Kindheit vorhanden! Schon damals hatte ich nur den einen Berufswunsch, Sänger zu werden. Meine Eltern waren beide am Theater, und ich bin mit der Musik aufgewachsen. Ich interessierte mich allerdings nicht nur für das Lied, sondern auch für die Oper und das Oratorium gleichermaßen. Als ich dann mit der Ausbildung begann, erkannte ich bald, daß für meine stimmliche Entwicklung der Weg über das Lied der geeignete sei. Der Oper habe ich mich erst langsam genähert.

Welche Stellung nimmt der Liedgesang heute in Ihrer Arbeit ein?

Was mein Interesse und meine Leidenschaft angehen, steht das Lied fraglos an erster Stelle! Es ist nun mal die subtilste und individuellste Form. Was schon damit zusammenhängt, daß man alleine auf dem Podium steht – nicht zu viert, nicht mit 120 Mann Orchester und ohne Dirigent. Da sind nur zwei gleichberechtigte Partner, die gemeinsam versuchen, etwas entstehen zu lassen. Insofern ist es für mich die aufregendste Art, Musik zu machen.

Welche Bedeutung hat der Liedkomponist Schubert für Sie?

Eine extrem wichtige Bedeutung – wenn man nur an die Fülle von Repertoire denkt, die er mit über 600 Liedern geschaffen hat. Und dann die Art, wie er unterschiedlichste Themen behandelt... Ich würde schon sagen, Schubert ist für mich der bedeutendste Liedkomponist. Dieses ständige Reflektieren über die Texte und über das eigene Leben, diese permanente Problematik inneren Exils, die große Bandbreite, die das Thema Liebe erfährt: die nie erfahrene Liebe, die gescheiterte Liebe in all ihren Varianten – ich finde Schuberts Werk damit hochaktuell. Diese Themen sind nicht einfach 150 Jahre alt, sondern weisen vielfältige Bezüge zu zwischenmenschlichen Problemen unserer Zeit auf.

Inwieweit haben Sie sich schon mit Schuberts Zyklen auseinandergesetzt?

Öffentlich gesungen habe ich bisher nur den »Schwanengesang«. Demnächst wird die »Winterreise« hinzukommen, die ich bisher zurückgestellt hatte, obwohl ich schon danach gefragt worden bin. Ich arbeite seit langem daran, hatte aber immer das Gefühl, mit diesem Werk noch nicht soweit zu sein, daß ich es aufführen möchte. Ich halte es für einen wichtigen Punkt, sich bestimmte Stücke einfach aufheben zu können. Natürlich sollte man sich damit auseinandersetzen, aber eine erste öffentliche

Aufführung kann man ruhig auch einmal für einige Jahre hinauszögern. Der einzige Interpret, der in jungen Jahren die Schubertschen Zyklen schon vollendet interpretieren konnte, ist meiner Ansicht nach Fischer-Dieskau. An diese Ausdruckskraft heranzureichen: Wer kann das heute mit Anfang zwanzig? Er ist eben eine Ausnahmeerscheinung, ein Phänomen. Aber was spricht dagegen, sich mit solchen Werken ein wenig Zeit zu lassen...? Ich finde sie zu wichtig, als daß man sie zum Experimentieren mißbrauchen sollte.

Finden Sie es grundsätzlich interessanter, einen vorgegebenen Zyklus zu interpretieren, oder sich ein eigenes Programm zusammenzustellen?

Ich kann nicht sagen, daß ich eines von beiden favorisieren würde. Dazu ist die Vorgehensweise viel zu unterschiedlich. Ein Zyklus kann gerade deshalb sehr schwierig zu gestalten sein, weil er ein bestimmtes Thema zum Inhalt hat. Andererseits ist in einem Zyklus immer ein gewisser Aufbau vorhanden, den man sich in einem eigenen Programm selber schaffen muß. Natürlich kann man auch Programme bauen, in denen diese Zusammenhänge nicht existieren – das entspricht mir persönlich aber weniger.

Nach welchen Kriterien bauen Sie ein Liederabendprogramm auf?

Am wichtigsten scheint mir, daß der Zuhörer möglichst bald eine Richtung erkennt. Daß er bei den ersten Liedern schon merkt, welche Grundstimmung der Abend haben soll. Meist macht der Veranstalter einige Vorgaben, etwa erwünschte Komponisten oder dergleichen, und dann versucht man, diese Wünsche mit dem eigenen Repertoire in sinnvolle Verbindung zu bringen. Wenn ich freie Entscheidungen treffen kann, lasse ich mich von dem leiten, was mich gerade besonders interessiert – lese einfach die Notenbände durch und nehme mir Bekanntes wie Unbekanntes vor. Den ersten Ausschlag gibt im wesentlichen der Text, weniger die musikalische Ausgestaltung. Dabei lasse ich mich von jeweiligen Stimmungen gefangennehmen. Das macht großen Spaß – und braucht seine Zeit... Nach einiger Zeit kristallisieren sich dann die Stücke heraus, bei denen ich immer wieder ›hängenbleibe‹, die einen wirklichen Reiz auf mich ausüben. Um diese herum entsteht dann allmählich ein Programm. Wenn so etwa eine Gruppe zusammenkommt, die sehr melancholisch und nachdenklich ist, suche ich gezielt nach einer anderen Farbe, um etwas Abwechslung in den Abend zu bringen. Ich habe festgestellt, daß meine Begeisterung für einen Text mir in aller Regel den besten Zugang zu der Musik eröffnet. Nehmen wir zum Beispiel Johannes Brahms: Er hat sechs Heine-Gedichte vertont – und die wirkten auf mich aufgrund der unglaublichen Präsenz der Texte: Sie entwickeln eine solche Ausdruckskraft bei völliger Reduzierung der poetischen Mittel. Entsprechend sind auch die musikalischen Mittel viel sparsamer eingesetzt als in anderen Brahms-Liedern. Die teilweise sehr effektvoll komponiert sind auf eine mittelmäßige Textvorlage – etwa die »Feldeinsamkeit«: Da wertet die Musik den Text doch sehr stark auf. Ich nähere mich bevorzugt über den Text und konnte eigentlich immer feststellen, daß ein guter Komponist aus einem interessanten Text auch ein überzeugendes Lied gemacht hat, in dem eine neue Einheit aus Text und Musik entsteht.

Haben Sie bevorzugte Dichter?

Ja: Heine und Goethe. Von den Dichtern, die häufig vertont wurden, sind sie meine Favoriten. Ich habe jetzt gerade ein Programm einstudiert für den Schubert-Zyklus von Graham Johnson in der Londoner Wigmore Hall, der nach Schaffensperioden gegliedert ist. Mir kam die Zeit von 1811 bis 1817 zu, in der die großen Goethe-Vertonungen entstanden sind. Darüber war ich natürlich sehr erfreut! An Johnsons Hyperion-Edition habe ich auch teilgenommen: Da hatte er mir die Lieder auf Texte der Brüder August und Friedrich Schlegel zugeteilt. Eine sehr interessante Angelegenheit, obwohl nicht alle dieser Texte zur großen Literatur zählen... Gerade neulich habe ich in den Gesprächen zwischen Goethe und Eckermann gelesen, wo die Gebrüder Schlegel natürlich auch Erwähnung finden. Nebenbei gesagt, amüsiert es mich sehr, daß die Einflußnahme der Printmedien auf das kulturelle Geschehen auch damals schon gang und gäbe war – inklusive Intrigen und allem, was es da noch heute so gibt... Goethe verweist hier auf hervorragende Stellen in den Schlegelschen Texten, findet aber auch etliches Triviale. So habe ich es auch empfunden. Bei manchen Liedern mußte ich da durch meine positive Einstellung zu dem gesamten Projekt schon einige textliche Defizite kompensieren... Aber die Einheit von Musik und Text stellt sich bei entsprechend intensiver Beschäftigung auch bei diesen Liedern ein. In der nächsten Zeit werde ich übrigens etliche gemeinsame Projekte mit Graham Johnson haben. Die Zusammenarbeit mit ihm ist sehr angenehm – und sehr fruchtbar.

Johnson setzt sich nun gerade dafür ein, die Vielfalt des Schubertschen Liedschaffens zur Kenntnis zu nehmen. Haben Sie eine Erklärung dafür, warum man in den allermeisten Konzerten immer nur eine kleine Auswahl derselben Lieder hören kann?

Ich glaube, das fängt schon damit an, daß die meisten Gesangslehrer ungefähr zwanzig Schubert-Lieder ›draufhaben‹ – die sie an ihre Schüler weitergeben. Das hat mit dem Kenntnis- und Bildungsstand eines jeden einzelnen zu tun. Wenn die Schüler nun nicht dazu angeregt werden, hier Eigeninitiative zu entwickeln, wenn sie nicht selber das Interesse verspüren, weitere Nachforschungen anzustellen – etwa auch über die sieben Peters-Bände hinaus, dann bleibt es beim ›bewährten‹ Repertoire. Ich habe selber schon Lieder im Deutsch-Verzeichnis entdeckt, von denen keine Noten zu bekommen waren. Da habe ich kurzerhand bei Johnson angerufen – und er hat mir eben mal die Noten zugefaxt... Die Verpflichtung, einmal andere, selten zu hörende Lieder ins Programm zu bringen, liegt ausschließlich bei jedem Interpreten. Das Publikum kann man jedenfalls nicht für das begrenzte Repertoire der Sänger verantwortlich machen. Leider wird es jedoch durch diese Einseitigkeit geprägt: immer nur den »Erlkönig« und die »Rastlose Liebe« vorgesetzt zu bekommen... Das sind ohne Zweifel große Lieder – aber es ist nicht der ganze Schubert. Nehmen wir ein Beispiel für die Verbindung von Bekanntem und nahezu Unbekanntem: »Der Tod und das Mädchen« ist vielen ein Begriff, aber wie steht es mit dem Pendant »Der Jüngling und der Tod«...? Solche Gegenüberstellungen halte ich für sinnvolle Programmgestaltung. Und diese hängt von dem Interesse – und dem Intellekt – dessen ab, der den Liederabend gibt. Dabei kann ich an mein Publikum denken, das auch einmal etwas anderes hören sollte. Ich kann aber auch an mich als Interpreten denken, der die ausgetretenen Pfade eben verlassen möchte. Daß es Lieder gibt, die man über die Jahre immer wieder aufführen wird, Lieder, die man ein paarmal nimmt, und solche, die man nie singen wird, ist wieder eine andere Angelegenheit. Damit ist auch noch keine objektive Aussage über die Qualität dieser Lieder verbunden, sondern da spielen subjektive

Faktoren mit hinein: Wie kann ich persönlich mit diesem Text, mit dieser Verbindung aus Text und Musik umgehen? Ich denke übrigens, die Vielfalt der Programmgestaltung ist uns schon *wieder* verlorengegangen – zu den Hoch-Zeiten von Fischer-Dieskau und Schwarzkopf war sie vorhanden. Diese Reduzierung hängt sicher mit der Entwicklung der Schallplatte zusammen: Da wurden und werden aus Gründen der Verkaufszahlen eben die ›highlights‹ aufgereiht und am Ende hört man von den zehn berühmtesten Sängern immer nur die fünfzig berühmtesten Lieder... Mit diesen Programmen, die mosaikartig zwei Lieder von dem und drei Lieder von jenem zusammenstellen, kann ich jedenfalls nichts anfangen. Das ist bestenfalls unterhaltsam, aber dieser Zug, dieser Sog, nicht loslassen zu können, der kann sich auf diese Weise nicht einstellen – weder beim Sänger, noch beim Zuhörer. Natürlich wird man von Veranstaltern, deren hauptsächliche Sorge es ist, den Saal zu füllen, oft nach völlig unkünstlerischen Kriterien um Programme gebeten – nach dem Motto: »Ein paar Reißer, bitte!«. Dem muß man sich eben weitestmöglich entziehen. Und je prominenter der Sänger ist, desto eher hat er die Möglichkeit, seine Vorstellungen durchzusetzen. Das Publikum kommt den Bemühungen um eine Verbreiterung des Repertoires nach meinen Erfahrungen übrigens durchaus entgegen: Das Interesse an seltenen Programmen ist spürbar vorhanden. Ich setze, wie gesagt, auf die sinnvolle Kombination, wo sich eine auffinden läßt: Warum nicht Schubert und Eisler miteinander verbinden – beide haben zum Beispiel dieselben Dichter vertont, was ein Anknüpfungspunkt sein kann. Ein Programm, auf das ich sehr positive Publikumsresonanz bekommen habe, stellt Beethovens »An die ferne Geliebte« mit den »Hollywood-Elegien« von Eisler im ersten Teil zusammen; nach der Pause folgt der »Schwanengesang«. Das wird angenommen – obwohl nach wie vor viele Leute kaum wissen, wer Eisler ist, und bei einer vorherigen Anfrage sicher ihr Desinteresse für Lieder dieses Komponisten bekundet hätten.

Wie beurteilen Sie die Zukunftsaussichten für den Liederabend generell: Gibt es genügend Nachwuchs – bei den Sängern wie im Publikum?

Ob der Liederabend eine Zukunft hat, hängt meines Erachtens stark damit zusammen, wie er künftig ausgeführt wird. Er steht und fällt mit der Qualität der Interpreten! Warum war die Situation vor zwanzig Jahren denn eine andere? Darauf zu antworten, daß es heute Video gibt, überzeugt mich nicht. Wer seine Zeit restlos vor dem Fernseher verbringt, ist wohl sowieso nicht der Typ, der in einen Liederabend gehen würde. Ich meine: Die Entscheidung heißt doch wohl kaum, schaue ich mir nun heute die Dienstagabend-Serie an – oder gehe ich mal in den Liederabend... Das – begrenzte – Publikum wird aber kommen, wenn die Sänger überzeugend sind! Nun verweisen die Veranstalter oft auf finanzielle Probleme: Je größer und prominenter der Saal, desto größer muß der Name sein. Das ist das Verhängnis: Die Gelder für die Kultur werden knapper! Wenn dann in einem Liederabend fünfhundert Leute sitzen, der Saal aber ein Vielfaches faßt, ist das für den Veranstalter eine Katastrophe – für den Sänger kann es hingegen gerade ein besonders schönes Erlebnis werden, weil diese Zuhörer nun ganz bewußt in sein Konzert gekommen und wahrscheinlich mit großer Begeisterung bei der Sache sind.

Sind Sie demnach der Meinung, daß sich zu wenige Sänger ausreichend auf den Liedgesang einlassen?

Nach meiner Ansicht ist es so! Sicherlich gibt es Sänger, die sich vorrangig mit dem Lied beschäftigen. Aber grundsätzlich nimmt der Liederabend bei den meisten im Verhältnis zur Oper und zum Konzert eine zu geringe Position ein. Das Lied ist etwas so Spezielles, daß man sich eben besonders intensiv damit auseinandersetzen muß, wenn man den Liedgesang ernsthaft betreiben will.

Auf der diesjährigen Schubertiade Feldkirch wirken Sie bei der Aufführung von Schuberts Oratorienfragment »Lazarus« mit. Wie lassen sich Ihre Erfahrungen mit dieser Seite des Schubertschen Schaffens beschreiben?

Der »Lazarus« hat meines Erachtens etwas ganz Eigenes und läßt sich mit anderen Werken Schuberts kaum vergleichen. Er wirkt auf mich eigentlich eher wie eine Oper: Die einzelnen Personen haben jeweils einen ausgeprägten Charakter, sind eindeutig musikalisch gezeichnet. Daß dieses Werk wegen mangelnder Qualität so selten aufgeführt wird, kann ich mir nicht vorstellen. Diesen Einwand halte ich eher für vorgeschoben – vielleicht gar von Leuten, die sich nicht ausreichend damit befaßt haben.

Außerdem lassen sich auch in Werken, die man nicht unbedingt zu den genialsten eines Komponisten zählen muß, immer noch viele bedeutende Momente finden. Mit solchen Beurteilungen bin ich lieber etwas zurückhaltend.

Diese Anmerkung kann wohl über den »Lazarus« hinaus auch für die ›richtigen‹ Opern Schuberts Geltung beanspruchen... Nun aber zu meiner abschließenden Frage: Was macht für Sie das Besondere am Lied Schuberts aus?

Das ist in erster Linie die große Aktualität, die seine Lieder heute für jedes Individuum haben. So unterschiedlich die Menschen auch sein mögen: In Schuberts Liedern gibt es einen gemeinsamen Nenner für alle. Sie ergreifen uns in unserer Emotionalität – was sich nur schwer in Worte fassen läßt. Genau das vermag eben die Einheit von Musik *und* Text auszudrücken! Und diese ist bei Schubert in aller Vielschichtigkeit immer verwirklicht. Bei jedem einzelnen Zuhörer vermag sie etwas zu bewegen – seine Lieder greifen unmittelbar in die menschliche Seele ein und gewähren uns tiefe Einblicke. Man wird unweigerlich zur Reflexion – und Selbstreflexion – angeregt, gleich welches Thema das Lied behandelt. Ob es nun um zwischenmenschliche Probleme wie gescheiterte Liebe geht oder eher philosophische Betrachtungen wie in den mythologischen Texten: Immer zeigt sich ein zutiefst humanistischer Grundgedanke. Er berührt – und verbindet die Menschen.

15. 06. 95, Feldkirch

Thomas Hampson

Die Uhr unserer Lebenszeit
für ein Weilchen anhalten

Herr Hampson, wie ist Ihr Kontakt zum deutschen Lied entstanden?

Um diese Frage zu beantworten, muß ich etwas weiter ausholen und aus meinen Studienjahren in Amerika berichten. In meinem letzten College-Jahr hatte ich im Fach Englische Literatur eine aus Deutschland stammende Lehrerin – und es wirkte sich durchaus günstig auf die Note in Englisch aus, wenn man sich entschloß, ein bißchen Deutsch zu lernen... Sozusagen eine kleine, zarte Erpressung! Jedenfalls kam ich auf diesem Wege mit der deutschen Sprache und Literatur in eine erste Berührung. Nach dem Schulabschluß begann ich dann – parallel zu einem Jurastudium mit dem Ziel, Rechtsanwalt werden zu wollen – eine Gesangsausbildung. Meine Lehrerin war eine bemerkenswerte Frau: eine Nonne mit einem Doktortitel, Schwester Marietta Coyle. Sie war eine Lied-Fanatikerin und hatte ihrerseits Unterricht bei Lotte Lehmann in Kalifornien gehabt. Die Anregung, mich ernsthaft mit dem Gesang zu beschäftigen, kam also vom deutschen Lied sowie der französischen mélodie. Als ich mein erstes Schubert-Lied hörte, war ich siebzehn Jahre alt: Fischer-Dieskau sang, ich las in meinem Peters-Band mit – und war vollkommen hingerissen, von dieser Art, Gedichte zu Musik werden zu lassen. Aufgewachsen bin ich nicht mit dieser Tradition: Zuhause bekam ich vor allem Klaviersonaten von Grieg oder Tschaikowsky zu hören, da meine Schwester Pianistin war. Werke von Beethoven oder Schubert, Lieder gar, kamen in diesem Repertoire nicht vor. Umso größer war meine Begeisterung, als ich diese Welten dann mit etwa achtzehn Jahren kennenlernte...!

Welchen Stellenwert hat das Lied für Sie heute?

Wenn ich darauf antworte, einen zentralen Stellenwert, dann meine ich damit nicht die Anzahl von Liederabenden, die ich im Jahr gebe im Vergleich zu Opern- und Konzertauftritten. Den Ausschlag, in welche Opernprojekte ich einsteige oder welche anderen Verpflichtungen ich annehme, gibt aber meine Tätigkeit als

Liedsänger. Das ist sozusagen das Ruder des Schiffes! Das Lied bestimmt die Entwicklung meines Opernrepertoires. Diese grundsätzliche Stellung hat das Lied für mich immer schon gehabt: Es ist die Welt der Sprache, gleich welcher Nationalität; die sprachliche Aussage dessen, was die Seele des Menschen bewegt. In kleinsten, intimen Aussagen stecken hier oft Gedanken von größter Universalität. Alle Erfahrungen des menschlichen Lebens, die im Gedicht behandelt werden, finden hier ihre musikalische Umsetzung und Ausdeutung. Das Lied ist ohne jede Frage ein Zentralpunkt, ein Orientierungspunkt in meinem Leben.

Sie singen Oper und Lied: Ist dabei das eine Hilfe für das andere, oder gibt es Probleme, beides zu vereinbaren?

Es kann – und sollte – sich gegenseitig helfen! Ich bin ein Gegner dieser Spezialisierungen, daß jemand nur Opernsänger ist oder sich ausschließlich dem Lied zuwendet. Diese Einteilung in Sparten finde ich unerträglich. Für mein Empfinden ist man ein *Sänger* – oder eben nicht. Eine künstlerische Persönlichkeit ist mit vielen unterschiedlichen, vielleicht gar widersprüchlichen Begabungen ausgestattet. Sie reflektiert alle künstlerischen Aussagen. Diese Gesamtheit künstlich zu unterteilen, nach quasi betrieblichen Gesichtspunkten, halte ich für unnötig und darüberhinaus für schädlich. Ein Sänger wird damit eingeordnet wie ein beliebiges Produkt. Dabei hat er eine poetische, wenn nicht gar eine prophetische Aufgabe! Die Berufung eines Sängers ist, Künstler zu sein. Wir haben eine bestimmte Verantwortung der Kunst gegenüber; wir sind keine Entertainer, die eine leicht verdauliche Kost aus Literatur und Musik servieren wollen. Um damit auf den Kern der Frage zurückzukommen: Die Verbindung zwischen Lied und Oper ist eine sehr glückliche – und überaus wichtig für die Entwicklung eines Sängers, seine Begabung, sein Talent voll zum Tragen zu bringen. Gesanglich wie seelisch! Ein guter Opernsänger wird zum guten Lied-Sänger, wenn er sich auf diese kleinere, intimere Welt einläßt. Viele sogenannte Lied-Sänger könnten für ihre Darstellung sehr von Bühnenauftritten in der Oper profitieren, auch im Hinblick auf die Sicht größerer Zusammenhänge. Ich denke da an ein amerikanisches Sprichwort: »Not to see the forest for the trees...« Da liegt die Gefahr: Man muß zur Kenntnis nehmen, daß ein Wald tatsächlich Bäume hat – und Gras und sich aus vielen Organismen zusammensetzt. Ein Forscher, der sich immer nur den einzelnen Grashalm vornimmt, muß hingegen auch einmal wieder zurücktreten, um nicht die Gesamtansicht des Waldes aus den Augen zu verlieren.

Gestalterisch und interpretatorisch profitiert ein Liedsänger sicherlich von seiner Bühnenerfahrung. Wie aber sieht es mit stimmlichen Problemen aus: Besteht nicht die Gefahr, die Stimme in der Oper so zu strapazieren, daß die Fähigkeit zur Subtilität, die das Lied braucht, leidet?

Die besteht wohl tatsächlich – aber wäre es nicht eine Chance für die Opernwelt, endlich mit der Schreierei aufzuhören? Wenn jemand auf der Bühne ständig brüllt, wird es ihm sicher schwerfallen, einen Liederabend zu singen. Aber dieses Überstrapazieren der Stimmen sollte im allgemeinen Interesse beendet werden; das wäre letztlich für alle angenehmer. Eine Stimme soll schließlich menschliche Erfahrungen in allen Facetten wiedergeben – das hat eigentlich nichts mit Lautstärke zu tun. Auf der Opernbühne sind wir wirklich zu weit gegangen: Es ist zu laut, es ist zu grob, es ist zu banal. Das Publikum will doch auch die Geschichte erfahren, will wissen, *wovon* jemand singt! Der Sänger sollte zunächst einmal die Sprache verstehen, in der er singt, und er muß die Aussage vermitteln können! Das tritt heute leider oft in den Hintergrund – wenn nur die Figur auf die Rolle paßt und das Stimmtimbre gefällt. Umgekehrt stört es mich auch, wenn in einem Liederabend nur gesäuselt wird. Oder fast mehr gesprochen als gesungen: Das ruiniert die Stimme! Ich kann daher auch in stimmlicher Hinsicht nur feststellen: Der Einfluß der beiden Welten aufeinander ist ein ausschließlich positiver. Der Operngesang hilft dem Liedgesang – und umgekehrt. Diese Unterscheidung hat es in früheren Zeiten ja auch gar nicht gegeben; bis in die fünfziger Jahre unseres Jahrhunderts war es selbstverständlich, alles zu singen. Ich schätze, daß dann ein Schritt in die andere Richtung kam, hängt mit der Schallplattenindustrie zusammen. Wozu ich anmerken möchte, daß ich wahrlich kein Feind der Platte bin – das ist eine Sache, die enorme Vorteile hat. Dennoch muß man kritisch im Auge behalten, wohin die Entwicklungen gehen. Der vielbeschworenen Krise der Gesangskunst kann man jedenfalls meines Erachtens nur mit verstärkter Hinwendung zum Liedgesang abhelfen. Die Ausbildung von Sängern sollte allerdings auch überdacht werden: Es gibt zu viele Dozenten, die selbst kaum ihren Mund zum Singen geöffnet haben – und es müßten dringend mehr selber im Beruf stehende und erfolgreiche Sänger unterrichten. Ich würde Fußballspielen ja auch nicht bei einem Tennisspieler lernen wollen. Wobei ich gar nicht bestreite, daß der Fußballer mir vielleicht auch schlechte Angewohnheiten beibringen könnte – aber er weiß, wie der Fuß zum Ball kommt...

Haben Sie schon Erfahrung im Unterrichten?

Ich habe ein großes Interesse für die Gesangspädagogik und mich eingehend mit den verschiedenen Schulen und Methoden befasst. Ich gebe auch Gesangskurse und setze mich mit diesen Themen immer wieder auseinander, weil ich sie so faszinierend finde. ›Gesang‹ gehört zu dem Verb ›sein‹ – und nicht ›machen‹: Man ›macht‹ Singen nicht, sondern man *ist* im Singen oder in Ruhestellung.

Welche Bedeutung hat der Liedkomponist Schubert für Sie?

Einerseits ist Schubert für mich ganz zentral: in meinen Gedanken und als Orientierungspunkt in der Geschichte des Liedgesangs. Ich kenne auch sehr viele Schubert-Lieder – aber erstaunlicherweise habe ich im Liederabend bisher relativ wenige gesungen, und zwar eher die seltener zu hörenden wie die mythologischen Mayrhofer-Lieder. Auch die Zyklen habe ich bisher zurückgestellt. Derzeit arbeite ich intensiv an der »Winterreise«. Ich habe absichtlich so lange damit gewartet, weil ich früher Bedenken hatte, dieses Werk wirklich verstehen zu können. Zwar bin ich mir da jetzt auch noch nicht ganz sicher, aber jedenfalls bin ich mutig genug – und will mich der Herausforderung stellen. Ich schätze, ich bin jetzt an dem Punkt meiner künstlerischen Entwicklung angelangt, wo ich diesen monumentalen Werken von Müller *und* Schubert entgegentreten kann. Die »Schöne Müllerin« habe ich zu meinen Studienzeiten zwar schon gesungen, aber seither nie mehr öffentlich aufgeführt. Das würde mich jetzt auch wieder reizen. Erstaunlich finde ich übrigens, daß sich die Sänger meiner Generation offensichtlich mehr mit der »Winterreise« beschäftigen als mit der »Müllerin«. Was das dritte Werk dieser Reihe angeht, so empfinde ich den »Schwanengesang« überhaupt nicht als einen Zyklus, sondern als zwei Zyklusfragmente. Die Lieder

nach Heine-Texten weisen dabei eine größere Geschlossenheit
auf als die Rellstab-Lieder. Wenn ich den »Schwanengesang« einmal aufführen werde, will ich die Heine-Lieder auf jeden Fall
abtrennen und, ergänzt um weitere Heine-Vertonungen, als eigenen Programmteil gestalten. Um auf den Kern der Frage zurückzukommen: Das Liedschaffen Schuberts ist für mich eine Quelle
der Inspiration, zu der ich immer wieder zurückkehre und mir
neue Anregungen hole. Ich finde es zum Beispiel sehr aufschlußreich, mir einen Text in der Vertonung durch verschiedene Komponisten anzuschauen. Und natürlich kommt Schubert dabei
immer wieder vor... Allerdings muß ich zugeben, daß ich bisher
kein reines Schubert-Programm im Repertoire habe. Einen Abend
nur einem Komponisten zu widmen, halte ich generell für problematisch – eine Ausnahme habe ich da bisher nur bei Mahler
gemacht. Meine künstlerische Entwicklung hat eben diesen Verlauf genommen. In den nächsten zwei Jahren wird sich, im Hinblick auf das Schubert-Jahr, da einiges ändern. Ich werde verstärkt
Schubert singen und auch reine Schubert-Abende machen. Dabei
will ich mich ein wenig auf die Balladen verlegen, die ansonsten
nicht so häufig vorkommen, und generell ein paar unbekanntere
Zusammenhänge aufzeigen. Ein populäres Schubert-Programm
à la »Musensohn«, »An die Musik« et cetera kommt für mich
nicht in Frage. Selbstverständlich sollen diese Lieder immer wieder
vorkommen – aber nicht in meinen Programmen, weil eine Zusammenstellung von ›highlights‹ meiner Arbeitsweise nicht entspricht. Es ist wohl auch nicht mehr als fair gegenüber Schubert,
einmal anderes zu Gehör zu bringen. Ich habe neulich gelesen,
daß die Zahl der immer wieder vorkommenden Schubert-Lieder
sich bei fünfzig erschöpft – dabei hat er über sechshundert Lieder
geschrieben! Indem man sucht, was diesen Kreis erweitern könnte, hat man die Möglichkeit, Schubert seinen Respekt zu erwei-
sen. Ich habe an Graham Johnsons Hyperion Edition teilgenommen. Eine ganz hervorragende Arbeit, wie ich finde! Dabei habe
ich auch wieder Lieder neu kennengelernt und für mich entdeckt.
Ich denke, Schubert war seiner Zeit in vielen einzelnen Werken
weit voraus; da finden sich wirklich wegweisende Kompositionen. Nehmen wir nur einmal das Duett Mephisto-Gretchen aus
Goethes »Faust«: Da fehlt an einer Stelle nur ein einziges cis –

und wir hätten den berühmten »Tristan«-Akkord! Was Schubert wohl noch alles geschrieben hätte, wäre ihm ein längeres Leben vergönnt gewesen...? Im übrigen halte ich auch von Schubert als Opernkomponisten sehr viel. »Fierabras« ist ein wunderbares Werk! Im Jahre 1997 werde ich in »Alfonso und Estrella« mitwirken unter dem Dirigat von Nikolaus Harnoncourt. Als mir die Rolle angeboten wurde, habe ich nicht gezögert, anzunehmen – Schuberts wegen! Als ich Harnoncourt dann um weitere Auskünfte über das Stück bat, fing er gleich an zu schwärmen. Meine hartnäckige Nachfrage nach sachlichen Informationen beschied er mit: »Schau's dir doch selber an!« – und ich habe es mir angeschaut! Ich denke, »Alfonso und Estrella« ist Schuberts wichtigste und erfolgreichste Oper. Natürlich steht sie in diesem biedermeierlichen Kontext, der uns heute eher fremd ist. Obwohl ich für mich zugeben muß, daß ich ein absoluter Fan dieser Opern von Kreutzer, Lortzing und Weber bin. Ich meine, da wäre noch einiges zu entdecken. Zu meinem großen Erstaunen stieß ich beispielsweise auf eine Oper von Kreutzer mit dem Titel »Hans Sachs« – und da glaubt man immer, diese Thematik gehöre Wagner alleine... Die Partie in Schuberts »Alfonso und Estrella«, die ich 1997 in Wien singen werde, der Troila, ist ein überaus interessanter, nobler Charakter: überlegend, ruhig, fast philosophisch angelegt. Er herrscht in einer Art Utopia – wirklich eine faszinierende Gestalt! Er zählt meines Erachtens zu diesen bestimmten Archetypen, denen sich Schubert immer wieder zuwendet. Daß er grundsätzlich eher liedhaft komponiert hat, das stimmt durchaus. Aber: Man darf nicht nur diese einzelnen liedhaften Nummern herausgreifen – man muß das Ganze sehen: die Verbindungen, die er in den Ensembles geschaffen hat. Da ist zweifellos eine starke dramatische Kraft spürbar! Ich denke, die weitere Entwicklung hin zu Wagner wäre ohne Schubert so nicht verlaufen. Man weiß, daß Wagner Schuberts Musik kannte. Und zwischen Weber und Schubert gibt es ebenfalls deutliche Wechselwirkungen. Die Komponisten leben schließlich nicht auf einer einsamen Insel, sondern sind den Einflüssen ihrer Kollegen ausgesetzt. Auch wenn jeder für sich das entwickelt, was wir einen ›Stil‹ nennen. Aber Schubert hat ohne jeden Zweifel eine, wenn auch nicht immer vollkommen ausgeprägte, so doch deutlich spürbare Sensibilität für den menschlichen Ausdruck – in der kleinsten Form des Liedes unbestritten, aber auch in der großen Form der Oper. Nun ist Schubert sehr stark vom Text ausgegangen. Das ist unter Umständen der einzige Nachteil seiner Opern: Die Libretti sind nicht unbedingt überzeugend. Wenn ich an »Fierabras« denke, die ich am besten kenne: Der Text von Kupelwieser ist schon schwer verdaulich. Und diese ›gemachte‹, aufgesetzte Atmosphäre ist auch nicht jedermanns Sache. Umso bemerkenswerter finde ich, mit welcher Treue Schubert an diesen Texten festgehalten hat. Dadurch war manchmal ein eher ungünstiger Weg vorgegeben. Eine andere Sache ist die Zeitdauer: Sicher sind manche Ensembles etwas zu lang geraten, aber in jedem Ensemble, das ich kenne, sind ungeheuer dramatische, bühnenwirksame Momente enthalten! Man muß einfach bedenken, daß auch die ›großen‹ Opernkomponisten Werke geschaffen haben, die aus dem heutigen Repertoire verschwunden sind: Erwähnt man Verdi, denkt jeder gleich an »Falstaff«, »Othello« oder »Don Carlos« – aber was ist mit »Alzira« oder »Oberto«? Die würden uns heute viel zu banal klingen. Außerdem sind sie nicht viel mehr als ein aufgewärmter Donizetti... Damit kein Mißverständnis aufkommt: Ich möchte diese Werke nicht abwerten, im Gegenteil! Ich finde, unsere Zeit geht viel zu respektlos um mit dem Schaffen großer Künstler – wie mit ihren Versuchen des Schaffens. Deshalb fällt es mir auch schwer, über ›ein Schubert-Lied‹ oder ›ein Schumann-Lied‹ zu sprechen: Um welches Lied geht es, welcher Text liegt zugrunde, um welche Entstehungszeit handelt es sich...? Was Schumann etwas 1840 geschrieben hat, kann man nicht mit seinen Werken von 1846 vergleichen! Und dann hat er eine Sprache für Heine gefunden, eine andere für Rückert – und so weiter. Man kann und sollte nicht so pauschal über ein Werkschaffen sprechen. Das kann der Sache nicht angemessen sein. Wie ich auch der oft zu hörenden Meinung, Schubert habe sein Leben ›abgelebt‹, in keiner Weise zustimmen kann: Ich denke, es ist eine Tragödie, daß er so früh gehen mußte. Meine felsenfeste Überzeugung ist, daß Schubert uns eines der monumentalsten Bühnenwerke geschenkt hätte, wenn ihm ein längeres Leben vergönnt gewesen wäre. Ein zukunftweisendes, einen neuen Standard setzendes Werk wäre das gewesen – da bin ich mir sicher. Ein »Meistersinger« sozusa-

gen! Da sich diese Entwicklung in seinen vorhandenen Bühnen-
werken schon andeutet, sind sie absolut der Aufführung wert.
Man muß sie allerdings in ihrer Zeit belassen, damit sie ihre rechte Wirkung entfalten können.

*Auch wenn sich im Jahre 1997 hoffentlich einiges ändert: Im
allgemeinen kommen Schuberts Opern auf der Bühne doch nicht
vor. Haben Sie, der Sie von der Qualität dieser Werke überzeugt
sind, eine Erklärung dafür?*

Ich denke, diese Frage spricht ein Problem des Opernbetriebes
überhaupt an: Neuproduktionen sind sehr teuer; eine Besetzung
muß bereit sein, ein Werk neu zu lernen – und wenn einer ausfällt, kann so schnell niemand einspringen. Das ist bei Reper-
toirestücken viel einfacher! Die Entscheidung eines Opernhauses,
ein Werk ins Programm zu nehmen oder nicht, basiert leider vor
allem auf diesen praktischen Erwägungen. Das betrifft keineswegs nur die Opern Schuberts, sondern ist ein generelles Problem. In Schuberts Fall kommt noch hinzu, daß seine Werke dem
üblichen Opernbesucher unbekannt sind und daher nicht mit
einem großen Publikumsandrang zu rechnen ist. Natürlich sollen
die Opernhäuser aber ausverkauft sein – in Zeiten knapper Kassen
mehr denn je... Also liegen die Entscheidungen zunehmend in der
Hand von Geschäftsleuten, die unter Umständen wenig Sinn für
die Kunst haben. Das kann man beklagen – aber es ist die Realität, mit der wir leben müssen. Also sollten wir nicht wie die
Katze dem eigenen Schwanz nachjagen, sondern den Blick nach
vorne richten und sehen, was wir für vernachlässigte Werke und
Komponisten tun können.

Wie entstehen Ihre Liederabendprogramme?

Mit Mühe und Not...! Aber im Ernst: Ich habe mehr Ideen, als
ich Zeit habe, sie in die Tat umzusetzen. Und ich bastele geradezu
leidenschaftlich an meinen Liederabendprogrammen. Das macht
mir sehr großen Spaß. Zufrieden mit dem Ergebnis bin ich allerdings selten, weshalb ich immer wieder von neuem viel Zeit in
diese Gestaltung der Programme investiere. Es kommt mir fast
vor, als würde ich ein Gemälde entwerfen: immer noch eine Fa-
cette, noch eine Farbe ausprobieren. Grenzen setzt die Realisier-
barkeit: Ich muß die Stücke lernen können, muß sie vollkommen
nachempfinden und dann vermitteln können. Allein schon das

Auswendiglernen als ein ganz banaler Faktor beansprucht sehr viel Zeit. Manche Stücke behält man sofort; mit anderen plagt man sich wie mit widerwilligen, schreienden Kindern, die man erst nach immenser Kraftanstrengung zur Ruhe bringen kann... Um aber auf die Kriterien der Auswahl zu kommen, da gibt es zwei Ebenen: Eine ist, was mich gerade aufgrund meiner persönlichen Situation und Befindlichkeit interessiert, auch im Hinblick auf meine Arbeit in den anderen Gattungen; die andere ist, möglichst genau in Erfahrung zu bringen, was in dieser Stadt, an diesem Aufführungsort, vor diesem Publikum, zu diesem Termin ein passendes Programm sein könnte. Also nehme ich Kontakt mit dem Veranstalter auf und erkundige mich nach all diesen Dingen. Es ist wie ein riesiges Puzzle! Und bisweilen investiere ich diese ganze Mühe – und erhalte meinen Programmvorschlag mit der höflichen Bitte um Abänderung zurück... Da mein Lied-Repertoire mittlerweile aber ziemlich groß ist, läßt sich allerdings immer eine Lösung finden. Programmgestaltung ist ein kompliziertes Geflecht aus Idealismus und Realismus!

Bevorzugen Sie eher konzentrierte Programme – auf ein Thema, einen Dichter oder dergleichen – oder versuchen Sie, Ihr außergewöhnlich breites Repertoire und die Vielfalt der Sprachen, in denen Sie singen, in jedem Programm aufzuzeigen?

Ein wirklich ›buntes‹ Programm mit der ganzen Palette des Repertoires singe ich nur, wenn der Veranstalter es ausdrücklich wünscht. Manchmal gibt es auch einen besonderen kulturellen, historischen oder sonstigen Anlaß, mehrere Sprachen zu verwenden. Im allgemeinen ziehe ich es aber vor, zusammenhängende Themen zu haben. In Amerika gibt es allerdings nur wenige Städte, in denen das Publikum so ein konzentriertes Programm annimmt. Ansonsten muß man sich schon bemühen, die Zuhörer zu gewinnen: Da stelle ich schon mal ein bunteres Programm zusammen. In Europa hängt es natürlich auch davon ab, in welcher Stadt man auftritt – ich werde in Reutlingen sicher ein anderes Programm singen als in Frankfurt. Und für einen Liederabend im Rahmen eines Opernabonnements wieder ein anderes als für eine Liederabendreihe im Konzertsaal.

Welches Programm würden Sie dem Opernpublikum denn anbieten wollen?

Zunächst würde ich hier schon in mehreren Sprachen singen. Dann würde ich nicht gerade das Lied in seiner intimsten Form auswählen, sondern eher an Mahler-Lieder oder an französisches Repertoire denken. Vielleicht eine kleine Gruppe Schubert, aber dann eher die großen dramatischen Lieder wie »Der Zwerg« oder »An die Leier«, die opernhafte Ausbrüche enthalten. Ich konfrontiere allerdings auch gerade ein spezielles Liedpublikum gerne mit diesen Liedern, die Schubert von seiner dramatischen Seite zeigen. Und bisweilen hat es gerade seinen Reiz, dem Opernpublikum das Lied in seiner subtilsten Form zu präsentieren...

Wenn Sie neue Lieder anschauen, welche Rolle spielt dann der Text?

Der Text ist für mich der Ausgangspunkt. Er enthält die Zusammenfassung der kulturellen, historischen, humanistischen Gegebenheiten. Wenn ich beispielsweise bestimmte geschichtliche oder kulturelle Entwicklungen in einem Programm aufzeigen möchte, muß ich mich zuerst mit den Texten auseinandersetzen. Dann interessiert mich als nächstes, welche Dichter hat es im Umfeld gegeben, wie stehen sie zueinander, welche Komponisten haben sich nun welchen Dichtern zugewendet – manchmal liegen die Zusammenhänge auf der Hand; manchmal muß man ihnen in detektivischer Arbeitsweise nachspüren. Selten gehe ich von einem Komponisten aus: In der Regel sind da Themen, sind da Texte, die mich interessieren – und dann suche ich mir geeignete Vertonungen. Das heißt: Der Musik nähere ich mich eigentlich durch die Hintertür... Das Spannendste ist für mich der humanistische Hintergrund. Das Liedschaffen sehe ich als ein großes Ganzes, dessen einzelne Bestandteile man immer wieder in neue, aufschlußreiche Zusammenhänge bringen kann. Insofern betrachte ich das Lied auch gar nicht als Insel, die abgeschlossen für sich im Meer der Musikgeschichte treibt, sondern vielmehr als ein Mittelpunkt, von dem aus sich unzählige Fäden in alle Richtungen der Kulturgeschichte knüpfen lassen. Außerdem versuche ich mir die Historie immer sehr anschaulich werden zu lassen. Ich stelle mir vor, was Rückert wohl zum Frühstück verspeist hat oder wie eine Abendeinladung mit Eichendorff wohl ablaufen würde. Das möchte ich einfach gerne wissen! Ich möchte herausfinden, wie das Schaffen dieser Menschen mit ihrem Leben verbunden war.

Von Heine weiß man nun, daß er sehr interessiert war an den politischen Vorgängen seiner Zeit. Aber: In welcher Weise hat er darauf reagiert – zynisch, parodistisch, ablehnend? Diese Fragen muß man für sich beantworten, bevor man an dieses komplexe Gebilde der Romantik herangeht.

Meinen Sie, daß jeder Interpret sich mit den Hintergründen der Werke, an denen er arbeitet, so intensiv auseinandersetzen sollte?

Das ist *meine* Art, mich den Dingen anzunähern – und ich betreibe das mit großer Leidenschaft! Aber es steht mir nicht an, diese Arbeitsweise anderen vorzuschreiben. Allerdings denke ich schon, daß ein wenig Beschäftigung mit dem Kontext jeder Interpretation zugute kommt und daß daraus neue Inspiration, neues Leben erwachsen kann. Und diese Lebendigkeit brauchen die Oper wie das Lied, wenn der Sänger sein Publikum wirklich erreichen will. Der Nachwuchs wird vielleicht zu wenig dazu aufgefordert, sich durch eigene Auseinandersetzung mit der Materie eine eigene Überzeugung und Vorstellung zu schaffen. Fischer-Dieskau hat so treffend von der »Landschaft der Seele« gesprochen: Die muß der Liedsänger finden! Wer ein Lied nur als ein angenehmes Geräusch begreift, der braucht sich mit dieser Thematik gar nicht weiter zu befassen – nicht als Sänger, nicht als Lehrer, nicht als Zuhörer! Die eigene, intensive Auseinandersetzung ist eine unabdingbare Voraussetzung für das Verständnis des Liedes. Das Problem fängt meines Erachtens in der Schule an: Seit Jahrzehnten werden die Kinder doch gar nicht mehr mit den Dichtern der Vergangenheit bekanntgemacht – oder jedenfalls versteht man nicht, ihre Begeisterung dafür zu wecken. Hier müßte der Anstoß zur eigenen Beschäftigung mit Literatur und Poesie gegeben werden! Die menschlichen Leidenschaften, von denen diese Texte sprechen, haben sich doch in den letzten Jahrhunderten, ja: in den letzten zweitausend Jahren, nicht wirklich verändert! Warum dieser Zugang heute so vielen Menschen fehlt, ist mir ein Rätsel. Nur die Kontexte ändern sich – und gerade diese Änderungen zu erforschen, ist sehr lehrreich. Und schließlich ist es doch tröstlich, zu erfahren, daß all die Dinge, die uns heute Qualen bereiten, nicht eigentlich neu sind, sondern von allen Generationen vor uns erlitten und erlebt worden sind. Diese Erkenntnis gibt mir eine Vorstellung davon, was es heißt, Mensch

zu sein. Sie vermittelt sich in der Kunst allgemein, am deutlichsten aber im Liedgesang. Schubert wollte schließlich nicht Lieder
im Sinne von Bestandteilen für Konzertprogramme schreiben,
sondern er wollte in Text gefasste menschliche Erfahrungen in
Musik umwandeln! Ein Lied zu singen ist wie die Uhr unserer
Lebenszeit ein Weilchen anzuhalten – Gelegenheit zum Innehalten, zum Reflektieren über den Sinn des – und unseres – Seins.
Das macht für mich die Bedeutung des Liedgesanges aus.

*Wie beurteilen Sie die Zukunft des Liederabends: Wird es ein
Publikum, wird es nachwachsende Sänger geben?*

Das ist ein schwieriges Thema, das mir sehr am Herzen liegt.
Ich nehme alle Gelegenheiten wahr, mit Veranstaltern, mit Pädagogen und mit Kollegen darüber zu sprechen, wie wir unserer
Verantwortung am besten gerecht werden können. Daß sich meines Erachtens in der Sängerausbildung etwas ändern müßte, habe
ich bereits erwähnt. Daß das Lied-Publikum ein sehr kleines ist,
liegt wohl vor allem daran, daß diese Kunstform einfach zu wenigen Menschen bekannt und vertraut ist. Das ist zum einen ein
Beweis dafür, daß wir Interpreten uns abschließen, daß wir nicht
genügend für die Verbreitung des Liedes tun. Zum anderen spiegelt es den Zeitgeist wieder, sich primär mit technischen Fragen
zu befassen und weniger über die Umstände unseres menschlichen
Lebens nachzudenken. Diese Mentalität läßt die Publikumszahl
bei Liederabenden natürlich weiter schrumpfen. Aber der Klage,
diese Veranstaltungsform stürbe aus, schließe ich mich keineswegs an. Mag sein, daß wir gerade in einem Tal sind; mag sein,
daß andere Formen des Liederabends kommen werden, aber er
wird sicher Bestand haben. Man muß auch zur Kenntnis nehmen,
daß die Bandbreite an Veranstaltungen heute größer ist als je
zuvor! Das Publikum, das in den sechziger und siebziger Jahren
einen Liederabend besuchte, hatte längst nicht so viele Alternativen. Insofern dürfte es ein normaler Prozeß sein, wenn die Zahlen
in den letzten Jahren abnahmen. Darüber sollte man sich nicht so
aufregen – auch wenn schrumpfende Zahlen nicht in unser vom
Kapitalismus geprägtes Weltbild passen, wo nur die Wachstumsraten gefragt sind. Aber ein unendliches Wachstum ist eben nicht
möglich. Die Zeit steigender Besucherzahlen fiel im übrigen auch
zusammen mit der großen Entwicklung des Plattengeschäfts:

Unendlich viele Aufnahmen sind da produziert – und gekauft! – worden. Nun ist eben eine gewisse Sättigung eingetreten. Das muß man gelassen nehmen. Die Menschen heute werden zudem von einer nie zuvor gekannten Unruhe getrieben, immer etwas ›machen‹ zu müssen, da das Angebot so riesig ist. Daß sich dann nur Minderheiten entschließen, in einen Liederabend zu gehen, ist doch nachvollziehbar. Diese Kunstform ist einfach zu unbekannt, zu ungewohnt. Dabei hat sie einen hohen Unterhaltungswert. Wir müssen unbedingt dafür sorgen, daß die klassische Musik, insbesondere das Lied, die Aura des Elitären verliert. Und das fängt, wie gesagt, in der Schule und im Studium an.

Meine Abschlußfrage ist eine obligatorische – auch wenn Sie sich nicht gerne allgemein äußern: Was macht für Sie das Besondere, das Typische am Lied Schuberts aus?

Ich assoziiere damit zunächst ein sehr farbiges Gefühl, von deutlichen, klaren Farben – aber nicht pastellig. Und kein dramatisches Bild mit schwarz oder rot. Im Ohr habe ich einen gewissen harmonischen Rahmen: In Schuberts Musik ist alles vereint, was vor ihm da gewesen ist; dazu kommt große Erfindungskraft, Humor, erstaunliche Kühnheiten – aber anders als sie sich etwa bei Johann Sebastian Bach finden: Bei Schubert kommen auch die kühnsten Schritte aus einer ganz natürlichen Entwicklung. Er hat, zumindest im Lied, alle Grenzen angetastet, wenn nicht überschritten. Ich finde ihn ausgesprochen innovativ. Die Heine-Lieder aus dem »Schwanengesang« etwa nehmen so vieles voraus und weisen weit in die Zukunft. Diese Brückenfunktion, die Heine einnimmt, als der letzte Romantiker und der erste Moderne, die hat Schubert vollkommen nachempfunden mit seinen Vertonungen: Das Ich gewinnt hier eine ganz neue, eigene Bedeutung, ist aber gleichzeitig noch mit den alten Traditionen verbunden. In einem einzigen Moment ist eine ganze Welt enthalten – denkt man etwa an den »Atlas«. Das Typische an Schubert aber ist meiner Ansicht nach, daß er gerade nicht ›typisch‹ ist.

08. 11. 95, Amsterdam

Die ideale Verbindung
zwischen Musik und Poesie

*Würden Sie sich selbst in erster Linie als Liedsänger bezeichnen,
Herr Holl?*

Der Liedgesang ist schon immer dasjenige gewesen, was mich
am meisten interessiert – eben diese Verbindung von Poesie und
Musik.

*Ist es am Beginn einer Karriere nicht etwas schwierig, sich vor-
rangig als Konzertsänger zu verstehen und nicht den üblichen
›Anlauf‹ über die Opernbühne zu nehmen?*

Ich stamme ja aus Holland, und dort gibt es eine große Orato-
rien-Tradition. Schon als ganz junger Sänger hatte ich sicher
fünfzig bis sechzig Konzerte im Jahr – mit »Paulus«, »Elias«,
»Schöpfung«, »Jahreszeiten« und eben diesem ganzen Oratorien-
repertoire. Und ich konnte auch schon Liederabende geben. Ich
hatte also durchaus genug zu tun. Die meisten Sänger in Holland
kamen überhaupt nicht zur Oper. Derzeit ändert sich das auch
ein wenig; wir haben ja jetzt die Oper in Amsterdam. Und nun
kommt auch in Holland der Oper allmählich ein größeres Gewicht zu. Natürlich ist in diesem Zusammenhang die Frage zu
stellen, was man unter ›Karriere‹ versteht. Heißt das: Soviel Geld
als möglich verdienen in kürzester Zeit? Oder heißt es, sich als
Künstler zu entwickeln, indem man das macht, von dem man
glaubt, dafür geboren zu sein...?

*Meine Frage resultiert aus Erfahrungen, von denen mir junge
Sänger schon wiederholt berichtet haben: Sie möchten am liebsten
Liederabende singen – und finden dafür keine Veranstalter, weil
diese die von der Oper bekannten Namen vorziehen.*

In Deutschland Liederabende zu geben, ist mittlerweile grundsätzlich schwierig geworden, nicht nur für ganz junge Sänger...
Meine Überzeugung ist: Es gibt nicht überall ein geeignetes Lied-
Publikum. In mittleren oder kleinen Städten Deutschlands habe
ich selber oft sehr gute Erfahrungen gemacht mit dem Publikum.
Merkwürdigerweise – vielleicht aber auch bezeichnenderweise –
vor allem in Städten, die nicht zerstört worden sind im Krieg!

In solch ganz kleinen Nestern, die typisch deutsch geblieben sind, gibt es noch ein Publikum, das ein gewisses Schönheitsideal täglich vor Augen hat: interessante Gebäude, schöne Parks – dort hat sich auch der Sinn für Poesie bewahrt. Und diesen muß ein Lied-Publikum eben mitbringen! Sehr wichtig ist in diesem Zusammenhang, daß den Kindern in der Schule dieser Sinn für die Poesie vermittelt wird. Ich hatte das Glück, immer besonders begeisterte Deutsch-Lehrer zu haben – die zitierten die großen deutschen Dichter und haben uns ihre geradezu schwärmerische Liebe zu diesen Texten weitergegeben. So etwas findet sich heute wahrscheinlich nicht mehr.

Welche Bedeutung hat der Lied-Komponist Schubert für Sie?

Für mein Empfinden gibt es bei Schubert die ideale Verbindung zwischen Musik und Poesie. Er ist der erste große Höhepunkt in der Liedkunst – und eigentlich auch der einzige. Alles, was später kam, ist quasi Abgesang... Schubert saß allerdings auch unmittelbar an der Quelle: Die Gedichte von Goethe und Schiller waren ganz neu; sie waren – noch – Zeitgenossen. Und die musikalische Umsetzung zeigt, wie spontan Schubert diese Texte empfunden hat. Das Besondere an seinen Vertonungen ist, daß das Gerippe des Textes immer mit dem Rhythmus der Musik Hand in Hand geht. Daraus entsteht eine unglaubliche Einheit. An Schuberts Phrasierungen merkt man immer gleich, welches für ihn in einem Satz das wichtigste Wort ist. Das vertieft er dann: vertikal durch entsprechende Harmonien, horizontal durch die Melodie. Es gibt, sozusagen, eine gedankliche Polyphonie: Mehrere Gedanken werden bei ihm zugleich – polyphonisch – zum Ausdruck gebracht. Das kenne ich von anderen Komponisten so nicht: Die machen Stimmung.

Wie entstehen Ihre Liederabend-Programme: Lassen Sie sich immer von einem thematischen Aspekt leiten?

Ich gruppiere sehr gerne Lieder um ein bestimmtes Thema: »Das Wandern«, »Das Leben – ein Traum«, »Nacht und Träume« oder »Die Natur«, wobei ich die Natur symbolisch betrachte wie bei Caspar David Friedrich. Das ist übrigens erstaunlich: Sie haben sich nicht gekannt, aber in Friedrichs Bildern finden sich so viele Stimmungen, die in Schuberts Liedern vorkommen. Zum Beispiel das herrliche »Schäfers Klagelied«: Das hat Friedrich ge-

malt. Es ist in Weimar 1945 diesem brutalen Kunstraub zum
Opfer gefallen, wie mir Peter Gülke erzählte. Seither ist es ver-
schollen. Und auf diesem wunderbaren Bild ist die ganze Situation dargestellt, von der das Lied erzählt.

Reizt es Sie mehr, einen – vorgegebenen – Zyklus zu interpre-
tieren oder sich ein eigenes Pogramm zusammenzustellen?

Am liebsten mache ich mir eigene Programme, die meine Gedanken zum Ausdruck bringen. Und ich kombiniere gerne die
bekannten Lieder mit den unbekannten, ›unwichtigeren‹ Liedern,
die so plötzlich auf ungeahnte Weise zur Geltung kommen können. Natürlich ist es etwas Wunderbares, die »Winterreise« zu
singen. Das steht außerhalb jeden Zweifels. Aber ein solches
Werk sollte man nicht zu oft aufführen. Es ist so eine unglaubliche Seelenreise – eine Reise in die Selbstzerstörung, aus der man
immer wieder als ein anderer Mensch hervorgeht.

Sie haben alle Zyklen Schuberts im Repertoire: Wie empfinden
Sie das Verhältnis der Werke zueinander?

Bei der »Schönen Müllerin« gibt es sehr viele positive Farben –
wie Mayrhofer gesagt hat: »Frohes und Erheiterndes wird auch
geboten«. In der »Winterreise« ist alles nur noch grau in grau; es
gibt auch keine Dialoge mehr mit menschlichen Wesen. Der ›Gesprächspartner‹ des Wanderers ist die Krähe... Und am Ende sieht
er dann den Leiermann – als das Spiegelbild des unverstandenen
Outsiders. Andererseits endet die »Schöne Müllerin« mit dem
Selbstmord des Müllerburschen – das ist vielleicht noch trauriger.
Gerade weil es so positiv angefangen hat und dann einen solchen
Verlauf nimmt.

Welche Gestaltung ist schwieriger für den Sänger?

Ich glaube, die »Schöne Müllerin« ist schwieriger. Anfangs muß
man der unbefangene Naturbursche sein, dann der überschwengli-
che Liebhaber; man muß die irrsinnige Eifersucht gegenüber dem
Jäger zum Ausdruck bringen – und schließlich den seelischen
Knacks, der in die tiefste Depression führt. Hier sind so viele Stimmungen zu gestalten, während die Situation in der »Winterreise«
von Anbeginn klar ist: Die Liebe ist zerstört; die Hoffnung schwin-
det. Es handelt sich um eine ganz schwarze Angelegenheit...

Der »Schwanengesang« ist kein Zyklus im eigentlichen Sinne –
wie haben Sie ihn für sich zusammengestellt?

Eigentlich sind es zwei Liedgruppen, denen die »Taubenpost«
hinzugefügt ist. Das Lied paßt nun sowieso nicht da hinein. Man
könnte es höchstens, quasi als Motto, den Rellstab-Liedern vor-
an- und ganz an den Anfang stellen. Die Rellstab-Lieder singe ich
auch immer in anderer Reihenfolge als in der Noten-Ausgabe vorgesehen, weil ich eine Geschichte daraus machen möchte. Und
die Heine-Lieder singe ich so angeordnet, wie sie bei Heine im
Gedichtband stehen. Darauf hat als erster Harry Goldschmidt
hingewiesen. Und es erzielt wirklich die bessere Wirkung. Denn
auf den »Atlas« das »Fischermädchen« zu singen, wie es in den
Noten steht, das wirkt wie die Faust auf das Auge. Viel sinnvoller
ist es, mit dem »Fischermädchen« anzufangen, darauf »Am Meer«
folgen zu lassen – es handelt sich um die gleiche Frau; dann geht
er in die Stadt Hamburg, also folgt »Die Stadt«, dann »Der Doppelgänger«,«Ihr Bild« – da geht es um die Töchter von Salomon
Heine, Heinrichs Onkel: Er verliebte sich in eine der beiden –
oder womöglich in beide; eine ganz große Liebesgeschichte, die
auch scheitert – und dann schließlich »Der Atlas«: Das Leid wird
überdimensional. Schubert verbindet hier übrigens die Musik des
leidbeladenen Doppelgängers mit dem Lamm-Gottes-Motiv –
»der du trägst die Sünde der Welt« – aus seiner Es-Dur-Messe, die
zur gleichen Zeit entstanden ist. Eine großartige Musik!

*Sehen Sie ein Problem darin, den »Schwanengesang« mit einem
so verzweifelten Lied wie »Der Atlas« zu beenden?*

Bei Heine geht es düster aus: Der Atlas ist ein Gebrochener.
Und das ist ganz im Sinne Schuberts. Da sollte man als Interpret
nun keinen Schwarz-Weiß-Effekt erzielen wollen. Ein Publikum,
das in einen Liederabend kommt, will sich natürlich an der
Schönheit der Musik erfreuen, aber es sollte mit den Texten so
mitgehen, daß das eigentliche Wesen der Kunst zum Tragen
kommt: Sie will ergreifen, will erschüttern... An die Matthäus-
Passion hängt man ja auch nicht noch ein paar Tänze dran. Und
Schubert hat ganz und gar diese gewaltige Tiefe, wie Bach sie
hat. Diese Musik ist nicht zur ›Erheiterung‹ geschrieben, sondern dafür, daß man durch sie zum Besseren ›hinaufgeführt‹
wird.

*Wie stehen Sie zu der Auffassung, Schuberts Zyklen seien »Män-
nerlieder« und daher von Sängern zu interpretieren?*

Die Interpretation durch eine Sängerin ist meines Erachtens insofern problematisch, als ich glaube, man kann diese Lieder nicht
beschreibend singen, sondern muß sich vollkommen damit identifizieren. Es sind ›Ich-Lieder‹! Und es handelt sich nun einmal
um Männertexte – und typische Männergefühle, die da beschrieben
werden. Wenn allerdings eine ganz hervorragende musikalische
Darbietung gelingt, kann man die sängerische Leistung durchaus
bewundern. Aber die vollkommene Durchdringung kann es nicht
sein. Ich könnte ja auch nicht die »Mignon«-Lieder oder »Frauenliebe und -leben« singen – das sind eben typische Frauenempfin-
dungen. Zwar kann ich es jemandem vorsingen, etwa im Unterricht, aber nur zu dem Zweck, die Sängerin anzuregen, hier ihre
persönlichsten Empfindungen zum Ausdruck zu bringen. Ich
glaube, kein einziger Mann denkt darüber nach, diese Frauenlieder zu singen. Daher verstehe ich nicht ganz, warum die Frauen
unbedingt diese Zyklen singen wollen. Es gibt so viele nahezu
unbekannte Schubert-Lieder, die ebenfalls ganz großartig sind –
und die kaum jemand singt. Außerdem ist Schumanns »Frauenliebe und -leben« einer der schönsten Zyklen überhaupt – und
wird viel zu selten aufgeführt.

Haben Sie bevorzugte Textdichter?

Durchaus! In Verbindung mit Schubert ist es vor allem
Mayrhofer. Mich fasziniert der doppelte Boden, den seine Texte
aufweisen. Zum einen enthalten sie Zeitkritik: Flucht ins hellen-
istische als ein ideales Zeitalter – ähnlich wie bei Schiller, der
allerdings nur idealisiert, während Mayrhofer eben diese Doppel-
deutigkeit hat: »Mich drängt's auch in mildre Lande, finde nicht
das Glück auf Erden«. Nehmen wir zum Beispiel das Lied
»Memnon«. Memnon ist Mayrhofer: »Den Tag hindurch nur einmal mag ich sprechen – gewohnt zu schweigen immer und zu
trauern...«. Hier zeichnet er ein Selbstportrait: Er arbeitet als Zen-
sor und muß sich dabei verleugnen; er darf nur sprechen, wenn er
nachts an seinem Schreibtisch sitzt und seine Gedichte verfasst.
Nur dann kann er seinen Gedanken freien Lauf lassen. Das läßt er
Memnon sagen. Seine tiefsten Gedanken sind vernichtungs-
schwer; er war ein Hypochonder und hat schließlich auch Selbstmord begangen. Er empfindet eine Sehnsucht, mit Aurora ver-
einigt zu werden: Aurora ist die tröstende Mutter, die ihren

Kindern »die Rosen hinstreut und zu lindern weiß, was ideale Herzen drückt«. Sie ist die Göttin der Inspiration – also handelt es sich um eine Todessehnsucht. Mayrhofer möchte als »bleicher Stern« in eine Atmosphäre der Freiheit übergehen. Schubert umschreibt das, indem er den Rhythmus abbricht – der ist irdisch, und als er endet, beginnt alles frei zu schweben. Es entsteht eine Situation überirdischer Verklärtheit. Mayrhofer ist meines Erachtens einer der ganz großen Dichter. Und er hat für jegliche Lebenssituation sehr schöne Gedichte geschrieben. Mit ihm kann man sehr gut leben. Leider wurde er sehr vernachlässigt. Aber Schubert hat immerhin 47 Lieder auf seine Texte komponiert sowie die beiden Singspiele »Adrast« und »Die Freunde von Salamanca«. Also ist Mayrhofer im Zusammenhang mit Schubert auf jeden Fall wichtig. Als nächstes möchte ich Wilhelm Müller nennen. Glücklicherweise erfährt er jetzt eine verstärkte Beachtung; seine gesammelten Werke sind auch endlich erschienen – in einer sehr schönen Ausgabe. Er ist ebenfalls ein hochinteressanter Dichter. Und natürlich sind Goethe und Schiller zu nennen, aber auch Hölty: Schubert hat unglaubliche Farben für dessen einfache Naturpoesie gefunden.

Ich schließe daraus: Wenn Sie sich neuen Liedern zuwenden, spielt der Text bei der Auswahl eine wichtige Rolle?

Auf jeden Fall! Was aber nicht bedeutet, daß nur die großen Namen zum Zuge kommen. Bisweilen entsteht eine großartige Musik – inspiriert durch den Text eines eher unbedeutenden Dichters. Zum Beispiel »Totengräbers Heimwehe« nach Craigher – ein gewaltiges Lied! Und dann muß ich auch diesen Text sehr ernst nehmen, denn er hat Schubert zu seiner Komposition angeregt.

Nun komponieren Sie ja auch selbst. Welche Texte bevorzugt der Komponist Robert Holl?

An erster Stelle steht bei mir Georg Trakl. Aber ich habe auch schon Texte von Romantikern vertont: Ernst Schulze, Hoffmann von Fallersleben. In letzter Zeit habe ich Texte von Borchert und einer Dichterin, die in Theresienstadt ihre Familie verloren hat, Ilse Blumenthal, verwendet. Erstaunlicherweise schreibt Ilse Blumenthal übrigens romantische Gedichte – trotz ihrer Biographie...

Was ist für Sie der Anreiz, als Sänger selber Lieder zu komponieren?

Bisher habe ich etwa 60 Lieder geschrieben – und die Ideen kommen mir meist, wenn ich am Klavier sitze und übe. Ich habe immer Texte im Kopf, die ich gerne vertonen möchte, und dann ergibt sich plötzlich die passende Stimmung, oder mir fällt spontan eine Melodie ein. Manchmal entsteht so ein Lied ganz schnell. Manchmal dauert es auch ein halbes Jahr. Eine allgemeine Stimmung, die durch den Text hervorgerufen wird, verdichtet sich mehr und mehr, bis eine Vertonung entstanden ist. Diese läßt nun wiederum jedem Hörer Raum für eigene Assoziationen und Empfindungen. Wird hingegen ein Gedicht rezitiert, muß man sich schon sehr in den Vortrag einleben, um es genauso empfinden zu können.

Offensichtlich noch nicht ausgelastet, veranstalten Sie auch noch selber Konzerte: mehrere »Schubertiaden« und die »Woche der Romantischen Musik« auf Schloß Grafenegg. Was bewegt Sie dazu – Unzufriedenheit mit den üblichen Veranstaltern?

Zunächst einmal liegt Grafenegg in einer wunderbaren Landschaft, nahe bei der Wachau – eine geradezu poetische Umgebung. Was mich eigentlich gereizt hat, war die Idee, die Quartettmusik Schuberts aufzuführen. Mittlerweile sind Haydn, Schumann, Brahms und Mendelssohn dazu gekommen. Meine ursprüngliche Vorstellung war, mit Sängern ein solches Festival zu veranstalten, wie es Gidon Kremer mit seinen Instrumentalisten in Lockenhaus macht. Das heißt: Ein fester Kreis von Sängern kommt für zwei Wochen gemeinsamer Arbeit zusammen, woraus ganz besondere musikalische Ergebnisse entstehen können, weil man mit der Zeit ›zusammenwächst‹. Derzeit haben wir einen Bund von zwanzig Sängern, die das gesamte Repertoire kennen, so daß auch einer für den anderen einspringen kann. Dieses Repertoire wurde lange Zeit überhaupt nicht aufgeführt; neuerdings hört man es wieder öfter. Für einen anderen Veranstalter wäre es schon schwierig, gleich vier Sänger zu engagieren – und wenn dann einer ausfällt, muß alles abgesagt werden. Feste Sänger-Quartette, wie beim Streichquartett, gibt es eben nicht – und so behelfen wir uns mit unserem Sänger-Bund. Zum Schubert-Jahr 1997 werden wir übrigens vielfältige Auftritte haben: Es ist eine richtige kammermusikalische Bewegung entstanden!

Wie beurteilen Sie demgegenüber die Zukunftsaussichten für den herkömmlichen Liederabend?

Das hängt eng damit zusammen, was die jungen Leute in der Schule lernen – sie sind unser Publikum von morgen! Und wenn die Lehrer ihren Schülern kein Interesse mehr vermitteln können für die Poesie, dann muß diese Veranstaltungsform aussterben. Ich glaube, jeder Mensch hat Sinn für die Poesie – er muß aber zunächst einmal geweckt werden. Wo das nicht stattfindet, wird es die Liedkunst sehr schwer haben... In Österreich gibt es viele kleine ›Inseln‹ – Oasen für den Liedsänger, wo man wunderbar Liederabende veranstalten kann. Woran das liegen mag, weiß ich auch nicht. Vielleicht daran, daß das Leben dort noch einen etwas anderen Rhythmus hat: Es fließt ruhiger; man hat mehr Sinn für Betrachtung. Das ist in Holland übrigens ähnlich. Dort kann man mittlerweile ohne jedes Problem Schubert-Abende veranstalten. Andere Lied-Komponisten würde man dem Publikum allerdings erst wieder nahebringen müssen – das ist eine ständige Aufbauarbeit...

Sehen Sie auch Defizite bei den jungen Lied-Sängern?

In gewisser Weise schon: Der Sänger sollte sich so unmittelbar mit einem Lied und mit dessen Text identifizieren können, daß er von *sich* spricht – nicht nur das Erleben eines anderen beschreibt. Den Unterschied hört man sofort! Wie sich ein Schauspieler mit der Figur, die er verkörpert, identifizieren muß, so muß ein Liedsänger die Rolle dessen, von dem das Lied erzählt, einnehmen. Ansonsten ist es nur – mehr oder weniger schön – vorgesungen. Und das hört man leider immer mehr... Von den Schallplattenproduzenten wird es auch geschätzt: Dann kann sich das Publikum dabei etwas Beliebiges denken! Oder auch die Zeitung lesen. Nur – dafür ist die Poesie nicht da! Man muß die Leute quasi aufsaugen; eine starke Spannung zwischen Sänger und Zuhörer muß entstehen. Wird ein Text aber nur vorgeplappert, was leider oft der Fall ist, bleibt die Kunst an der Oberfläche. »Die Kunst greift nicht ins Leben ein – im Gegenteil: Die Welt bleibt heil...« – so hat es Georg Kreisler gesagt. Und genau das darf nicht sein. Aber das ist ein allgemeines Problem: die Kunst nicht zu konsumieren, sondern sie zu leben. Sich selbst als Mensch zu entwickeln in der Kunst. Das verstehe *ich* unter Karriere... Es gibt heute viele junge Menschen, die sehr gut singen. Der Unterricht spielt sich ja auch technisch auf einem ganz anderen Niveau ab als früher: Da wurde viel mehr mit Intuition gearbeitet statt mit Technik. Aber auch viel mehr mit dem Herzen! Und im Grunde kommt dabei dann letztlich mehr heraus. Früher bekam man auch nicht gleich einen Liederabend an prominenter Stelle, weil man bei einem berühmten Lehrer studiert hatte, sondern man mußte sich das über viele Jahre erarbeiten... Natürlich trägt auch die Schallplattenindustrie dazu bei, indem sie junge, unfertige Sänger verpflichtet, die hübsch aussehen und eine schöne Stimme haben. Wie ich schon sagte: Man will das Publikum in keiner Weise irritieren – nur nicht zuviel interpretieren, nicht ins Leben eingreifen, Raum lassen für ›eigene‹ Interpretation. Das höre ich oft genug.

Hatte ein junger Sänger früher vielleicht auch mehr Zeit, selber zu entscheiden, wann er sich wofür ›reif‹ fühlt – ohne von irgendeiner Seite dazu gedrängt zu werden?

Das denke ich schon! Dietrich Fischer-Dieskau war da eine ganz große Ausnahme, schon in so jungen Jahren über eine so vollendete Interpretation verfügen zu können. In der Regel ist das ein Entwicklungsprozeß, für den man auch Zeit braucht. Das Konsumdenken hat nun leider auch von diesem Bereich unseres Lebens Besitz ergriffen: Ein junger Sänger wird ›verbraten‹ – ist er ausgelaugt, kommt halt der nächste an die Reihe. Da denkt man nicht an die Kunst, sondern nur an Verkaufs-Zahlen...

In Ihrer Künstler-Biographie steht zu lesen, Sie hätten sich in früheren Jahren ganz bewußt aus dem Opernbetrieb ausgeklinkt. Welches waren Ihre Beweggründe dafür?

Nachdem ich den ARD-Wettbewerb in München gewonnen hatte im Jahre 1973, engagierte mich Sawallisch an die Münchner Oper. Da war ich einfach zu früh in einem zu großen Haus: Was kann man mit sechsundzwanzig Jahren als Bassist schon singen? Die wenigen Partien, die für mich in Frage kamen, wurden von zehn anderen im Ensemble auch noch gesungen. Das heißt: Ich hatte einfach zu wenige Auftritte, etwa dreißig im Jahr. Daraus resultierte eine riesige Frustration – also bin ich nach zweieinhalb Jahren aus München weggegangen und habe mich die folgenden zehn Jahre auch nicht weiter mit der Oper beschäftigt. Dann kamen Produktionen für die Wiener Festwochen mit Mozart-Opern, dann Schuberts »Fierabras«, schließlich wurde mir ein sehr interessanter Vertrag in Zürich angeboten mit guten Partien – und da bin ich derzeit auch noch.

Und da haben Sie kürzlich den Schildknappen in Schuberts Oper
»Des Teufels Lustschloß« gesungen unter der Leitung von Nicolaus
Harnoncourt. Nun werden die Schubertschen Opern ja extrem sel-
ten aufgeführt – wie waren Ihre Erfahrungen mit dieser Produktion?
Das ist eine ganz grandiose Oper! Mit unglaublich zündender
Musik von der Ouvertüre an, ganz dramatisch. Und der Librettist
Kotzebue war ein sehr erfahrener Bühnenmensch; er wußte genau,
wie ein bühnenwirksames Libretto aussehen muß. Das ist zwar kei-
ne große Literatur, aber darum geht es in dem Fall ja auch gar nicht
– Literatur sind die gesamten Libretti der großen italienischen
Oper ebenfalls nicht. Selbst einen Schiller-Text haben sie – um mit
Pfitzner zu sprechen – ›operiert‹, um eine möglichst große Büh-
nenwirksamkeit zu erreichen. Kotzebue hat hier einen richtigen
Krimi, einen Thriller, geschrieben und der junge Schubert hat daraus eine ganz großartige Sache gemacht. Zudem war sie in Zürich
sehr schön inszeniert von Marelli – ganz im Geiste des Stückes. Die
Presse hat zwar gleich bemängelt, dem Regisseur sei »nichts eingefallen«, aber die Inszenierung hat hervorragend zu Schuberts Musik
gepaßt – und das Publikum wußte das auch zu schätzen: endlich
mal eine ›normale‹ Regie... Im Jahre 1997 kann man diese Inszenierung übrigens bei den Wiener Festwochen sehen. Und in Zürich
folgt nächstes Jahr »Alfonso und Estrella«. Ich habe das Gefühl, die
beiden genannten Opern und »Fierabras« werden irgendwann zum
normalen Opernrepertoire zählen. Die kleineren Singspiele sind
ebenfalls der Mühe einer Aufführung wert. Man könnte zum Beispiel zwei an einem Abend zusammenfassen – und mit einem ganz
einfachen Bühnenbild sogar in Schulaufführungen geben. Für ein
gutes Schulorchester wäre das kein Problem; dann bräuchte man
nur noch ein paar gute Solisten. In der Anfangszeit der Schubertiade Hohenems haben wir so etwas mal gemacht – und es hat hervorragend funktioniert. Und was die Fragmente angeht: Da kann
man immerhin einzelne Arien im Konzert singen, was ich mit
dem Concertgebouw-Orchester 1997 auf einer Tournee auch tun
werde. Die Musik Schuberts ist in jedem Falle der Aufführung
wert! Erstaunlich ist, daß Schumanns einziger Oper »Genoveva«
ein ähnliches Schicksal beschieden war: Auch sie ist ein Meister-
werk – und wird allenthalben ignoriert.
Woran kann das Ihrer Meinung nach liegen?

Ich kann es mir nicht erklären, sehe aber derzeit eine zunehmende Entwicklung, sich dieser Werke anzunehmen. Zunächst oft konzertant – aber das ist immerhin ein Anfang. Schließlich kann man sich nicht der Aufführung solch großartiger Musik in den Weg stellen, nur weil man die Texte veraltet findet. Wenn es in »Genoveva« etwa heißt: »Glaubt ihr, das Kreuz schützt auch ein buhlend Weib?«, dann lachen alle! Aber was sagen die Italiener denn alles im »Trovatore« zum Beispiel – das versteht halt keiner... Und in hundert Jahren wird man über die Texte lachen, die wir heute für große Literatur halten.

Wieviele Schubert-Lieder haben Sie im Repertoire?

Es sind etwa dreihundert. Das heißt, ich muß noch – vielmehr: ich will noch – viele neue Lieder dazu nehmen. Ich habe eine lange Liste... Ich denke, daß sich auch das Publikum darüber freut, immer wieder mal etwas Neues zu hören. Nur gut muß es eben sein, und die Ausgewogenheit zwischen Bekanntem und Unbekanntem muß stimmen. Ich habe auf der Schubertiade, also doch vor einem Spezial-Publikum, schon ganze Programme mit unbekannten Liedern gesungen. Sogar das wurde angenommen. Das Argument, die unbekannten Sachen seien eben deshalb unbekannt, weil sie nicht so gut sind, kann ich so jedenfalls nicht akzeptieren. Wenn man anfängt zu graben, findet man Perlen! Wie ein Schatzgräber...

Haben Sie bevorzugte Lieder?

Ja, die gibt es schon: Zum Beispiel die »Nacht-Hymne« auf einen Text von Novalis – gerade eines der unbekanntesten Lieder. Dann die Petrarca-Sonette, viele Mayrhofer-Lieder – das erwähnte »Memnon« etwa, die große Kantate »Einsamkeit«. Aber: Wenn man hier ein Lied nennt, dann vergißt man gleich zwanzig...

Auch wenn Sie es im Ansatz schon erwähnt haben: Läßt sich in wenigen Worten beschreiben, was das Besondere am Schubertschen Lied ausmacht?

Das Besondere am Schubertschen Lied ist für mich, daß er die Texte so vertont, daß die Poesie gleichsam durchleuchtet wird. Ihr tieferer Sinn wird durch die Musik offenbart. Er ›romantisiert‹ im Sinne von Novalis: Danach bedeutet Romantisierung die Verfremdung der Wirklichkeit, auf daß sich der tiefere Sinn der Wirklichkeit erschließe. Ihm gelingt eine tiefenpsychologische

Ausdeutung – und das mit den einfachsten Mitteln! Alles wirkt geradezu kindlich einfach; alles ist ganz spontan, natürlich und direkt. Dazu kommt ein unglaubliches Empfinden für die Melodie und Gespür für die Harmonie. Seine Freunde haben den Zustand, in dem er komponierte, oft mit Somnambulismus verglichen. Das muß es wohl gewesen sein. Seine Handschrift belegt es auch: Alles ist aus einem Guß. Ihm muß beim Lesen des Textes gleich eine tiefere Idee gekommen sein. Seine Musik trägt eben nicht »den Text auf Flügeln des Gesanges« in die Welt hinaus – was sich Goethe von einem ›richtigen‹ Lied so vorstellte, sondern der Text wird nach allen Seiten hin ausgeleuchtet und interpretiert. Und darauf muß man sich als Sänger einlassen – und sein ganzes Ich, sein ganze Seele einbringen. Nur daraus kann eine angemessene Interpretation entstehen. *Alles* andere ist zu wenig.

23. 06. 95, Feldkirch

Graham Johnson

Eine Künstlerpersönlichkeit
von universellem Rang

Herr Johnson, wie ist die Idee entstanden, alle Schubert-Lieder auf CD einzuspielen?

Es muß etwa im Jahre 1986 gewesen sein – da saß ich gemütlich zusammen mit Ted Perry, dem Chef der Plattenfirma HYPERION. Wir sprachen über Schubert und ich sagte: »Ich würde mir wünschen, irgendwann einmal alle Schubert-Lieder aufzunehmen...« – »Und warum tust du's nicht?«, erwiderte er nur. Da HYPERION eine kleine Plattenfirma ist und Perry seine Entscheidungen unabhängig treffen kann, konnten wir schon bald darauf anfangen! Wir hatten das große Glück, zur Eröffnung der Edition unsere bedeutendste englische Sängerin, Dame Janet Baker, zu gewinnen, die uns mit großem Engagement unterstützte. Ihre Mitwirkung verlieh dem Unternehmen von Anbeginn eine gewisse Glaubwürdigkeit und Seriosität.

Wer wählte die Sänger aus?

Ich habe meine Wünsche bei HYPERION vorgebracht – und in den meisten Fällen konnten wir uns problemlos einigen. Einige Enttäuschungen haben wir damit erlebt, daß von uns ausgewählte Sänger nicht aus anderen Plattenverträgen aussteigen konnten oder wollten, daß terminliche Unvereinbarkeiten bestanden oder ähnliches. Im großen und ganzen aber wirken *die* Sänger bei der Schubert-Edition mit, die ich mir gewünscht habe.

Und wer hat aus den ungeheuren Mengen aller Schubert-Lieder nun die Programme zusammengestellt, also entschieden, welcher Sänger welche Lieder singt?

Das war im wesentlichen meine Aufgabe: Es erforderte umfangreichste Planungsarbeiten, diese Fülle zu übersehen und sinnvoll aufzuteilen – und zwar so, daß die Zusammenstellung zu dem jeweiligen Sänger paßt! Ich muß sagen, daß ich viele der Stimmen sehr gut kenne, so daß ich mir vorstellen konnte, wie dieses Lied gesungen von dieser Stimme wohl klingen würde. Hinzufügen möchte ich jedoch, daß nicht nur die Stimme – ihr Klang, ihre Farbe – ein wichtiger Aspekt bei der Überlegung darstellte, sondern auch die gesamte Persönlichkeit des Sängers war zu berücksichtigen. Das heißt: Auch Texte müssen zu einer Person ›passen‹, wenn sie überzeugend interpretiert werden sollen. So habe ich zum Beispiel für die Aufnahme mit Frau Fassbaender Texte mit tiefem Bedeutungsgehalt, die sehr intensiv vorgetragen werden müssen, ausgewählt. Außerdem ist ihnen eine dunkle, geheimnisvolle Stimmung eigen – ich fand, daß ihr diese Lieder besonders gut liegen. Ebenso verhielt es sich mit dem mythologischen Programm, das ich für Thomas Hampson zusammengestellt habe. Es kommt also stark darauf an, zu erfassen, welche Stimmfarbe *und* welche persönliche Ausstrahlung der jeweilige Sänger hat, um ihm ›passende‹ Lieder zuordnen zu können.

Ist die Lied-Zusammenstellung auf einer CD also ganz auf den jeweiligen Sänger zugeschnitten, oder gab es noch andere Kriterien?

Auf jeder CD müssen sowohl unbekanntere als auch ein paar der bekannten Lieder Schuberts enthalten sein – so daß jemand, dem die CD in die Hände kommt, gleich ein paar Stücke kennt... Mein größtes Problem war aber, die ungeheure Zahl von Balladen unterzubringen, die Schubert geschrieben hat. Ich halte sie für äußerst interessante Stücke, in denen sich wunderbare Ideen finden. Ich denke, daß einige von ihnen sogar nachfolgende Komponisten bis hin zu Wagner beeinflußten – ich entdecke da so etwas wie ›Arien‹, ›Leitmotive‹ und dergleichen Dinge mehr. Rein musikwissenschaftlich betrachtet, sind die Balladen in ihrer Bedeutung meines Erachtens noch gar nicht erfaßt. Die Sänger sind hier allerdings auch sehr zurückhaltend, weil sie denken, Balladen nicht in ihre Liederabend-Programme aufnehmen zu können. Ich mußte also allen erklären: »Jeder von euch muß mir helfen, indem er mindestens eine große Ballade übernimmt!«. Bisweilen hatte ich ziemliche Überzeugungsarbeit zu leisten: Als ich etwa Elly Ameling bat, eine vollkommen unbekannte Ballade mit dem Titel »Minona – Oder: Die Kunde der Dogge« zu singen, war sie erst überhaupt nicht begeistert – und schließlich gefiel ihr das Stück so gut, daß sie es in ein Liederabend-Programm aufnahm. Das hat mich sehr gefreut – und in meiner Auffassung bestärkt...

Ließen sich alle Sänger überzeugen, das ihnen zugedachte Programm wie geplant zu singen?

Ich bin davon überzeugt, daß ich für jeden einzelnen einige sehr schöne Stücke ausgesucht habe – und einige, die etwas schwieriger zu bewältigen waren. Ich habe mich sehr um eine ausgewogene Mischung bemüht! Und darum, für jeden Interpreten etwas Spezifisches zu finden, das gerade zu ihr oder zu ihm besonders gut paßt – wie ich es am Beispiel von Brigitte Fassbaender ja schon erklärt habe. Nicht nur Elly Ameling hatte zunächst einige Bedenken: Es kam immer wieder mal vor, daß einer anfragte, ob dieses oder jenes Lied denn wirklich sein müsse...? Jedesmal erklärte ich ruhig und bestimmt, daß es keinen anderen Weg gebe, um das angestrebte Ziel zu erreichen! Und nicht nur Frau Ameling hat auf diese Weise neue Repertoirestücke für sich entdeckt... Das Problem bei Schubert ist die große Fülle an Liedern: Vieles wird nie genommen, weil es ja noch so vieles andere gibt! Manches wunderbare Lied wird so einfach ›übersehen‹. Genau da liegt der Vorteil einer Gesamtausgabe: Wir wollen wirklich *alle* Lieder einspielen! In dem Goethe-Programm des Bandes 24 ist zum Beispiel das Lied »Der Gott und die Bajadere« enthalten – das singt normalerweise nie jemand: unzählige Strophen...! Dabei ist es ein wunderbares Lied, wenn man sich erst einmal richtig darauf einläßt. So geht es mit etlichen Schubert-Liedern, die keineswegs den Rang einnehmen, der ihnen zukommen würde. Umso mehr habe ich mich darüber gefreut, daß ich die Sänger in aller Regel davon überzeugen konnte, die vorgeschlagenen Werke auch zu akzeptieren. Ein lustiges Erlebnis hatte ich dabei mit Frau Mathis: Ich war ganz stolz, ihr ein »Schweizerlied« auf einen Text von Goethe anbieten zu können – schließlich ist sie die einzige Schweizerin, die an dem Projekt beteiligt ist. Doch sie sagte nur: »Um Gottes Willen – muß ich dieses gräßliche ›Schweizerlied‹ singen? Die Sprache strotzt vor Fehlern!«. Daß Goethe hier in offenbar parodistischer Absicht ›Fehler‹ eingebaut hat, war mir bei meiner unzureichenden Kenntnis des Schwyzerdütschen natürlich nicht aufgefallen... Ich mußte immer wieder an Rudolf Bing, den großen Intendanten der Met, denken: Er hat nur die Sänger für NewYork verpflichtet, die auch die Gastspielreisen durch die gesamte amerikanische Provinz mitmachten. So ähnlich funktioniert unser Schubert-Projekt auch: Du kriegst »Suleika«, »Du bist die Ruh« oder den »Musensohn«, wenn du dafür drei unbekannte Lieder lernst...! Alles in allem kann ich mich über den Fortgang aber wirklich nicht beklagen. Die größten Probleme haben wir eigentlich damit, immer passende Tonarten zu finden, da die originalen für die jeweiligen Sänger oft nicht zu singen sind: Ein Mezzosopran und ein Bariton brauchen fast immer eine Transposition. Da müssen wir Kompromisse machen – und vom Original abweichen, wenn wir nicht alles von hohen Stimmen singen lassen wollen.

Die – ungewöhnlich umfangreichen – einführenden Texte im Booklet verfassen Sie ebenfalls selbst. Woher nehmen Sie diese Fülle an Informationen?

Das ist eine unglaubliche Arbeit, die ich nur im Hinblick darauf auf mich nehme, daß ich aus all diesen Texten später einmal ein Buch über Schuberts Lieder zusammenstellen möchte. Außerdem empfinde ich es als sehr anregend, soweit als irgend möglich in dieses Projekt eingebunden zu sein – ich kann meine volle Kreativität entfalten... Mein Ziel ist es, mit diesen Texten denjenigen Hörern eine Hilfe an die Hand zu geben, die ernsthaft daran interessiert sind, etwas über die Hintergründe zu erfahren. Mir hat es wirklich viel Arbeit gemacht – und ganz großen Spaß! Ich besitze eine große Menge aller Arten Literatur zu Schubert, teilweise sehr alte Bücher, auch Erstausgaben darunter – eine richtige Sammlung von ›Schubertiana‹. Diese Hilfen braucht man auch, aber es genügt nicht, nur andere Bücher zu lesen, man muß auch eigene, neue Vorstellungen entwickeln. In einem weiteren Buch alles das zusammenzutragen, was schon veröffentlicht wurde, ist nicht sinnvoll. Und ich muß sagen: Es gibt bei Schubert noch so viel Neuland zu entdecken, daß man es kaum für möglich halten sollte. Immer wieder konnte ich feststellen, daß ich nun über ein Schubert-Lied schreibe, das bisher noch gar nicht kommentiert worden ist. Es hat mich selber überrascht!

Können Sie, nachdem nun im Januar 1996 schon ein großer Teil der Edition vorliegt, ein erstes Fazit ziehen?

Grundsätzlich läuft das Projekt so gut, wie es die Menge der beteiligten Personen und die Masse der aufzunehmenden Musik zulassen: Die Sache ist zu groß dimensioniert, als daß alles genau nach den ursprünglichen Vorstellungen verlaufen könnte. Eine große Enttäuschung besteht für mich darin, daß wir nun absehen können, nicht – wie ursprünglich geplant – im Jahre 1997 alles aufgenommen zu haben. Das liegt zum einen daran, daß die schon beschriebene Arbeit an den Booklet-Texten mich mehr in Anspruch nimmt, als ich zunächst vermutet hätte. Pro CD kommen da mitunter 40 bis 50 Seiten Text zusammen... Ich schätze, insgesamt werden wir auf 34 Bände kommen. Und ich hoffe, daß wir 1998 damit fertig werden! Denn schließlich ist Schubert nicht nur im Jahre 1997 von Interesse – die Edition ist vielmehr ›für die Ewigkeit‹ angelegt...! Ich habe dabei viel über Schubert gelernt – und ich habe eine Reihe von Leuten für Schubert zu interessieren vermocht! Wenn seine vernachlässigten Lieder stärker ins Blickfeld des Publikums – wie der Interpreten – rückten, dann hätte ich das Wichtigste erreicht. Denn *Schubert* soll dieses Projekt zugute kommen!

Gab es Begegnungen mit Interpreten, die Sie für besonders erwähnenswert halten?

Viele große Sänger haben mitgewirkt – und es gab viele wunderbare Momente. Aber eigens erwähnen möchte ich die hervorragende Zusammenarbeit mit zwei Menschen, die nun schon nicht mehr unter uns sind: Ich möchte mit Dankbarkeit und Bewunderung erinnern an Arleen Auger und Lucia Popp. Bei der gemeinsamen Arbeit ahnte niemand, daß sie so bald von uns genommen werden sollten: Sie waren so voller Musikalität und Lebenskraft! Mit ihnen Schubert zu musizieren, war einfach beglückend. Aber so ist das Leben – und das läßt mich auch wieder an Schubert denken, denn das Leben mit all seinen Facetten ist das eigentliche Thema, wenn man überhaupt eines benennen kann, in Schuberts Werk...

Würden Sie sich als Schubert-Spezialisten bezeichnen?

Ich hoffe, soviel über Schubert zu wissen, daß ich mich als Spezialisten bezeichnen darf – aber ich möchte das nicht als Festlegung verstanden wissen: In meinem Leben spielt nicht nur Schubert eine Rolle. Ich interessiere mich für Lieder in jeder beliebigen Sprache! Ich habe schon russische Lieder mit Marjana Lipovšek aufgeführt, natürlich viele englische Lieder mit meinen englischen Kollegen, zum Beispiel Felicity Lott; ich mag amerikanische Lieder sehr; ich habe eine ganz spezielle Vorliebe für das spanische Lied – das heißt: Das Klavierlied ist es, welches mich interessiert. Und hier natürlich in besonderem Maße der Lied-komponist Franz Schubert, aber eben nicht ausschließlich.

Sehen Sie grundsätzliche Probleme für einen Sänger, dessen Muttersprache nicht das Deutsche ist, Schubert zu singen?

Natürlich sind die deutschsprachigen Sänger hier im Vorteil! Ich führte gerade neulich darüber ein Gespräch mit Herrn Fischer-Dieskau und fragte ihn, ob nicht-deutsche Sänger überhaupt das Recht dazu hätten, deutsche Lieder zu singen. Er antwortete: »Sie haben geradezu die Pflicht, es zu tun! Denn das Lied gehört der ganzen Welt.« In der Tat repräsentiert es die deutsche Kultur wie wohl keine andere Kunstgattung. Als Fischer-Dieskau bald nach dem Krieg erste Liederabende im Ausland gab, war es eine sehr heikle Sache für einen Deutschen, in Holland, Norwegen oder Amerika aufzutreten. Dort lebten schließlich unzählige emigrierte Juden. Aber gerade das Lied vermochte und vermag es, der deut-schen Kultur Freunde zu gewinnen! Es hatte geradezu eine hei-lende Kraft – in Zeiten, als der deutsche Name überall Furcht auslöste... Eine Einschränkung möchte ich allerdings geltend machen: Ein Sänger sollte sehr gut Deutsch sprechen, wenn er sich dem Lied zuwendet. Ideal ist es natürlich, für einige Zeit in Deutschland zu arbeiten. Meine Kollegin Ann Murray hat so zum Beispiel ein absolut akzentfreies Deutsch gelernt. Einer der größten Liedersänger war für mich übrigens Gérard Souzay – genauso Peter Pears! Sie wiesen beide ein ganz tiefes Verständnis für Schu-berts Werke auf. Bisweilen kann man, wenn man etwas mehr Distanz hat, umso besser erkennen, worauf es ankommt! Wenn ich mich entscheiden müßte zwischen einem nicht-deutschen Sänger, der über eine starke Vorstellungskraft und reiche Phanta-sie verfügt, und einem deutschen mit perfekter Aussprache, aber ohne tieferes Verständnis und Einfühlungsvermögen, dann würde ich jederzeit ersteren nehmen! Das große europäische Kulturerbe darf im übrigen nicht nur auf die jeweilige Nation beschränkt sein: Es ist nicht ›unser‹ Shakespeare und ›euer‹ Schubert – wir sollten uns da schon austauschen...

Man sagt Schuberts Liedern eine ganz besondere Wirkung auf das Publikum nach: Können Sie diese Erfahrung bestätigen?

Ich weiß zwar nicht genau, woran es liegt – aber setzen Sie in London einen Schubert-Abend aufs Programm, dann können Sie

mit einem ausverkauften Saal rechnen! Bei Hugo Wolf sieht es
schon anders aus... Selbst Schumann hat nicht so eine Anzie-
hungskraft wie Schubert. Ich habe eben nicht ohne Grund Shakespeare neben Schubert erwähnt: Diese beiden sind Künstlerper-
sönlichkeiten von universellem Rang. Sie gleichen sich in ihrem
starken Bewußtsein von Humanität und haben dieselbe umfas-
sende Bedeutung für *alle* Menschen. Ich glaube zum Beispiel, daß
Schubert von allen Liedkomponisten weibliche Empfindungen
am treffendsten ausdrücken konnte: sein Gretchen, seine Mignon, Suleika oder Ellen sind vollkommen überzeugend charakte-
risiert! Ebenso verhält es sich mit Shakespeares Julia: Keinen
Augenblick hat man das Gefühl, hier spreche ein Mann! Und beide können sich zudem in die verschiedensten Menschen hinein-
denken: In ihren Werken kommt auch das ›einfache Volk‹ zu
Wort. Man spürt allenthalben ihre zutiefst humanitäre Grund-
einstellung. Das muß es wohl sein, worauf die große Publikumsresonanz beruht. Schubert wird wie ein Freund, wie ein Vertrau-
ter aufgenommen – nicht wie jemand, der uns ›etwas sagen will‹:
Hierin gleicht er Mozart – und unterscheidet sich von Beethoven.
Er erweckt nicht Respekt oder bloße Bewunderung: ›Sein‹ Publikum liebt ihn!

*Können Sie sich an Ihren allerersten Kontakt mit Schuberts
Liedern erinnern?*

Die Umgebung, in der ich aufwuchs, wußte nicht viel von Vokalmusik. Ich stamme ja nicht aus England, sondern aus Rhodesien, wo es eine starke Tradition für Klaviermusik, nicht aber für
Vokalmusik gibt. In meiner frühen Jugend habe ich vielleicht mal
ein Schubert-Lied auf Schallplatte gehört. »An die Musik« faszi-
nierte mich allerdings früh – jedoch nicht in seiner originalen
Gestalt, sondern als Klavierbearbeitung, die dem rhodesischen
Rundfunk als Indikativ für seine Klassiksendungen diente... Als
ich dann nach England kam, um Musik zu studieren, dachte ich
zunächst also nicht an Liedbegleitung. Für die instrumentale
Kammermusik begeisterte ich mich hingegen sehr. Und dann kam
der Abend im Jahre 1971, der mich mit einem Mal zu Schuberts
Werk bekehrte: Ich hörte Benjamin Britten und Peter Pears mit
der »Winterreise«! Es war das Eröffnungskonzert des Aldeburgh-
Festivals – und eine Menge Menschen waren da, eben *weil* es das

Eröffnungskonzert war... Nach dem letzten Lied hatten allerdings alle begriffen, daß sie Zeugen eines ganz besonderen musikalischen Ereignisses geworden waren, ja: eines Wunders! Nie mehr habe ich eine so starke Aufführung dieses Werkes erlebt: dieses tiefste Verständnis von Pears – und das Klavierspiel von Britten...! In diesem Moment beschloß ich, mich der Liedbegleitung zu widmen. Bis dahin hatte ich eigentlich vorgehabt, Komponist zu werden – und Unterricht bei Britten genommen. Aber seine Interpretation der »Winterreise« machte mich von einem Augenblick zum anderen zum Schubert-Fanatiker, der ich bis heute geblieben bin...

Braucht ein Lied-Begleiter besondere Fähigkeiten – und welche wären das?

Reife vor allen Dingen! Oder haben Sie schon je von einem »Wunderkind-Begleiter« gehört...? Es gibt halbe Kinder, die durchaus dazu fähig sind, alle Beethoven-Sonaten konzertreif aufzuführen – aber ein Schubert-Lied begleiten...? Man braucht eine gewisse geistige Reife, muß sozusagen das ›heiratsfähige‹ Alter erreicht haben – denn es ist ein Art Ehe, die Sänger und Pianist beim Liedgesang eingehen! Ich denke, man muß schon so Ende zwanzig, Anfang dreißig sein, um sich wirklich vollkommen darauf einlassen zu können, was der Partner macht, um ganz auf ihn hören zu können. Es ist gleichsam erforderlich, neben sich zu stehen beim Spielen – und die Gesamtheit in sich aufzunehmen. Dazu braucht man Reife, Vorstellungskraft und die Fähigkeit, eine bestimmte Atmosphäre entstehen lassen zu können. Unabdingbare Voraussetzung ist daneben ein starkes Interesse an der Literatur. Ansonsten kann der Pianist nicht mehr beitragen, als seinen Klavierpart zu spielen – unter Umständen sehr gut, aber das macht noch nicht das ganze Lied aus. Man muß nicht nur die Musik lieben, sondern auch das Gedicht! Außerdem spielen gerade beim Lied unzählige weitere Faktoren eine Rolle, mit denen man vertraut sein sollte: historische, soziologische, biographische Gegebenheiten. Jedes Lied hat seinen ganz bestimmten Platz in der Musikgeschichte. So haben etwa alle Heine-Lieder sehr viel zu tun mit diesem konkreten Menschen in seiner konkreten Situation und Lebenszeit um 1820 nach den Napoleonischen Kriegen. Das sollte dem Interpreten alles bekannt sein! Denn Liedinterpretation ist *viel* mehr als schöne Musik gesungen von hübschen Stimmen: Sie beinhaltet eine ganz eigene Geschichte des kompletten 19. und der ersten Hälfte des 20. Jahrhunderts. Gegenwärtig kommt dem Lied wohl nicht mehr die Bedeutung zu, die es zu jenen Zeiten hatte, auch wenn einige zeitgenössische Komponisten Lieder schreiben. Die Liedbegleiter haben aber auch noch eine ganz andere Aufgabe, nämlich eine Kontinuität in dem historischen Ablauf zu gewährleisten: Sie geben den Erfahrungsschatz der alten Sänger an die nachfolgenden Generationen weiter! Und außer all den genannten Voraussetzungen muß ein guter Begleiter auch noch Ruhe bewahren können: Denn es passiert immer wieder, daß er in letzter Minute mit allen möglichen schrecklichen Dingen konfrontiert wird – etwa unmittelbar vor dem Auftritt zu erfahren, daß ein kompliziertes Lied heute abend mal eben transponiert werden müsse...

Auch wenn es schon angeklungen ist: Wie würden Sie die Beziehung zwischen Sänger und Pianist charakterisieren?

Zu sagen, ihre Beziehung sei eine gleichberechtigte, trifft es nicht ganz: Natürlich ist sie das einerseits, aber kein Mensch kommt wegen des Pianisten in den Liederabend – das Publikum will einen bestimmten Sänger hören! Der Sänger steht dem Publikum zugewandt: Er muß den Zuhörern eine Geschichte nahebringen, nicht nur Töne anbieten. Er ist dem Publikum in ganz anderem Maße ausgeliefert als der Pianist: Er allein trägt das Risiko, daß seine Stimme nicht anspricht, daß sie nicht richtig sitzt, daß sie matt oder rauh klingt. Er muß damit klarkommen, wenn er plötzlich den Text vergißt – schließlich singt er auswendig. Ihm fällt die Begeisterung des Publikums zu, wenn er gut ist – und er bekommt die Enttäuschung des Publikums zu spüren, wenn er einen schlechten Tag hat. Der Pianist hat dagegen eine viel weniger unmittelbare Beziehung zum Publikum. Aber eines ist zu berücksichtigen: Der Pianist sitzt sozusagen an der Stelle des Komponisten! Schubert, Schumann, Wolf, Brahms, Strauss waren keine Sänger, sondern Pianisten: Sie haben den Klavierpart gleichsam für sich selbst geschrieben. Und es ist nicht anzunehmen, daß sie sich dabei eine unbedeutende Rolle zuweisen wollten. Die Form eines Liedes baut sich von der Klavierstimme her auf; das Klavier liefert das Fundament. In vielen Fällen sind Lieder ihrer Anlage nach eher Klavierwerke als Vokalstücke. Bei Schumann ist das öfter zu beobachten. Eine Ausnahme macht hier Carl Loewe, der Sänger war. Aber die bedeutenden Lieder stammen eben nicht von Sängern, sondern von Pianisten. Gleichwohl behält der Ausspruch Gültigkeit, den Janet Baker mir einmal sagte: »The singer must be the captain of the ship!«. Meine Definition dessen, was ein guter Begleiter ist, lautet: Er hat die Funktion einer Hebamme – er muß das Beste, was in jedem Sänger verborgen ist, helfen, ans Licht zu befördern. Er muß die wahre Fassbaender, den wahren Schreier, die wahre Baker zum Vorschein bringen können! Was nicht heißt, daß er sich ganz passiv verhalten sollte: Selbst die großen Liedsänger wie Schreier sind neuen Anregungen gegenüber aufgeschlossen und gerne bereit, einen guten Vorschlag des Pianisten einmal auszuprobieren...

Wie beurteilen Sie die Zukunftschancen des Liederabends: Gehen wir schwierigen Zeiten entgegen?

Auch wenn ich mit einer Prognose vorsichtig sein möchte: Ich schätze, es wird problematischer. In Amerika stirbt das typische Liederabend-Publikum, das in erster Linie aus emigrierten Europäern bestand, allmählich aus. Das waren Leute, die voller Sehnsucht nach dem, was sie verloren hatten, in die Konzerte von Schwarzkopf und Fischer-Dieskau gingen – und leise die Texte mitsprachen... Ihre Kinder und erst recht die Enkel haben meist gar kein Deutsch gelernt. Hier in Europa nimmt das Interesse an dieser Art von Kultur ebenfalls spürbar ab – umd macht Computerspielen und ähnlichem Platz. Ich würde sagen: Die McDonalds-Kultur ist auf dem Vormarsch... Die faszinierenden Besonderheiten von deutscher, französischer, englischer Kultur gehen mehr und mehr verloren, um einem europäischen Mischmasch Platz zu machen... Das ist für eine Kunstgattung wie das Lied, das die Verschiedenheit der Stile zelebriert, sehr bedrohlich. Von Seite der Veranstalter hört man denn auch immer wieder die Klage, Liederabende verkauften sich so schlecht. Es gibt etliche engagierte Sänger und auch zahlreiche interessierte Pianisten – aber sie haben enorme Schwierigkeiten, überhaupt Liederabende geben zu können! Meine Hoffnung ist, daß gerade in unserer technisierten, vereinheitlichten Welt plötzlich das Bedürfnis nach etwas wie dem Lied wieder auftaucht: Es hat eine magische Qualität – und damit unserer kalten Computer-Zeit etwas entgegenzusetzen. Ich denke, eine Art Nostalgie, eine Sehnsucht nach den alten Werten, wird entstehen und dem Liederabend neuen Auftrieb geben. Diese Bedürfnisse stecken in den Menschen – und werden irgendwann wieder zum Vorschein kommen...

Gibt es Schubert-Lieder, die Sie vor allen anderen schätzen?

Ich kann nahezu jedem Lied von Schubert etwas abgewinnen. Sie haben alle seine DNA – die Schubertsche Molekularstruktur läßt sich nirgendwo verleugnen! Und das in der immensen Vielseitigkeit: Da gibt es den unterhaltsamen Schubert, den Balladen-Sänger, den goethischen Schubert – und was alles mehr! Was mich immer besonders berührt, sind die Lieder, in denen sich der junge, experimentierfreudige Schubert zeigt, der versucht, ganz frei zu denken. Zum Beispiel in »Memnon«, einem wirklich herzzerreißenden Lied, oder der fast gänzlich unbekannten »Nachthymne« nach Novalis, deren Text kaum in seine Entstehungszeit zu passen scheint, so ›heutig‹ mutet er an. Je intensiver ich mich mit Schubert beschäftige, desto mehr erkenne ich, welche Bedeutung die Texte von Freunden für ihn hatten. Wenn er die Gebrüder Schlegel oder Mayrhofer vertont, dann erfährt man viel mehr über ihn selbst, seine eigenen Träume, seine persönliche Situation, als wenn er sich die großen Dichter vornimmt. Ich bin völlig davon überzeugt, daß Schuberts Empfinden für die literarische Qualität hinreichend ausgeprägt war, um ihn erkennen zu lassen, wann er Gedichte ›zweiter Wahl‹ aussuchte. Aber die persönliche Beziehung war ihm wichtig genug, es dennoch zu tun! Ein Werk, das man seiner Bekanntheit zum Trotz weitgehend verkennt, ist nach meiner Einschätzung die »Schöne Müllerin«. Sie hat einen viel tieferen Gehalt, als man ihr gemeinhin zugesteht. Es ist so viel Trauer darin enthalten, eine so große Bedeutung, die oft nicht zum Vorschein kommt. Derzeit erfährt die »Winterreise« eine so große Beachtung allenthalben – ich glaube fast, sie wird ein wenig zu oft aufgeführt... Die »Müllerin« wird dagegen als das ›heitere‹ Werk abgetan. Dabei muß man sich nur die biographische Situation vor Augen führen, in der sie entstand: Schubert hatte im Krankenhaus die endgültige Diagnose seiner tödlichen Krankheit erfahren. Er wußte nun, daß er in absehbarer Zeit würde sterben müssen. Schon von daher kommt dem Werk eine tiefe

Bedeutung zu. Und je mehr ich über Schubert erfahre, desto klarer erkenne ich, wie das scheinbar Leichte und Heitere bei ihm immer noch eine andere Dimension aufweist. Was könnte man da an Liedern alles aufzählen – etwa »Die Sterne« oder »Vor meiner Wiege«, beides Texte von Leitner. Wenn ich so über Lieblingslieder nachdenke, fallen mir bezeichnenderweise zuerst die Textdichter ein. Denn mit jedem Dichter erhält Schubert eine andere Persönlichkeit – er hat einen spezifischen Mayrhofer-Stil, einen Müller-Stil, einen Goethe-, einen Schiller-Stil. Sogar für Dichter, von denen er nur sehr wenige Texte vertont, findet er eine eigene Sprache, zum Beispiel für von Platen. Für sein ausgeprägtes literarisches Gespür spricht auch, daß er die wichtigen Dichter seiner Zeit fast alle vertont hat – leider keinen Tieck, keinen Lenau und keinen Eichendorff. Aber es sind nur ganz wenige, die fehlen, und selbst die Großen der Vergangenheit hat er berücksichtigt: Klopstock, Hölty, Matthisson und Claudius. Die Texte der Freunde hat er ausgewählt, um diese auszuzeichnen, um ein Zeichen der Freundschaft zu setzen. Die Schubertiaden im Freundeskreis waren wohl gerade wegen dieser Wechselbeziehung so erfolgreich: Er nahm die Freunde damit als Künstler ernst; sie konnten ihren Teil beitragen und waren nicht auf die einseitige Bewunderung des Komponisten reduziert. Letztlich hat er einigen von ihnen wie von Spaun oder Stadler damit zur Unsterblichkeit verholfen... Ich halte das für einen ganz liebenswerten Zug an Schubert.

Könnten Sie abschließend zusammenfassen, worin für Sie das Besondere des Schubertschen Liedes liegt?

Schuberts Lieder haben eine Qualität, die ihn selber auszeichnete: Sie verströmen unendliche Liebe, ohne im Gegenzug dafür etwas zu erwarten.

10. 01. 96, Köln

Christoph Prégardien

Mit wirklich großer Musik
wird man nie fertig

Herr Prégardien, Sie werden weithin als ein Spezialist für die
historische Aufführungspraxis bezeichnet. Würden Sie sich dieser
Auffassung anschließen?

Zunächst einmal möchte ich gar kein Spezialist sein, gleich wofür: Ich finde Spezialisierungen langweilig. Zum anderen kommt
meine musikalische Prägung aus einem Bereich, der überhaupt
nichts mit der historischen Aufführungspraxis zu tun hat. Ich war
Limburger Domsingknabe. Die Zeit in einem solchen Ensemble
vermittelt einem Repertoirekenntnisse, musikalische Grundkennt-
nisse und das Empfinden dafür, wie man mit anderen Leuten
gemeinsam Musik macht. Mit Schubert bin ich da allerdings nur
am Rande in Kontakt gekommen; wir haben höchstens einmal
eine Schubert-Messe aufgeführt. Im Vordergrund standen die
Werke Johann Sebastian Bachs, dazu kam vor allem Mozart. Alles
wurde in einem sehr romantischen Stil interpretiert und auf-
führungspraktische Fragen haben überhaupt keine Rolle gespielt.
Als ich dann an der Frankfurter Musikhochschule zu studieren
anfing, traf ich eigentlich die gleiche Situation an: Von histori-
scher Aufführungspraxis wußte man dort auch nichts. Während
meiner Studienjahre habe ich Bach dann vor allem mit Helmuth
Rilling musiziert. Das heißt: Ich bin stilistisch vollkommen anders
vorgeprägt und mehr oder weniger zufällig über den WDR mit
den historischen Aufführungspraktikern in Kontakt gekommen,
zunächst mit Peter Neumann, dann mit Sigiswald Kuijken, Gustav
Leonhardt, Philippe Herreweghe, Ton Koopman. Und so geriet
ich in ein ganz anderes Fahrwasser – eine für mich sehr interessante Erfahrung, denn mein Hörbild von barocker Musik war
zunächst ein völlig anderes als dasjenige, mit dem ich dann zehn
Jahre lang gearbeitet habe. Auf diese Weise habe ich beide Seiten
sehr gut kennengelernt. Und ich möchte mich auch gar nicht festlegen – Spezialisierungen führen immer in eine Sackgasse. Ich versuche daher, mir ein möglichst breites Repertoire zu erarbeiten
und mit möglichst vielen verschiedenen Leuten Musik zu machen.

Obwohl Sie schon seit etlichen Jahren mit Konzerten und auch Schallplattenproduktionen an die Öffentlichkeit getreten sind, sind Sie einem breiteren Publikum doch erst seit jüngster Zeit bekannt. Brachte die Aufnahme der »Schönen Müllerin« den echten Durchbruch in Ihrer Karriere – und ist es nicht erstaunlich, daß gerade eine Lied-Produktion dies bewirken kann?

Was meine Eigenschaft als Lied-Sänger angeht, hatte diese CD bestimmt eine bahnbrechende Wirkung. Vorher war ich in der Tat vornehmlich als Interpret von Barock-Musik bekannt. Daß man von mir als Liedinterpret erst Notiz genommen hat, nachdem ich eine CD produziert hatte, finde ich bezeichnend für unsere heutige Zeit. Als die »Müllerin« erschien, war ich immerhin schon 36 Jahre alt – und hatte mich mit dem Liedgesang fünfzehn Jahre lang befasst. Selbst als ich in einem festen Opernengagement war, habe ich regelmäßig auch Liederabende gegeben. Nur fand das eben weiter keine Beachtung. Die Veranstalter setzten immer nur auf die großen Namen: Dietrich Fischer-Dieskau, Hermann Prey, Peter Schreier, Edith Mathis. Das führte dazu, daß nach dieser Sänger-Generation eine große Lücke entstanden ist. Mittlerweile sind einige junge Sänger nachgerückt. In meinen Fall hat die CD mit der »Müllerin« wirklich sehr geholfen. Obwohl ich mich anfangs dagegen gesträubt hatte, gerade mit einem solch ›vorbelasteten‹ Werk mein CD-Debut als Lied-Sänger zu geben: Da gibt es 67 andere Einspielungen – und jeder Hörer hat seine Lieblingsaufnahme im Ohr! Dieser Konkurrenz wollte ich mich zunächst nicht aussetzen. Der Plattenproduzent und mein Klavierpartner, Andreas Staier, haben mich schließlich überredet. Was sich als großes Glück herausgestellt hat, denn die Aufmerksamkeit von Presse wie Publikum ist bei einem Repertoirestück doch wesentlich größer als bei unbekannten Liedern. Allerdings wurden sofort Vergleiche angestellt mit den ganzen Größen des Liedgesangs...

Welchen Rang nimmt das Lied für Sie ein im Vergleich mit Oper und Oratorium – haben Sie eine bevorzugte Gattung?

Leider kann man sich das selten selbst aussuchen. Erst wenn man wirklich arriviert ist, könnte man in jeder Sparte die Zahl der Abende pro Jahr nach seinen eigenen Vorlieben gestalten. Aber am Anfang einer Karriere hat man kaum Wahlmöglichkeiten. Bei

mir stand in den ersten Jahren eben das Oratorium im Vordergrund, dann kam ein festes Opernengagement und in jüngster
Zeit gebe ich nun sehr viele Liederabende. Grundsätzlich strebe
ich ein ausgewogenes Verhältnis zwischen allen Bereichen an.
Derzeit kommt die Oper ein bißchen zu kurz. Das bedauere ich
auch deshalb, weil die Opernerfahrung gerade dem Liedinterpreten sehr hilfreich sein kann, soweit es um den musikalischen Ausdruck geht.

Welche Bedeutung hat der Liedkomponist Schubert für Sie?

Eines der ersten Stücke, die ich im Studium mit meinem Lehrer
erarbeitet habe, war »Schäfers Klagelied«, ein frühes Schubert-
Lied nach einem Goethe-Text. Bald haben wir uns auch die leichteren Stücke aus der »Schönen Müllerin« vorgenommen. Mein
Lehrer war selber ein begeisterter Lied-Sänger. Zu meinem
Glück: Vor dem Studium hatte ich zu Schubert, wie zum Lied
überhaupt, keine Beziehung. Da ich aus dem Chor kam, hat mich
immer die sakrale Literatur mehr interessiert. Im Studium erar-
beitete ich mir nun insbesondere Schubertsche Lieder – was für
jeden, der sich mit dem Lied intensiv auseinandersetzt, nahelie-
gend ist. Dabei hatte ich von Anfang an von der emotionalen Seite
her einen leichten Zugang zu ihnen.

Bisher haben Sie fünf Lied-CD's aufgenommen. Dreieinhalb
davon sind Schubert vorbehalten. Wurden Sie nach dem Erfolg der
»Schönen Müllerin« ein bißchen dazu gedrängt – oder wollten Sie
vorrangig Schubert einspielen?

Da ich sehr viel mit Andreas Staier zusammenarbeite, der ja auf
dem Hammerklavier musiziert, kommt nur die Literatur bis etwa
1850 in Frage – also Lieder von Haydn, Mozart, Beethoven, den
Komponisten der Berliner Liederschule sowie Schubert und
Schumann. Ungeachtet dessen, daß ich in meine Liederabend-
Programme ein breites Repertoire aufnehme und auch zeitgenössische Lieder – etwa Killmayers Hölderlin- und Heine-Zyklen
oder Rihms Günderrode-Lieder – gemacht habe, ist Schubert für
mich doch das Zentrum meiner Arbeit als Lied-Sänger. Schon
alleine wegen der Fülle an wunderbaren Liedern, die er geschrieben hat.

Ihre Lied-Programme weisen immer einen thematischen Aspekt
auf: Die CD's enthalten einmal nur Schiller-, dann nur Heine-

Texte und schließlich das Programm »Lieder von Abschied und Reise«. Von welchen Kriterien lassen Sie sich bei der Lied-Auswahl leiten?

Meine Programme entstehen meist aus einem längeren Prozeß der Suche gemeinsam mit dem Pianisten. Wir haben eine Idee, uns fällt ein Thema ein und dann stöbern wir die in Frage kommenden Lieder auf und sehen sie uns näher an. Bisweilen läuft es auch umgekehrt: Wir legen Listen mit Liedern an, die wir gerne einmal machen würden – und dann sucht man einen gemeinsamen thematischen Aspekt und ordnet die einzelnen Lieder nach dramaturgischen Gesichtspunkten an. Manchmal kommt der Anstoß aber auch von dritter Seite: Die Schiller-Lieder haben wir uns auf Anregung eines Konzertveranstalters vorgenommen. Zunächst fanden wir die Idee, ein ganzes Programm nur mit Texten Schillers zu gestalten, eigentlich nicht ganz überzeugend. Aber je intensiver wir uns damit beschäftigt haben, desto deutlicher wurde uns, wie interessant diese kaum zu hörenden Lieder sind. Für die Anregung zu diesem Programm bin ich wirklich dankbar.

Ziehen Sie beim Einstudieren neuer Werke Sekundärliteratur zu Rate oder orientieren Sie sich ausschließlich am Notentext?

Natürlich lese ich Werke zur Person, zum biographischen und zeitgeschichtlichen Zusammenhang. Das finde ich – im Rahmen der begrenzten Zeit, die einem bleibt – auch wichtig. Als ich mich mit den Killmayer-Liedern beschäftigte, habe ich mich gleichzeitig eingehend über Hölderlin informiert. Das war für mein Verständnis der Texte schon sehr hilfreich. Ich muß allerdings zugeben: Musikwissenschaftliche Literatur ziehe ich nicht zu meinen Vorbereitungen heran, da nähere ich mich eher intuitiv, indem ich versuche, mich möglichst weit in den Text und die Musik einzufühlen.

Was empfinden Sie als Interpret reizvoller: einen vorgegebenen Zyklus zu singen oder sich ein eigenes Programm zu bauen?

Es hat beides seinen eigenen Reiz. Wenn ich mir etwa ein Programm zusammenstelle aus zwanzig Liedern, die ich selbst noch kaum kenne, ist das der Arbeit eines Bildhauers vergleichbar, der im Laufe seiner Arbeit an dem Werk etwas Neues entstehen läßt, was nach und nach Form annimmt. Wenn ich nun auf einen der großen Zyklen wieder einmal zurückkomme, existiert schon eine gewisse Vorstellung – hier geht es dann darum, die Feinheiten gemeinsam mit dem Pianisten herauszuarbeiten. In gewisser Weise ist es schon interessanter, Stücke zu interpretieren, mit denen ich noch keine Hörerfahrung gemacht habe. Singe ich beispielsweise die »Dichterliebe«, habe ich natürlich Wunderlich im Ohr oder Peter Pears, singe ich die »Winterreise«, Fischer-Dieskau und Peter Schreier – damit bin ich schon vorgeprägt. Wenn ich hingegen die »Leichenfantasie« oder die Killmayer-Lieder singe, dann finde ich eine völlig eigene Interpretation. Der besondere Reiz der Zyklen liegt allerdings darin, daß man sich während seines gesamten Sängerlebens immer wieder neu damit auseinandersetzt. Von meiner ersten »Winterreise« habe ich einen Kassettenmitschnitt. Damals war ich sicher, ein sehr gutes Konzert gesungen zu haben. Als ich mir die Aufnahme neulich wieder anhörte, war ich doch sehr erstaunt, wie völlig anders ich das heute angehen würde...

Können Sie diese Veränderungen beschreiben?

Zunächst hat sich natürlich die Stimme selbst verändert; das ist aber nicht das Entscheidende. Ausschlaggebend ist die wachsende Erfahrung, Lieder vor Publikum zu singen: Man kann mit der Zeit in ganz andere Ausdrucksextreme vorstoßen. Wenn man die ersten zehn oder fünfzehn Liederabende singt, dann ist man vor allem mit sich selbst beschäftigt, mit der Technik, mit dem Memorieren der Texte. Es gehört einfach sehr viel Mut und Erfahrung dazu, mit dem Publikum in Korrespondenz zu treten während eines Konzerts. Das braucht seine Zeit. Hinzu kommt: Ein Werk wie die »Winterreise« oder die »Schöne Müllerin« eröffnet sich einem nicht bei der ersten Beschäftigung. Obwohl wir für diese Stücke immer sehr viele Proben angesetzt hatten! Aber so oft man diese Werke wieder vornimmt, gehen einem ganz neue Zusammenhänge auf. Das gilt natürlich auch für andere Werke – die »Matthäus-Passion« zum Beispiel habe ich sicher schon neunzigmal gesungen: In jedem Konzert entdecke ich wieder etwas Neues. Ich glaube, mit wirklich großer Musik wird man interpretatorisch nie fertig. Das ist ja gerade das Schöne! Und so hoffe ich, auch noch mit sechzig eine »Winterreise« zu singen – und dabei wieder völlig neue Sachen auszuprobieren...

Wie stehen die beiden Zyklen »Winterreise« und »Müllerin« Ihrer Ansicht nach zueinander?

Da die »Winterreise« doch sehr einseitig depressiv ist, ist es emotional schwieriger, sie zu singen. Nach einem solchen Abend kann man schon in einer sehr deprimierten Stimmung sein. Deshalb sollte man sich das Werk auch nicht zu oft vornehmen. Die »Müllerin« ist allerdings nur vordergründig fröhlich am Anfang; ihr Ende ist genauso tragisch wie das der »Winterreise«. Was die Gesangstechnik angeht, würde ich sogar die »Müllerin« als den schwierigeren Zyklus bezeichnen. Mir persönlich entspricht die »Winterreise« mehr; zu ihr habe ich einen viel leichteren Zugang gefunden. Nicht, weil ich nun ein besonders schwermütiger Mensch wäre, sondern weil ich mich in diese Situation sehr gut hineinfühlen kann. Mich in den Müllerburschen hineinzuversetzen ist mir viel schwerer gefallen. Als Tenor hat man es übrigens ein bißchen schwerer, die düsteren Stimmungen zu malen – da ist ein Bariton mit der dunkleren Stimme im Vorteil. Aber es müßte einer Tenorstimme schon möglich sein, diesen Effekt ebenfalls zu erreichen. Vorrangig ist es wohl eine Frage der Einstellung und Klangvorstellung des Sängers. Und da hat sich in den letzten Jahren und Jahrzehnten doch einiges verändert. Wenn ich etwa an die Aufnahme mit Fritz Wunderlich denke: Er könnte das ja heute noch singen – und ich nehme an, er würde es heute anders angehen. Die Interpretation der Lieder Schuberts hat sich einfach gewandelt. Und noch eines kommt hinzu: Ich glaube, daß man mit steigendem Lebensalter diesen dunklen Farben näherrückt. Ein Dreißigjähriger kann das nicht so wie ein Sechzigjähriger singen! Man braucht dazu eine gewisse Reife – auch wenn es einige wenige Menschen gibt, die das schon sehr früh erfassen und umsetzen können.

Haben Sie den »Schwanengesang« schon in Ihrem Repertoire?
Bisher habe ich nur einzelne Lieder daraus gesungen. Das wird sich aber zum Jahre 1997 ändern. Über die Konzert-Reihenfolge des »Schwanengesangs« und welche Lieder wir als Ergänzung eventuell dazunehmen, denken meine Klavierpartner und ich derzeit noch nach. Die Heine-Lieder werden auf alle Fälle am Schluß stehen und der »Doppelgänger« voraussichtlich den Abschluß bilden. Denn nach diesem Lied noch etwas anderes zu singen, ist sehr schwierig. In gemischten Programmen haben wir auf den »Doppelgänger« schon mal »Nacht und Träume« folgen lassen.

Diese ganz besondere Stimmung nach der abgrundtiefen Verzweiflung im »Doppelgänger« – das hat eine eigentümliche Wirkung, die mir gut gefällt. Ein gewisses Problem sehe ich nämlich darin, mit einem so depressiven Stück wie dem »Doppelgänger« ein Konzert zu beschließen. Es ist sehr schwer, das Publikum dann aus dieser Stimmung wieder herauszuholen. Insofern könnte ich mir schon denken, noch ein Stück, das in irgendeinem Zusammenhang mit dem »Schwanengesang« steht, folgen zu lassen. Eventuell die »Taubenpost« – mit der Wolfgang Holzmair zum Beispiel seinen »Schwanengesang« beginnt *und* beschließt. Man könnte auch weitere Lieder aus der letzten Schaffenszeit Schuberts dazu nehmen, die tonartlich und textlich in den Zusammenhang passen würden. Mit Graham Johnson habe ich im Rahmen seiner Hyperion Schubert Edition zum Beispiel nur Lieder, die im Jahre 1816 entstanden sind, aufgenommen. Es ist sehr interessant, einmal zu vergleichen, was Schubert zu einer bestimmten Zeit alles geschrieben und welche Texte er da gerade bevorzugt hat. Etwas Vergleichbares von seinen letzten Lebensjahren zu machen, wäre bestimmt sehr ergiebig.

Auf der CD mit den Schiller-Liedern sind einige Balladen versammelt. Warum kommt die Ballade im normalen Liederabend-Programm eigentlich so selten vor?

Das könnte damit zusammenhängen, daß die meisten Leute mit der Ballade sofort Carl Loewe assoziieren – und gegenüber Loewe haben viele starke Vorurteile. Das finde ich sehr bedauerlich! Andreas Staier und ich planen eine CD ausschließlich mit Werken von Loewe – und als wir die siebzehn Notenbände mit Loewes gesammelter Vokalmusik gewälzt haben, sahen wir viele Stücke, die auch weiterhin getrost in diesen Bänden schlummern können, aber wir entdeckten auch etliches, das es durchaus wert ist, wieder ans Licht gehoben zu werden. Im übrigen haben die Bassisten in ihren Liederabend-Programmen immer ein paar Balladen dabei, aber ansonsten sind sie wirklich unterrepräsentiert. Ich persönlich singe Balladen sehr gerne – der »Erlkönig« oder »Die Bürgschaft« kommen in meinen Programmen oft vor. Ich finde, der Sänger hat hier in besonderen Maße die Möglichkeit, verschiedene Farben zu zeichnen. Man kann sich dabei fast so fühlen wie auf der Opernbühne...

Inwieweit sollte ein Sänger bei seiner Programmgestaltung Konzessionen an den – vermuteten – Geschmack des Publikums machen?

Meiner Ansicht nach überhaupt nicht – was aber nicht mit Rücksichtslosigkeit zu verwechseln ist. Sich Gedanken zu machen, was ein Publikum nun vielleicht gerne hören würde, halte ich für müßig. Ich gehe da lieber von mir aus: Ich bin schließlich auch ein Teil des Publikums – ich höre mir selber zu. Also wähle ich aus, was mir Spaß macht. Und hoffe, dem restlichen Publikum gefällt es auch... Außerdem sehe ich es als meine Aufgabe, meine Zuhörer für etwas zu gewinnen, das ich interessant finde. Ich glaube, das Publikum wird sowieso unterschätzt. Ich möchte nochmals auf meinen Schiller-Abend zurückkommen. Da gab es zunächst große Vorbehalte, ob man das dem Publikum zumuten könne – doch meine Erfahrungen mit diesem Programm waren sehr positiv. Viele Zuhörer kamen zu mir und erklärten, es sei für sie ein sehr interessanter Abend gewesen. Diese Angst vor dem Unbekannten, die bei etlichen Hörern bestimmt da ist, die muß der Sänger überwinden. Natürlich sollte man keinen ganzen Abend nur mit unbekannten Werken gestalten, aber eine wohldosierte Mischung sollte es schon sein. Man kann sein Publikum schon ein wenig ›erziehen‹. Im übrigen sind es oft die Veranstalter, die heftig gegen etwas Neues protestieren – und sich dabei auf das Publikum berufen. Nur: Die Erfahrungen mit dem Publikum selbst sehen anders aus.

Auf der Schubertiade Feldkirch 1994 haben Sie bei einem Opernabend mitgewirkt. Welche Erfahrungen haben Sie dabei mit dem Opernkomponisten Schubert gemacht?

Dieser Abend in Feldkirch war mein bisher einziger Kontakt mit Schuberts Opernschaffen – was mir sehr leid tut, denn ich kann nicht nachvollziehen, warum diese Werke auf den Bühnen nicht vorkommen. Ich fürchte, viele Leute urteilen nur nach den Textbüchern und schließen von da auf die Musik. Das ist der Sache nicht angemessen. Mir hat diese Aufführung einen riesigen Spaß gemacht, weil die Musik nämlich sehr schön ist. Und ein Publikumserfolg war es zudem! Ich kann mir nicht erklären, warum sich kaum jemand an diese Werke wagt. Man will offensichtlich lieber die 25. »Zauberflöte« und den 36. »Don Giovanni« hören. Allerdings tauchen in letzter Zeit zunehmend Opern auf den Spielplänen auf, die lange Zeit vernachlässigt wurden. Wenn man nur einmal das ganze Spektrum der Barock-Oper nimmt oder Werke des 20. Jahrhunderts wie die Opern Janáčeks: Da ist schon etwas in Bewegung gekommen. Umso bedauerlicher, daß Schubert davon nach wie vor ausgeschlossen ist.

Wieviele Schubert-Lieder haben Sie bisher im Repertoire?

Von den über 600 Liedern, die er geschrieben hat, werden es derzeit vielleicht 200 sein. Auf diese will ich mich künftig aber nicht beschränken: Unter den eher unbekannten Liedern findet man immer wieder welche, die wunderbar sind! Oftmals offenbart sich der ganze Reiz eines Liedes auch erst bei näherer Beschäftigung. Die Schiller-Lieder etwa, denen ich mich zurückhaltend genähert habe, sind mir nun gerade sehr liebgeworden. Insofern bin ich mit der Beurteilung, was ›die besten Lieder‹ Schuberts seien, äußerst zurückhaltend. Ich bin sicher, im Laufe der Zeit noch viele Schubert-Lieder für mich zu entdecken.

Haben Sie Lieblingslieder?

Ja! Aber es sind so viele, daß ich unmöglich welche nennen kann... Ein Programm, das mir besonders gut gefällt, sind die »Lieder von Abschied und Reise«. Da liebe ich eigentlich jedes Lied heiß und innig – ob das nun »Nacht und Träume« ist, »Auf der Bruck‹« oder »Der Doppelgänger«. Und jetzt arbeite ich gerade wieder an der »Winterreise«: Da steht ein Juwel neben dem anderen...

Was macht für Sie das Besondere am Schubertschen Lied aus?

Da möchte ich als erstes die Eigenständigkeit der Melodiefindung nennen – diese wunderschönen Melodien, die Schubert einfallen, und zweitens die Einheit von Musik und Textvorlage. Ich glaube, das ist nur ganz wenigen Komponisten gelungen, eine solche Einheit zu schaffen – vielleicht Hugo Wolf, in gewisser Weise auch Robert Schumann und Johannes Brahms. Aber *wie* Schubert es schafft, sich musikalisch ausdrucksmäßig sofort auf den Charakter eines Gedichtes einzustellen: Das hat in dieser Weise kein anderer vermocht.

10. 10. 95, Köln

Hermann Prey

Nicht begeistern – sondern bewegen

Herr Prey, können Sie sich an Ihren ersten Kontakt mit Schuberts Liedschaffen erinnern?

Das war ziemlich früh: Im Jahre 1951 habe ich zum ersten Mal die »Winterreise« öffentlich gesungen, und zwar in einem Jugendheim in Berlin-Wilmersdorf. Dort wurden Konzerte veranstaltet, um junge Leute an die klassische Musik heranzuführen. Ich erinnere mich übrigens noch an meine Gage für dieses Konzert: Es waren fünf Mark. Seit dieser Zeit begleitet mich die »Winterreise«. In den sechziger Jahren habe ich damit begonnen, mich mit Schuberts Gesamtwerk intensiv auseinanderzusetzen und habe verschiedene »Schubertiaden« gegründet – denen unterschiedlicher Erfolg beschieden war... Schubert jedenfalls ist zum Zentrum meines Sängerlebens geworden – und besonders dieses Werk, die »Winterreise«. Das Erstaunliche ist: Sie wächst mit einem; immer wieder entdecke ich etwas Neues daran. Erst kürzlich habe ich eine phänomenale Eingebung gehabt, die mich selbst überrascht hat. Mit einem Werk erlebt man ja verschiedene Phasen: Erst kümmert man sich um den Text, dann interessieren einen die Melodien, schließlich die Zusammenhänge der Tonarten – und meine letzte große Erkenntnis, vor allem, aber nicht nur im Hinblick auf die »Winterreise«, ist dieser Wander-Schritt, dieser alla breve-Rhythmus, der das ganze Werk Schuberts durchzieht und den man fast jedem Lied zugrundelegen kann. Ich habe das im Konzert schon mehrfach ausprobiert und die eigentümliche Wirkung auf die Zuhörer erlebt: Man spürt, daß etwas anders ist, besser als früher, kann sich aber nicht genau erklären, woran das liegt. Das ist ein Beweis mehr: Man erlebt Schuberts Werk immer wieder neu. Und nach wie vor ist Schubert der Mittelpunkt meines künstlerischen Lebens.

Wie findet ein junger Mensch, noch dazu einer im zerstörten Nachkriegs-Deutschland, wo es doch wahrlich andere Probleme gab, nun gerade zum Lied?

Dieser Weg verlief bei mir etwas eigenartig: Ich hatte 1946 eine Kapelle gegründet; wir machten Tanzmusik für die amerikanischen und englischen Soldaten in Berlin. Wir hatten ungefähr 100 Titel im Repertoire und verdienten auf diese Weise unseren Lebensunterhalt. Ich habe Akkordeon und Klavier gespielt, dazu kamen Gitarre und Kontrabaß – ein Bar-Trio, würde man heute sagen. Manchmal haben wir auch dreistimmig gesungen. Obwohl ich schon seit 1939 Chorerfahrung hatte – aus dem Berliner Mozart-Chor und unserem Schulchor im ›Grauen Kloster‹, wurde mir nun erst endgültig klar, daß ich Sänger werden wollte. Als Schlager-Sänger wollte ich allerdings nicht enden, und so begann ich, an der Hochschule für Musik in Berlin zu studieren. Dort hatte ich das große Glück, schon 1948 mit Professor Adolf Stauch in Kontakt zu kommen. Er gab uns keinen eigentlichen Gesangsunterricht, sondern hat uns Literatur und Stilistik beigebracht. Einmal wöchentlich hielt er in Berlin-Zehlendorf einen Volkshochschul-Kurs. In seinen Vorträgen behandelte er immer bestimmte musikalische Themen, und wir Studenten mußten die dazu gehörigen Musikbeispiele vorführen – auswendig! Das war ungeheuer lehrreich! In einem Jahr habe ich allein 30 Lieder von Hugo Wolf gelernt. Und daß wir wirklich alles auswendig vortragen mußten, war eine sehr gute Schule. So konnte ich mir, schon ehe ich in den Beruf ging, ein großes Repertoire erarbeiten. Und natürlich lernt man viel leichter, wenn man ein konkretes Ziel hat – und weiß, nächste Woche muß ich das alles ›draufhaben‹. Obwohl ich, wie jeder junge Mensch, natürlich zuerst zum Theater wollte, brachte diese Erfahrung den Umschwung: Nun wollte ich eigentlich nur noch Lieder singen. Meine Tanzmusik habe ich 1951 schließlich aufgegeben, um mich ganz der klassischen Musik zuwenden zu können. In diesem Jahr habe ich, angeregt durch Stauch, cirka 100 Lieder auswendig gelernt. Schubert spielte damals übrigens noch keine so große Rolle. Vielmehr haben wir uns mit den eher intellektuellen Komponisten wie Hugo Wolf beschäftigt oder Johannes Brahms – mit schwermütigem Tiefgang und hochromantisch – oder Richard Strauss. Schubert erschien uns damals zu ›einfach‹. Die Wende kam bei mir mit der erwähnten »Winterreise« im Jahre 1951. Von da an ist Schubert zum Zentrum meines Lebens geworden. Im Jahre 1959 habe ich dann auch meine erste Platteneinspielung der »Winterreise« mit Karl Engel gemacht. Diese Interpretation entspricht natürlich nicht meiner heutigen Auffassung, aber in sich überzeugend muß sie wohl damals schon gewesen sein. Zwei spätere Einspielungen mit anderen Pianisten folgten – und wenn ich heute noch eine machen könnte, würde sie bestimmt wieder ganz anders ausfallen. Vielleicht sogar besser als früher, weil ich die Form mehr im Griff habe. Den jungen Sängern heute kann ich nur raten, sich nicht so viele Platten anzuhören, sondern möglichst früh den eigenen Weg zu finden. Ich gebe hin und wieder Meisterkurse – und höre oft schon beim ersten Vorsingen, nach welcher Schallplattenaufnahme sich ein Nachwuchssänger orientiert. Es fehlt heute meines Erachtens an unverwechselbaren Originalen! Es gibt kaum noch Stimmen, die man sofort erkennt. Obwohl wir derzeit sehr viele sehr gute Sänger haben! Aber sie wirken auf mich alle etwas – ich möchte fast sagen: uniformiert. Man kennt den einzelnen nicht heraus. Der persönliche Stil, das ganz persönliche Timbre scheint etwas zu sein, das unserer heutigen Zeit, die dazu neigt, alles zu nivellieren, abhanden kommt. Es ist alles – gutes! – Mittelmaß. In den Schulen fängt es ja schon damit an, daß besonders Begabte nicht besonders gefördert werden. Ich sehe als dringende Notwendigkeit für die Jugend, wieder das Entstehen von herausragenden Persönlichkeiten zu fördern.

Ihre Lehrtätigkeit, die Arbeit mit Nachwuchssängern, haben Sie gerade erwähnt: Was geben Sie Ihren Schülern für die Liedgestaltung als wesentliches mit auf den Weg?

Ich gebe, vor allem in den USA, häufig Meisterkurse, habe also mit schon bestens ausgebildeten Sängern zu tun. Da geht es dann um Probleme der Aussprache – übrigens durchaus auch bei deutschsprachigen Nachwuchssängern – und die schon erwähnte Ausprägung eines eigenen, persönlichen Stils. Ich meine: Wir leben in einer Mezzoforte-Zeit. Wenn man nur an die heutig Aufnahmetechnik denkt: Was ›zu leise‹ erscheint, wird hinauf-, was ›zu laut‹, hinuntergepegelt. Daß nur ja nichts aus dem Rahmen fällt! Bei der Arbeit mit vielen jungen Leuten fällt mir immer wieder auf, daß weder die Pianisten ein klingendes pianissimo spielen, noch die Sänger eines singen können. Entweder bleibt ihnen die Stimme weg – oder es trägt nicht. Ein gutes pianissimo muß man auf 70 Metern Entfernung noch in der letzten Reihe der Carnegie Hall hören können! Und das fehlt den meisten. Ich sage immer: Wie wollt ihr ein Crescendo zum forte machen, wenn ihr schon forte anfangt? Crescendo beginnt piano! Und nur wenn auch der Pianist wirklich piano spielen kann, kann der Sänger leiser singen! Die Balance muß stimmen. Gerade in sehr leisen Momenten, wenn die Stimme fast nur noch ein Hauch ist, dann breitet sich im Saal eine Atmosphäre aus... Vor einigen Wochen habe ich auf einem Schubert-Abend in New York bei meiner dortigen »Schubertiade« als letztes Lied »Wanderers Nachtlied« – »Über allen Gipfeln ist Ruh'« – gesungen. Danach Stille. Kein Beifall. In New York – mitten in unserer lauten Welt! Dann standen einige auf – immer noch schweigend. Und dann erst brach der Applaus los. Das heißt: Ein Sänger *kann* Atmosphäre schaffen! Und das versuche ich den jungen Leuten beizubringen: Ihr müßt euer Publikum nicht begeistern durch eure Brillanz, sondern ihr müßt es bewegen. Innerlich bewegen, in die Herzen der Menschen eindringen! Selbst wenn dann ein Ton mal nicht so gelingen sollte, das spielt keine Rolle! Nicht die absolute Perfektion ist es, die zählt. Die begeistert das Publikum zwar, wird es aber nie zu Tränen rühren. Und eben das sollten junge Sänger lernen: Ein Sentiment zu erzeugen, das echt ist, aus dem Herzen kommt. Eine Stimmung erzeugen – im Sinne dieser wunderbaren Gedichte, die es doch gibt und die so vollendet vertont sind! Man denke nur an die »Dichterliebe« oder die Kerner-Lieder von Robert Schumann. In Amerika habe ich neulich auf einer Veranstaltung gesungen, einem Benefizkonzert zur Rettung des Sologesanges – wir würden sagen: Liederabends. Da traten eine Anzahl bereits etablierter wie noch unbekannter junger Sänger auf. Ich muß sagen, ich war von der ganzen Veranstaltung bitter enttäuscht – wenn *so* Lied gesungen wird, läßt sich kein Publikum dafür gewinnen. Es war einfach langweilig! Und auch in Amerika schwinden die Besucherzahlen bei Liederabenden! Die Schuld dafür würde ich allerdings nicht nur dem Publikum, sondern auch den Sängern zuweisen. Vor circa 25 Jahren bestand noch ein großer Teil der Besucher aus europäischen, vor allem deutschen Exilanten. In vielen kleineren Städten hatten Deutsche und Österreicher Musikgesellschaften gegründet, die Konzerte veranstalteten. Diese Generation gibt es nun nicht mehr. Und darum wird argumentiert, das Publikum für Liederabende habe, wie auch in

Europa, stark abgenommen. Aber ich sage nochmals: Es liegt nicht alleine am Publikum, sondern vor allem daran, wie heute das Lied meist interpretiert wird. Es geht einem einfach nicht unter die Haut!

Sie haben erwähnt, daß Sie sich schon als junger Sänger den Schubertschen Zyklen zugewendet haben – den »Schwanengesang« zähle ich einmal dazu. Welche Bedeutung haben diese Werke heute für Sie – auch im Verhältnis untereinander?

Für mich ist und bleibt die »Winterreise« das zentrale Werk, obwohl ich auch die anderen sehr oft und sehr gerne singe. Den »Schwanengesang« hatte ich mir so eingerichtet, daß ich Seidl-Lieder dazu genommen habe. Zum Schubert-Jahr 1997 habe ich nun eine neue Zusammenstellung: »Schuberts letzte Lieder«, Untertitel »Schwanengesang«. Ich fasse alle Lieder zusammen, die Schubert in seinem Todesjahr 1828 geschrieben hat. Diese Lieder werde ich chronologisch aufführen und befasse mich derzeit gerade nochmals mit den genauen Entstehungsdaten. Am Schluß steht auf jeden Fall »Die Taubenpost«, die er ja quasi auf dem Totenbett komponiert haben soll. Das ist so eine ganz eigenartige Stimmung, die schwer zu treffen ist. Nehmen wir einmal an, Schubert liegt todkrank im Bett, kann es nicht mehr verlassen – und sendet nun die Taubenpost, also seine Sehnsucht, hinaus. Gleichzeitig hört er aber von ferne Tanzmusik. Das Mädchen, das er liebt, heiratet einen anderen. Das ist das Bild dieses letzten Liedes. Entsprechend muß es der Sänger gestalten – eben nicht vor Kraft und Leben strotzend, sondern vom Tode gezeichnet. Ein solches Bild muß man sich vergegenwärtigen, sich ganz genau vorstellen und als Sänger so gestalten, daß sich auch das Publikum dieses Bild vorstellen kann. Das genau ist unsere Aufgabe!

Halten Sie es nicht für denkbar, daß genau an diesem Punkt in unserer heutigen, bilderüberfluteten Zeit nun doch Defizite beim Publikum auszumachen sind, das es eben nicht mehr gewohnt ist, Bilder selbst im Kopf entstehen zu lassen?

Ich gebe zu: Es ist schwieriger für den Sänger heute als vor 30 oder gar 90 Jahren. Aber ich meine, es ist möglich! Man kann das Publikum mit Liedern für zwei Stunden den Alltag vergessen machen. Und daran müssen wir arbeiten. Alle Äußerlichkeiten weglassen – weglassen, was der Komponist nicht geschrieben hat.

Sich darauf konzentrieren, in die Seelen der Zuhörer zu dringen. — Ob ich das jemandem beibringen kann? Mein Sohn beispielsweise ist ein erstklassiger Sänger mit einer schönen, warmen Stimme. Er fragt mich leider nicht oft um Rat, weil er seinen eigenen Weg finden will. Ich wüßte aber auch nicht, ob ich selbst ihm vermitteln könnte, worauf es ankommt. Es braucht die eigene, jahrzehntelange Erfahrung...

Bisher haben wir noch gar nicht über die »Schöne Müllerin« gesprochen: Wie steht sie zur »Winterreise«?

Ich habe immer die Vorstellung, da beide Texte ja von Wilhelm Müller sind, es handele sich um einunddieselbe Person! Jedenfalls hat auch die »Schöne Müllerin« wie die »Winterreise« ihren eigenen Puls, ihren durchgehenden Schlag. Die »Müllerin« ist nicht leichter als die »Winterreise«, aber insofern ›leichter‹ zu gestalten, als sie andere farbliche Möglichkeiten bietet: Der Müllerbursche startet unbeschwert, während der Wanderer in der »Winterreise« schon von Anbeginn unglücklich ist. Der namenlose Müllerbursche aber lebt anfangs in Euphorie. Seine Zweifel entstehen erst im 10. Lied: »Sie sprach: Es kommt ein Regen – ade, ich geh' nach Haus«. Sie entzieht sich ihm. Noch aber weiß er nicht: Ist es Scheu bei ihr – oder liebt sie ihn nicht? Dann fällt dieser eine Moll-Ton des Nachspiels in das Wasser – da sehe ich immer vor mir, wie ein Tropfen das Bild im Wasser verschwimmen läßt – wie diese Ringe entstehen und alles verwischen. Und so sieht der Bursche ihr Bild sich im Wasser auflösen; erste Zweifel keimen auf, werden aber mit dem folgenden Lied »Mein!« wieder ausgelöscht. Dann kommt die »Pause« – was leider immer wieder zu Mißverständnissen im Publikum und Beifall führt – und ab dem nächsten Lied ist seine Zuversicht etwas getrübt; seine Seelen-Schale hat einen Sprung bekommen. »Guten Morgen, schöne Müllerin! Wo steckst du gleich das Köpfchen hin?« – was ist denn los? Bin ich dir gestern abend zu nahe gekommen? Er weiß immer noch nicht so genau, woran er mit ihr ist. Dann bemerkt er den Jäger, und das läßt ihn verzweifeln... Schließlich singt ihm der Bach zum Schluß ein »Wiegenlied« – und keiner weiß, ob er sich nun wirklich hinabziehen läßt – oder ob er doch wieder umkehrt, um dann diesen Ort zutiefst verletzt zu verlassen: »Fremd bin ich eingezogen....«. Diese Verbindung stellt sich für mich unwillkürlich her. Eigentlich müßte man die beiden Werke einmal an einem Abend hintereinander aufführen – am besten sogar ohne Pause. Dabei fällt mir folgendes Erlebnis ein: Ich habe mal die »Müllerin« in Tiflis gesungen, noch während der Breschnew-Ära. Nun dauert das Werk ja etwa eine Stunde und danach kam ein großer, weißhaariger Mann in mein Künstlerzimmer, der aussah wie Gerhart Hauptmann. Er machte mir ein Kompliment, wie schön ich das gesungen hätte, und dann fragte er mit seiner tiefen Stimme: »Und was, lieber Freund, singen Sie im zweiten Teil?« – da wäre dann die Antwort: Die »Winterreise«! Allerdings ein schwergewichtiger Abend, auch für das Publikum. Es wäre unheimlich, im wahrsten Sinne des Wortes, packend...

Welche Gestaltung ist für Sie als Interpret reizvoller: die des feststehenden Zyklusses oder die selber zusammengestellter Lieder?

Das sind für mich ganz verschiedene Dinge. Wenn ich einen Zyklus singe, weiß ich genau, was der Komponist gewollt hat – und versuche mich weitestgehend danach zu richten. Das eigene Zusammenstellen von Programmen macht mir hingegen allergrößten Spaß. Für die Entwicklung meiner Programme habe ich manchmal Jahre gebraucht – immer wieder habe ich umgestellt und ausprobiert. Und selbst wenn ich dann mit einem solchen Programm öffentlich aufgetreten bin, habe ich anfangs immer wieder Veränderungen vorgenommen. Bis meine Programme endgültig feststehen, braucht es also schon seine Zeit. Was Schubert angeht, habe ich ein ›gemischtes‹ Programm, eines mit Schillers Liedern und Balladen, eines mit Goethes Liedern und Balladen. Die Zusammenstellung dieser drei Abende ist streng chronologisch, so daß man Schuberts Entwicklung nachvollziehen kann. Das war übrigens auch die Idee, die ich bei der Gründung meiner ersten »Schubertiade« in Hohenems verfolgte – und woran dieses Projekt letztlich leider gescheitert ist: Wir wollten alle Werke Schuberts in möglichst chronologischer Reihenfolge aufführen, um zu zeigen, wie sich der Mensch, der Komponist Schubert entwickelt hat. In Wien ist es übrigens gelungen: Wenn wir im November 1997 fertig sind, werden wir jede Note aufgeführt haben! In New York, meiner dritten »Schubertiade«, ist uns leider das Geld ausgegangen, so daß wir dort die Kompromißlösung einer komprimierten chronologischen Form finden mußten.

Wieviele Schubert-Lieder haben Sie im Repertoire?
Da wir das Gesamtwerk aufgeführt haben, kenne ich alle. Gesungen habe ich eine große Zahl davon auch selbst. Fest im Repertoire, so daß ich sie – sagen wir: morgen abend – aufführen könnte, werden es etwa 250 Lieder sein.
Haben Sie Lieblingslieder darunter?
Ein Lied, das mir besonders am Herzen liegt, ist »Im Abendrot«. Sich auf Lieblingslieder festzulegen, fällt gerade bei Schubert besonders schwer. Wenn ich versuche, Veranstalter und Geldgeber für die »Schubertiaden« zu gewinnen, sage ich immer: Von Schubert ist *jede* Note aufführungswürdig! Der war so vielseitig wie kein anderer seiner Komponistenkollegen. Wenn Sie zum Beispiel Schuberts Oper »Alfonso und Estrella« hören, denken Sie, es ist ein junger Verdi! Aber der kam 40 Jahre später... Und die Lieder sind so voller Farben, so wunderschön – wenn ich nun gerade »Im Abendrot« herausgegriffen habe, liegt das auch daran, daß es für mich mit Kindheitserinnerungen verbunden ist. Meine Mutter schwärmte sehr für Heinrich Schlusnus, und von diesem Lied hatte sie eine Platte mit ihm. Ich habe es als Kind oftmals gehört und mag es wohl auch deshalb besonders. Aber eigentlich kann ich von Lieblingsliedern nicht sprechen: Alle Schubert-Lieder sind schön...
Nun haben Sie gerade die Oper erwähnt: Insgesamt gibt es fünfzehn Bühnenwerke Schuberts, darunter einige Fragmente. Warum werden sie praktisch nicht aufgeführt – von ganz wenigen und seltenen Ausnahmen abgesehen?
Ich glaube, es liegt an den Textbüchern – Schubert hatte eben leider keinen da Ponte. Die Stücke bräuchten alle eine liebevolle Bearbeitung, was Text und Handlung angeht. Die Musik ist meist phänomenal! Man müßte auch dramaturgische Veränderungen vornehmen: Aber wer kann das? Daß zu wenig geschieht, ist ein Jammer. Als ich vor 25 Jahren erstmals einen Ort für meine »Schubertiade« suchte, schwebte mir so ein Bayreuth für Schubert vor, wo alle seine Werke aufgeführt werden, eben auch auf dem Theater. Es gab riesige Schwierigkeiten; allenthalben wurde befürchtet, die Leute kämen nicht zu diesen Aufführungen. Auf meinen »Schubertiaden« haben wir außer den großen Opern auch mehrere Einakter oder Fragmente zusammengefaßt – und es

wurde jedesmal ein sehr unterhaltsamer, musikalisch wunderbarer
Abend! Eigentlich weiß ich nicht, warum man diese Werke so
selten aufführt. Vielleicht fehlt auch nur ein wirklich einflußreicher
›Macher‹: Nehmen wir einmal an, der Direktor der Wiener
Staatsoper wäre ein solcher Schubert-Fan wie ich – und würde
sich vornehmen, daß in seiner Amtszeit die großen Schubert-
Opern in erstklassiger Besetzung aufgeführt würden. Und zum
Beispiel würde er einen heute weltbekannten Tenor fragen, ob er
in »Des Teufels Lustschloß« singen wolle... Gleich würde die
Gegenfrage kommen: »Wo kann ich das denn dann nochmals
singen?« – die Werke müssen ja eigens neu einstudiert werden,
weil sie niemand im Repertoire hat. Als das berühmte Dreigestirn
gilt vielen Haydn, Mozart, Beethoven. Meine Überzeugung war
und ist: Es sind nicht drei, sondern vier! Ich glaube, ein Stück sind
wir auf diesem Weg der Erkenntnis von der Bedeutung Schuberts
schon weiter gekommen. Meines Erachtens noch nicht weit genug! Dieses unselige Schubert-Bild, von dem vergnügt im Wirtshaus sitzenden Franzl, der seinen Wein genießt, zwischendrin mal
ein Liederl auf die Serviette schreibt, ist zum Glück weitgehend
revidiert worden. Schubert war ein fleißiger Arbeiter. Ansonsten
hätte er diese Fülle ja auch nicht schaffen können: In siebzehn
Schaffens-Jahren schrieb er über 1000 Opus-Zahlen, die vielen
Opern, die großen Sinfonien, die Kirchenmusik, Kammermusik
jeder Art, über 600 Lieder! Marc Chagall sagte mir nach einer
»Winterreise« in Nizza im Chagall-Museum, noch sichtlich bewegt von dem Stück, etwas sehr Schönes: »Monsieur Prey,
Beethoven und Mozart sind Genie – mais: Schubert ist ein Wunder!«. Und das war mir aus dem Herzen gesprochen.

*Auch wenn das eigentlich schon ein treffliches Schlußwort
war – meine letzte Frage: Was macht Ihrer Ansicht nach das
Besondere an Schuberts Liedern aus?*

Daß er mit den geringsten Mitteln das Höchste erreicht hat.
Oder das Tiefste erreicht hat: Mit einem Ton kann er dir das
Herz umdrehen. Eben das ist das Wunder!

20. 04. 95, Köln

Thomas Quasthoff

Mut zur Emotion

Etliche Jahre haben Sie Ihren Lebensunterhalt als Sprecher beim NDR verdient: Wie kommt man als Sänger auf diesen eher ungewöhnlichen Zweitberuf, Herr Quasthoff?

Aufgrund meiner Contergan-Schädigung war es mir nach dem Abitur nicht möglich, ein Gesangsstudium an der Musikhochschule aufzunehmen. Die Ablehnung war – formaljurisitisch gesehen – vollkommen korrekt: Ich konnte kein Begleitinstrument spielen und wurde folglich abgewiesen. Ich war entschlossen, privat weiter Gesang zu studieren, was ich während der Schulzeit ja schon begonnen hatte, wollte mich aber auch irgendwie mit einem Beruf absichern. So begann ich, Jura zu studieren – und der Gesangsunterricht lief immer nebenher. Nach drei Jahren habe ich das Jurastudium schließlich aufgegeben und stattdessen eine Banklehre begonnen. In diesem Beruf war ich dann mehrere Jahre tätig. So machte ich meinen Job täglich von acht bis vier – und danach habe ich mich meiner Gesangsausbildung gewidmet. Als ich an den ersten Wettbewerben teilnahm, wurde diese Doppelbelastung aber zu groß – und da war glücklicherweise gerade eine halbe Stelle als Sprecher beim NDR ausgeschrieben. Da ich als freier Mitarbeiter vorher schon für den Rundfunk tätig gewesen bin, habe ich mich also beworben – und bekam die Stelle. Von 1988 bis 1995 war ich dann als Sprecher festangestellt. Der Gesang mußte darunter nicht leiden, weil meine Kollegen vollstes Verständnis für mich hatten und mit Diensten einsprangen, wenn ich mit Konzerten unterwegs war. Dafür bin ich ihnen sehr dankbar – denn nur so konnte meine Entwicklung fortschreiten. Und seit kurzem versuche ich nun, freiberuflich als Sänger zu leben. Die Zeit als Rundfunksprecher möchte ich aber keinesfalls missen, denn durch diese Arbeit habe ich eine ganz neue, intensive Beziehung zur Sprache bekommen, die mir in meinem Metier als Liedsänger nur von Nutzen sein kann.

Gab es für Sie denn ein ›Ur-Erlebnis‹, dem Sie den Wunsch, Sänger zu werden, verdanken?

An ein singuläres Ereignis kann ich mich nicht erinnern, aber ich war zeit meines Lebens von Musik umgeben. Mein Vater hatte Gesang studiert, ohne das Singen dann zu seinem Beruf machen zu können, weil die Situation in der Nachkriegszeit sehr schwierig war. Meinen Eltern fiel schon früh auf, daß ich eine besondere Begabung zum Singen hatte, weil ich mit zwei, drei Jahren kleine Lieder fehlerfrei nachsingen konnte. Als ich dann älter wurde, suchten meine Eltern nach einer Möglichkeit, mir zu einem Hobby zu verhelfen – nach einem besonderen Ereignis in der Woche, auf das man sich freuen konnte. Und so kamen sie auf den Gesangsunterricht! Keiner von uns ahnte damals, was sich für mich daraus ergeben sollte. Die Entwicklung verlief dann ganz stetig und kontinuierlich: Schritt für Schritt...

Der Gesangsunterricht bot also zunächst einmal die Möglichkeit, etwas Schönes für sich selber zu tun. Wann haben sich daraus denn berufliche Ambitionen entwickelt?

Ich würde lügen, wenn ich behaupten wollte, diese Möglichkeit als einen Wunschtraum nicht immer im Hinterkopf gehabt zu haben – jedenfalls von dem Zeitpunkt an, als der Unterricht mir bestätigte, daß bei mir so etwas wie Stimme und Begabung vorhanden sein könnten. Ich hatte eigentlich sehr früh schon das Gefühl, etwas zu sagen zu haben, vor allem im Liedbereich. Daraus erwuchs der Wunsch, das Singen tatsächlich zu meinem Beruf zu machen. Ein entscheidender Schritt war dann die Teilnahme an Wettbewerben: Da kann man den eigenen Stellenwert in Erfahrung bringen, indem man sich an den Leistungen der anderen messen läßt. Man mag von Wettbewerben im allgemeinen denken, was man will – doch dazu sind sie gut, einen jungen Musiker seine eigene Wertigkeit erkennen zu lassen. Diese Erfahrung machte ich 1984 zum erstenmal, und von da an ging es stetig weiter. Der Wendepunkt war der ARD-Wettbewerb im Jahre 1988: Als ich dort den ersten Preis gewonnen hatte, mußte ich mir über meine Eignung für diesen Beruf keine Sorgen mehr machen... Die Frage, *ob* ich fortan singen sollte, wich der Erkenntnis, singen zu können – und zu müssen! Ein Jahr lang bin ich übrigens kaum zur Besinnung gekommen, weil Journalisten und Veranstalter uns quasi die Tür einrannten! Heute weiß ich: Einen Wettbewerb zu gewinnen, ist gar nicht so schwer –

man braucht ein bißchen Glück und eine gute Tagesform, ein
bißchen Intelligenz und ein bißchen Herz sowie ein gewisses
Durchhaltevermögen, um für die drei Wochen, die der Wettbewerb mit allen Vorausscheidungen dauert, die Kraft und die
Nerven bewahren zu können. Die wirklich schwierigen Situationen kommen aber erst danach! Man muß aufpassen, daß man
sich im Sog des Preises nicht ›verheizen‹ läßt, denn einige Leute
versuchen hier wie überall, damit vor allem Geld zu machen.
Diese Erkenntnis, daß es nicht allen – wie einem selbst – um die
Musik geht, die muß man erst mal verkraften... Wichtig ist dann
vor allem, die für sich richtigen Entscheidungen zu treffen – und
dem großen Erwartungsdruck standhalten zu können. Ansonsten ist man ganz schnell wieder vergessen. Ein Sprungbrett ist
ein solcher Preis allemal – ob man seiner wirklich würdig ist,
erweist sich aber erst danach...

Was ist für Sie das Faszinierende am Liedgesang?

Da möchte ich mich lieber über das Singen allgemein äußern:
Die Stimme ist für mich der Spiegel der Seele. Wer genau hinhört,
kann einer Stimme sofort anmerken, ob sie es ehrlich meint oder
nicht. Dann der Farbenreichtum der Stimme, diese Fusion, die der
Stimmklang eingeht mit dem Klavier- oder Orchesterklang: Das
finde ich faszinierend. Die Texte sind ja nun nicht immer so überzeugend – gerade in der Romantik sind bisweilen doch etwas
schwülstige Gedichte entstanden, die offensichtlich in großer,
übergroßer Euphorie erdacht und niedergeschrieben worden sind.
Gleichwohl ist diese romantische Art zu schreiben und zu denken
mir sehr nahe, weil ich ein sehr emotionaler Mensch bin und mich
gut in diese Zeit hineinversetzen kann. Außerdem ist die Musik
einfach wundervoll und geht jedem irgendwo ans Herz. Es ist
doch bezeichnend, daß diese Kompositionen, die vor zwei- oder
dreihundert Jahren entstanden sind, bis in die heutige Zeit hin-
einstrahlen – und daß sie immer wieder die Chance zu neuartiger
Gestaltung bieten. Obwohl so viele Sänger diese Lieder singen,
kann man immer wieder seine eigene Interpretation finden! Das
macht für mich den Reiz dieser Musik aus.

*In einem in Frankreich über Sie veröffentlichten Artikel steht zu
lesen: »Il est un très grand schubertien!« – werden Sie also als
›großer Schubertianer‹ gepriesen. Teilen Sie diese Auffassung?*

Ich empfinde das zunächst einmal als sehr schönes Kompliment! Ob es berechtigt ist, vermag ich kaum zu beurteilen. Denn wenn es darum geht, Musik zu erfahren und erfahrbar zu machen für die Zuhörenden, begebe ich als Sänger mich auf eine Reise und möchte das Publikum mitnehmen, um ihm unterwegs die Geschichten der Lieder zu erzählen. Sicherlich kann ich bei einem Liederabend im Münchner Herkulessaal etwa, in den 1300 Leute hineinpassen, nicht jeden erreichen. Aber in einigen Zuhörern erweckt man eben doch das Gefühl, von einer in sich stimmigen, ehrlichen Interpretation mitgetragen und fortgeführt zu werden. Das könnte vielleicht mit der Bezeichnung ›Schubertianer‹ gemeint sein. Denn ich denke schon, daß ich die musikalische wie textliche Sprache Schuberts mittlerweile verstehe. Jedenfalls habe ich mit anderen Komponisten wesentlich größere Verständnisschwierigkeiten. Bach zum Beispiel ist wie ein aufgeschlagenes Buch, in dem ich seit meiner Kindheit blättere – und je mehr ich glaubte, in diese Musik einzudringen, desto mehr wurde mir bewußt, daß ich eigentlich gar nichts verstanden habe...! Bei Schubert habe ich dieses Gefühl nicht – vielleicht singe ich ihn deswegen so gerne. Es ist eine sehr menschliche, teilweise auch eine sehr traurige Musik, die mir jedenfalls sehr nahesteht. Der Prototyp eines Schubertianers ist aber sicherlich Dietrich Fischer-Dieskau gewesen, vor allem in jüngeren Jahren, als er mit Gerald Moore gearbeitet hat. Das gehört zum Schönsten und ›Schubertschsten‹, was ich kenne! Diese Fähigkeit, zu erzählen und Farben zu zeichnen, das ist schon überragend. In diesen Punkten ist er für mich auch ein ganz großes Vorbild – das ich zwar nicht nachahmen will, das es aber immer wieder gilt, in seine eigene Arbeit miteinzubeziehen.

Die »Winterreise« haben Sie schon bald nach dem Erfolg beim ARD-Wettbewerb im Konzert aufgeführt. Haben Sie mit den anderen Zyklen ebenfalls schon nähere Erfahrungen gesammelt?

Ich bin gerade dabei, mich intensiver mit der »Schönen Müllerin« zu beschäftigen. Allerdings möchte ich sie noch nicht öffentlich singen, weil ich sie doch sehr stark als Tenor-Zyklus empfinde. Im Konzert habe ich daher bisher nur die »Winterreise« und den »Schwanengesang« gesungen. Und natürlich einzelne, ausgewählte Liedern. Schließlich eröffnen sich da bei Schubert

unzählige Möglichkeiten... Man kann immer wieder etwas für
sich neu entdecken. Kürzlich bin ich etwa auf die Idee gebracht
worden, Liederabend-Programme einmal an den Opus-Zahlen zu
orientieren, was ich für sehr interessant halte. Dadurch ergeben
sich bemerkenswert dramatische Abläufe.

*Gibt es nach Ihrer Ansicht ein ›richtiges‹ Alter, um sich Schuberts
Zyklen zuzuwenden?*

Das Problem bei der »Winterreise« liegt meines Erachtens darin, daß ein junger Sänger kaum eine Chance hat, wirklich nach
der eigenen Leistung beurteilt zu werden. Wenn ich mich mit
›meiner‹ »Winterreise« dem Publikum stelle, dann kommt der
nächste Kritiker und erklärt, was Herr Fischer-Dieskau an welchem Punkt alles anders gemacht habe... Mir persönlich ist das
passiert, und zwar nach meiner ersten »Winterreise« in München.
Die Kritik von Joachim Kaiser war zwar in vielen Punkten richtig,
wie ich aus heutiger Sicht zugeben muß, aber man tut jungen Sängern keinen Gefallen, wenn man ihnen nur vorhält, daß sie dieses
Werk in zehn Jahren sicherlich anders singen werden... Das
braucht einem niemand zu sagen; das weiß man! Selbstverständlich ändert sich solch ein Zyklus mit der Zeit. Wenn man sich die
erste Aufnahme von Fischer-Dieskau anhört – er war gerade Anfang zwanzig, da finde ich am schönsten, daß er eigentlich nichts
macht! Er erzeugt nicht künstlich irgendwelche dramatischen
Effekte, sondern er gibt sich einfach dieser Musik hin. Ich finde
diese Aufnahme unglaublich schön – vielleicht sogar die schönste,
die er je gemacht hat. Die Kritik von Kaiser hat mich damals deshalb sehr getroffen, weil ich eben versucht habe, mit ganzem Herzen dieses Stück zu singen, wobei ich wirklich noch nicht die
Sicherheit hatte im Umgang mit all diesen Parametern wie Rhythmik, Dramatik, Farbentfaltung – woher auch? Daß einem dies mit
fünfundzwanzig noch nicht so zu Gebote steht wie jetzt mit Mitte dreißig, halte ich für vollkommen normal! Da ist zum einen die
wachsende Lebenserfahrung, zum anderen aber auch die künstlerische Erfahrung, die nur aus unzähligen Konzerten erwachsen
kann! Warum nimmt man jungen Leuten ihre Unbedarftheit, die
es für diesen Beruf dringend braucht? Diesen Mut, Dinge, die
man gerne tun möchte, einfach auch wirklich zu tun? Mein Fehler
war vielleicht, gerade in München mit der »Winterreise« zu de-

bütieren, mit der ich noch kaum Erfahrungen gesammelt hatte...
Die Publikumsreaktion war allerdings überaus positiv: Es gab
eine Viertelstunde lang ›standing ovations‹ – umso mehr schockierte mich die Kritik am nächsten Morgen. Schließlich ist man als
ganz junger Sänger durch Kritikermeinungen noch völlig aus der
Fassung zu bringen. Heute sehe ich das gelassener.

*Welche Stellung haben die Zyklen Schuberts im Verhältnis zu
den einzelnen Liedern für Sie?*

Zyklen sind natürlich, schon durch die Menge von Liedern,
die da zusammengefasst sind, immer eine Art Gesamtkunstwerk
– die »Schöne Müllerin« vereint zwanzig, die »Winterreise« vierundzwanzig Lieder. Das hat schon von daher besonderes Gewicht. Aber im Grunde ist *jedes* Schubert-Lied ein kleines Kunstwerk. Schubert hat die Kunstgattung Lied als solche in eine Höhe
geführt, die so einzigartig und wunderbar ist, daß mir die Gewichtung zwischen beidem schwerfällt. Die »Winterreise« ist vielleicht das Werk, das mich ganz persönlich am stärksten berührt.
Aber das ist eine völlig subjektive Entscheidung, weil diese Reise
und Suche nach der eigenen Person, dem eigenen Ich, dieser stetige Kampf und schließlich doch das Verlieren, dieses Auf und Ab
– alles, was diesen Zyklus so spannend macht – , eben auch ein
Stück meines Lebens ist. Nach jedem Konzert brauche ich eine
Weile, bis ich wieder auf den Boden zurückkehre, aber am stärksten ist dieses Gefühl nach der »Winterreise«: Da bin ich wirklich
woanders...! Ich denke schon, daß sie für mich das größte Werk
Schuberts darstellt. Andererseits ist das Reizvolle an der »Schönen Müllerin«, daß sie eben *auch* ein paar fröhliche Lieder hat.
Schließlich bin ich ja keineswegs nur pessimistisch-nihilistisch
eingestellt – im Gegenteil!

*Welche Interpretation ist für Sie die spannendere: einen vorgegebenen Zyklus zu singen oder sich ein ganz eigenes Programm
zusammenzustellen?*

Ich würde mich da nicht entscheiden wollen – ich denke, daß
beides gleichermaßen spannend ist! In zwei Wochen habe ich
etwa einen Liederabend in London. Die erste Programmhälfte ist
ganz Schubert vorbehalten und besteht hauptsächlich aus Goethe-
Liedern. Ich mache da gar nicht den Versuch, eine Geschichte zu
erzählen, sondern baue das Programm nach Gesichtspunkten der

Spannung auf – natürlich darf nicht der »Erlkönig« neben dem »Prometheus« und dem »Zwerg« stehen, sondern zwischendrin wird auch wieder ruhigeres Fahrwasser angesteuert, ehe es ins Dramatische zurückgeht. Ein Zyklus wie die »Winterreise« ist natürlich schon deswegen faszinierend, weil sie den immer neuen Versuch darstellt, eine Spannung aufzubauen – und vom ersten bis zum vierundzwanzigsten Lied zu erhalten! Bei einem Programm aus einzelnen Liedern ist ein solch großer Spannungsbogen nicht unbedingt erforderlich. Ich habe allerdings auch schon erlebt, daß bei einem gebauten Programm eine Spannung entstand, als wäre es ein Zyklus! Von daher ist diese Unterscheidung eigentlich gar nicht so wichtig. Beides hat seinen Platz – und seinen Reiz.

Sie haben es gerade schon angesprochen, aber ich möchte noch einmal ausführlicher darauf eingehen: Nach welchen Kriterien stellen Sie ein eigenes Liederabend-Programm zusammen?

Da gibt es unzählige: Man kann zum Beispiel das Thema ›Liebe‹ nehmen oder ›Blumen‹, ›Bäume‹, ›Tiere‹ – oder eben nur einen Dichter oder nur Balladen. Ich habe zum Beispiel ein schönes Programm, das beginnt mit drei Schubert-Liedern: »Der Sänger«, »Szene aus Faust« und »Liedesend«; darauf folgen vier Loewe-Balladen: »Der Nöck«, »Edward«, »Prinz Eugen« und »Die Uhr«; dann das von Aribert Reimann für mich komponierte Lied »Entsorgt« sowie die »Vier ernsten Gesänge« von Brahms. Das ist natürlich ein Programm mit einem spürbaren Leitfaden. Aber ich bin kein Purist in dem Sinne, daß ich denke, ein Programm könne nur gut sein, wenn es einen Leitfaden aufweist. Für mich ist es auch durchaus legitim, Lieder aneinanderzureihen, weil sie eben besonders schöne Musik enthalten – und das könnte man ja auch als eine Art Leitfaden sehen.... Dann sind es eben rein ästhetische Kriterien, nach denen ich auswähle. Bei vielen Kritikern habe ich allerdings den Eindruck, es geht ihnen gar nicht darum, zu beschreiben, was sie gehört haben, sondern darum, dem Musiker um jeden Preis etwas Negatives anzuhängen. Da *muß* einfach etwas Tadelnswertes gefunden werden – und wenn es der fehlende ›Leitfaden‹ ist. Mir wurde zum Beispiel in der »Süddeutschen Zeitung« schon vorgeworfen, ›emotionslos‹ gesungen zu haben – man kann mir sicher vieles ankreiden, technische Mängel und dergleichen mehr, aber was ich niemals tue, ist, ohne Emotionen zu singen! Da frage ich mich, ob der Kritiker eigentlich im richtigen Konzert war. Manchmal habe ich fast den Eindruck, daß viele Leute selber ein Problem damit haben, sich einmal den Emotionen der romantischen Musik hinzugeben...

Welche Bedeutung hat der Text für Sie, wenn Sie sich neues Liedrepertoire erarbeiten: Sehen Sie die Bestandteile Text und Musik als getrennte Ebenen oder gleich als Einheit?

Bezogen auf Schubert sehe ich beides immer als Einheit, weil bei ihm diese Symbiose aus Wort und Musik doch sehr weit fortgeschritten ist. Ein Schubert-Lied ohne die Klavierstimme ist ein Nichts. Das heißt: Beides ist sehr wichtig! Von den frühen Strophenliedern einmal abgesehen, gibt es außerdem bei Schubert kaum einen Text, mit dem ich Probleme haben könnte. Bei Loewe etwa ist das schon ganz anders: Für meine erste CD waren Loewe-Lieder vorgesehen, die ich mich wegen ihrer Texte zu singen geweigert habe. Diese Freiheit behalte ich mir schon vor.

Wie würden Sie die Beziehung zwischen Sänger und Pianist beschreiben?

Ich sehe sie als eine möglichst enge Freundschaft; das gleiche musikalische Empfinden muß vorhanden sein, außerdem ein ähnliches Verständnis der Musik. Zudem muß Lernbereitschaft auf beiden Seiten da sein, Offenheit für Kritik – und die Bereitschaft, sich im Konzert bedingungslos aufeinander einzulassen. Das Verhältnis ist jedenfalls ein vollkommen partnerschaftliches, auch wenn es in der Öffentlichkeit zumeist ungleich dargestellt wird, indem sich die volle Aufmerksamkeit auf den Sänger richtet – als sei es gleichgültig, wer da am Klavier sitzt. Das ist es nun keineswegs! Nur, wenn mein Pianist schon vorher hört und erahnt, was ich jetzt gerade im Augenblick der Aufführung machen will – und vielleicht in der Probe noch anders gemacht habe, nur dann kann ich mein Bestes geben. *Diese* Pianisten sind selten! Ich habe mittlerweile zum Glück solche Partner gefunden, mit denen das geht – allen voran Charles Spencer, mit dem ich ganz besonders gerne arbeite.

Wie würden Sie die Zukunftsaussichten für den Liederabend einschätzen: Gibt es genügend Sängernachwuchs, ist noch ein interessiertes Publikum vorhanden, und welche Rolle spielen die Veranstalter?

Ich glaube, daß wir in Deutschland wieder Sänger haben, die nicht als großer Opernstar Liederabende geben, weil das eben irgendwie ›dazugehört‹, sondern denen es wirklich um das Lied geht. Ich denke etwa an Boje Skovhus, Thomas Hampson, Andreas Schmidt, Olaf Bär, Matthias Görne und, ohne arrogant sein zu wollen, an mich. Natürlich gibt es nicht nur in unserem Stimmfach entsprechenden Nachwuchs – stellvertretend für alle anderen nenne ich nun einmal Christoph Prégardien, Juliane Banse und Ingeborg Danz. Junge Sängerinnen und Sänger, die sich intensiv mit dem Lied beschäftigen wollen, sind also vorhanden! Ich glaube, diese neue Generation hat auch verstanden, daß der Liedgesang Medizin für die Stimme sein kann – gerade dann, wenn man sehr viel Oper singt und die Stimme dadurch entsprechend strapaziert. Und ich denke, daß es wieder genügend intelligente Sänger gibt, die sich darauf einlassen wollen und können, ihrem Publikum eine Geschichte zu erzählen. Sänger, die dieses pure Erlebnis – nur Klavier und Gesang – als solches reizt! Ein Publikum, das dafür Interesse hat, ist meiner Erfahrung nach auch wieder vorhanden. Ich habe in den letzten Jahren keinen einzigen schlecht besuchten Liederabend erlebt, und das in verschiedenen Ländern von England bis Spanien, wo es das typische Liederabend-Publikum eigentlich gar nicht gibt. Es hat wohl vor allem mit der Art der Präsentation zu tun: Ein Sänger, der mehr will, als ›schön‹ zu singen, der kann sein Publikum auch erreichen! Innerer Tiefe, etwas Lebenserfahrung und einer persönlichen Ausstrahlung bedarf es schon für den Liedgesang. Der Ausdruck ist meiner Ansicht nach so wichtig, daß man um seinetwillen auch den Mut haben muß, vom ›schönen‹ Singen Abstand zu nehmen. Man muß weg von dieser ›CD-Mentalität‹: alles möglichst glatt, perfekt und ohne Ecken und Kanten! Ich glaube, daß das Publikum es gerade schätzt, wenn man sich auf diese Ecken und Kanten einläßt. Die Musik von Schubert, Schumann, Brahms wird sicher nie sterben: Sie ist einfach zu gut! Und derzeit haben wir genügend Sänger, die dieser Qualität auch gerecht werden können. Die älteren Vertreter der Presse wie des Publikums müssen eben akzeptieren, daß eine neue Sängergeneration da ist, die die Interpretation auf *ihre* Weise angeht! Denen sollte man nicht ihre Chancen verbauen mit dem Argument, daß sie eben »kein

Fischer-Dieskau« seien... Ich denke, wir alle gehen mit der notwendigen Ernsthaftigkeit an die Sache heran. Und ich kann nur an das Publikum appellieren, in diese Konzerte zu kommen: Es lohnt sich – denn die Musik ist ungeheuer reich! Sie beschenkt uns alle: die Interpreten wie die Zuhörenden. Für zwei Stunden kann man hier seine alltägliche Welt mit allem Frust, Ärger und Streß einmal hinter sich lassen und in eine andere Welt eintauchen... Wo sonst kann man diese Ruhepole noch finden? Die Kunstgattung Lied trifft – wenn der Interpret gut ist – das Publikum besonders tief, eben weil der Sänger die Zuhörer so unmittelbar anspricht. Und die menschliche Stimme ist uns allen näher als jedes Instrument. Von daher finde ich es geradezu arrogant, wenn Veranstalter erklären, Liederabende könne man heute nicht mehr machen – es kommt nur auf deren Mut und Geschick, die Sache zu präsentieren, an!

Gibt es Lieder, die Sie vor allen anderen schätzen?

Aber ja: »Du bist die Ruh« zum Beispiel oder das »Wirtshaus« aus der »Winterreise«, »An die Musik« – ich kann jetzt nicht alle aufzählen, aber ich habe in der Tat eine Reihe von Lieblingsliedern. Ich glaube auch, daß deren Zahl stetig zunehmen wird, weil ich eben immer mehr Lieder kennenlerne. Besonders am Herzen liegen mir zum Beispiel auch die »Jedermann-Monologe« von Frank Martin auf Texte Hugo von Hofmannsthals, um auch einmal weniger bekanntes Repertoire zu nennen. Oder die Lieder »Unter Sternen« von Othmar Schoeck mit diesen merkwürdig irisierenden Texten von Gottfried Keller – die finde ich auch ganz toll. Alles in allem gibt es unzählige wunderbare Lieder, die ich als ›Lieblingslieder‹ bezeichnen könnte.

Was macht für Sie das Besondere am Schubertschen Lied aus?

Da ist zum einen die wirklich geniale Verbindung von Text und Musik, wobei die Musik quasi interpretierend eingreift in den Text. Was mich dabei vor allem fasziniert, ist die Möglichkeit, diese Musik mit meiner Stimme zu kolorieren – den Farbenreichtum, der in ihr angelegt ist, mit meiner Stimme zu füllen. Darüberhinaus sind Schuberts Lieder von einer besonderen Innigkeit, von einer ganz eigenen Tiefe und Menschlichkeit. Wenn man sich dabei Schuberts Lebenslauf vor Augen führt, ist umso erstaunlicher, daß er so viel Schönes schreiben konnte – eine unbegreifliche Leistung! Die Lieder sind für mich dabei schon das Größte: Allein die Texte, die er sich ausgesucht hat, und *wie* er sie dann vertont hat... Damit hat er an sich unbekannten Dichtern zu Weltruhm verholfen – etwa Wilhelm Müller. Welcher Germanistikstudent kennt Müller? Aber welcher Musikstudent kennt die »Winterreise« oder die »Müllerin« *nicht*? Allein schon das ist eine enorme Leistung. Und alles das fasziniert mich an Schubert.

16. 01. 96, Hannover

Anneliese Rothenberger

Schuberts Lieder sind die innigsten

Frau Rothenberger, welchen Rang hat das Lied für Sie, die Sie zu den gefeiertsten Opernstars zählten: Rangiert es gleichberechtigt neben der Oper, an der ersten Stelle oder auf dem zweiten Platz?

Nein, auf gar keinen Fall auf dem zweiten Platz! Der Liedgesang ist für mich mindestens gleichberechtigt zur Oper – wenn nicht die Krone überhaupt. Der besondere Reiz der Liedgestaltung liegt dabei in der Tatsache, daß jedes Lied eine abgeschlossene, kleine Geschichte ist und daß alle Äußerlichkeiten vollkommen zurückgenommen sind. Die Darstellung ist völlig verinnerlicht: Man trägt kein Kostüm, hat keine großen Gesten zur Verfügung. Der Sänger steht als er selbst auf dem Podium. Außerdem kann man bei der Liedinterpretation am stärksten nachschöpferisch tätig werden; man ist eigentlich *mehr* als nur Interpret – jede Aufführung bringt etwas ganz Eigenes, Neues. Und jeder Sänger gestaltet es anders! In der Oper hingegen ist man doch von vielen äußeren Einflüssen abhängig: die Kollegen, der Dirigent, der Regisseur. Das Lied kann man völlig nach eigenem Gutdünken gestalten.

Obwohl Sie ein großes Lied-Repertoire von Haydn und Mozart über die Romantiker bis hin etwa zu Othmar Schoeck aufweisen können, scheinen Ihre bevorzugten Lied-Komponisten Schubert, Schumann, Wolf und Strauss zu sein. Trifft das zu?

Schumann, Wolf und Strauss – das ist richtig. Ich muß eingestehen, daß Schubert eigentlich nicht dazu zählt: Denn neben Mozart ist er wirklich der Schwerste von allen. Vor allem bedarf er einer ganz instrumentalen Singweise; diese macht gerade den besonderen Stil Schuberts aus. Wer sich nun nicht auf das Lied spezialisiert, sondern häufig Oper singt, für den ist das besonders problematisch. Mir ist zum Beispiel immer wieder folgendes aufgefallen: Wenn ich kurz nach dem Urlaub im September Tourneen mit Liederabenden gemacht habe, dann war Schubert für mich überhaupt kein Problem. Aber wenn man gerade aus einer schweren Opernpartie aufs Podium kommt, dann ist ein Richard Strauss natürlich viel ›leichter‹ als ein Schubert.

Wissen Sie ungefähr, wieviele Schubert-Lieder Sie insgesamt jemals gesungen haben?

Wenn ich mir überlege, daß ich in verschiedenen Konzertprogrammen jeweils eine Schubert-Gruppe mit fünf oder sechs Liedern hatte – und außerdem noch andere studiert habe, die ich nicht unbedingt in die Konzerte aufnahm, dann müssen es etwa vierzig bis fünfundvierzig Lieder sein.

Hatten Sie darunter Lieblingslieder?

Besonders gerne im Programm hatte ich immer »Nacht und Träume«, »Lachen und Weinen«, »Seligkeit«, »Gretchen am Spinnrad«, »Die Forelle« oder »Frühlingsglaube«. Diese Lieder lagen mir stimmlich am besten. »Nacht und Träume« ist ein besonders schönes – und ein sehr schweres Lied, das eine ungeheure Ruhe braucht. Hier kommt besonders zum Tragen, was ich eben schon erwähnte: Die Stimme muß absolut instrumental geführt werden. Die Interpretation dieses Liedes hat mich immer wieder sehr herausgefordert. Aber von ›Lieblingsliedern‹ möchte ich eigentlich nicht sprechen – die genannten Lieder haben zum Beispiel auch zu den anderen Gruppen im Liederabend besonders gut gepaßt. Oder ich habe bei einem Konzert im tiefsten Winter eben gerade »Frühlingssehnsucht« gewählt – und im April haben wir dann den »Frühlingsglauben« genommen. Die Liedauswahl hat oft auch mit äußeren Anlässen zu tun. Aber die grundsätzliche Entscheidung ist doch die, wie einem die Lieder liegen. Leider hat Schubert für Soprane ja keine Zyklen geschrieben wie die »Winterreise« oder »Die Schöne Müllerin«: Das wär's natürlich!

Heißt das: Die »Winterreise« hätte Sie gereizt, wenn der Zyklus Ihrer Stimme gemäßer wäre?

Meiner Stimme war er schon gemäß – aber es sind doch Männertexte! Genau wie in der »Schönen Müllerin«. Ideal sind diese Zyklen für Bariton. Nun hat es hervorragende Tenöre gegeben - Wunderlich und natürlich Schreier – bei denen klingt es genau so schön. Aber dennoch: Ideal sind sie für Bariton. Nun weiß ich wohl, daß etwa Christa Ludwig Schumanns »Dichterliebe« gesungen hat, die ja auch für eine Männerstimme geschrieben ist. Aber ich hätte das nicht gemacht. Warum auch? Es gibt ja genügend Lieder für Frauen.

*Die beiden Lieder »Der Hirt auf dem Felsen« und »Auf dem
Strom« mit ihren dem Klavier hinzugefügten Instrumenten Klarinette und Horn haben Sie für die Schallplatte eingespielt. Hatten
sie aufgrund der ungewöhnlichen Klangkombination einen besonderen Reiz für Sie?*

»Der Hirt auf dem Felsen« ohne Zweifel! Den singe ich ganz besonders gerne, weil sich meine Stimme dafür hervorragend eignet.
Besonders den langsamen Mittelteil liebe ich sehr! Ich empfinde es
als sehr beglückend, wenn sich die Singstimme dabei gut mit der
Klarinette mischt – und das war mit Gerd Starke, der die Klarinette bei der Schallplattenproduktion spielte, der Fall. Das hat mir
wahnsinnige Freude gemacht! Einmal haben wir es auch vor Publikum live aufgeführt. Anders verhält es sich dagegen mit »Auf dem
Strom«: Das habe ich nur für die Platte gemacht, weil dort eben
diese beiden Stücke vertreten sein sollten. Das Einstudieren hat
mich immense Mühe gekostet... Ich konnte es auch nur für die
Schallplatte akzeptieren – ins Konzertprogramm hätte ich es nie
genommen! Das Lied ist in der Gesamtlage doch sehr gespreizt –
zumindest für meine Stimme. Und außerdem gäbe es dann doch
immer Terminschwierigkeiten mit den Herren Klarinettisten und
Hornisten – darauf habe ich mich erst gar nicht eingelassen...

*Haben Sie eine Vorliebe für bestimmte Textdichter bei Schuberts
Liedern? Mir scheint, Sie haben viele Goethe-Lieder gesungen.*

Mir ist eigentlich nicht in Erinnerung, daß Goethe besonders
häufig vertreten war. Spontan fällt mir da nur die »Rastlose
Liebe« und »Gretchen am Spinnrad« ein. Aber Rückert, Claudius,
Hölty und auch Schubart haben doch alle wunderbare Gedanken
für Schuberts Kompositionen vorgegeben. Und Schubert hat sie
natürlich ganz besonders veredelt... Aber Vorlieben für bestimmte Textdichter habe ich eigentlich nicht gehabt. Es kommt für
mich darauf an, ob ich mich mit einem Text identifizieren kann –
ob der nun von Goethe oder einem anderen Dichter stammt, das
ist mir dann egal.

*Sehen Sie Zusammenhänge zwischen dem Text und der Quali-
tät der Vertonung durch Schubert – in dem Sinne, daß der ›bessere‹
Text auch zu dem ›schöneren‹ Lied geführt hat?*

Das denke ich grundsätzlich schon. Auch Schubert brauchte ja
seine Musen – wenn ihn ein Text ganz besonders beflügelt hat,

dann hat sich das sicher auf die Komposition ausgewirkt. Leider kann ich Herrn Schubert dazu nicht mehr befragen! Grundsätzliche Unterschiede in der Qualität gibt es allerdings schon: Einige Lieder sind halt ganz besonders geglückt. Und da würde ich auf jeden Fall »Nacht und Träume« anführen. Solche Lieder sind wirkliche Wunder. Und ich nehme an, daß die Texte dabei für ihn eine große Rolle gespielt haben.

Haben Sie für Ihre Programme Lieder auch nach den Texten ausgewählt – beziehungsweise wegen ihrer Texte nicht gesungen?

Ich habe immer gemeinsam mit meinem Begleiter – meist war das Günther Weissenborn – neue Lieder ausgesucht. Zuerst haben wir dann natürlich den Text gelesen. Danach haben wir das Lied durchgearbeitet und entschieden, ob wir es jetzt in das Programm aufnehmen, erst mal zurückstellen oder ob es gar nicht in Frage kommt. Der Text alleine gab unter Umständen dann einmal den Ausschlag, wenn wir zu einem speziellen Anlaß einen bestimmten Text brauchten, der darauf Bezug nahm.

Wie sehen Sie das Verhältnis zwischen Text und Musik im allgemeinen – gibt es eine Vorrangstellung, hat eines die Priorität?

Da müßte man nun auf die Oper »Capriccio« von Richard Strauss verweisen – und da kriegt man letztlich auch keine Antwort... Ich glaube, das ist Ansichtssache. Wenn sich beides besonders gut miteinander verbindet – dann handelt es sich um einen Idealfall. Für mich persönlich ist der Text allerdings schon sehr wichtig. Zunächst muß mich der Text irgendwie ansprechen – und wenn dann die Musik meiner Stimme auch noch entgegenkommt, dann nehme ich das Stück im mein Repertoire auf. Allerdings gibt es auch die Werke, die man sich geradezu erkämpfen muß – und die man dann besonders liebt, wenn man das geschafft hat.

Hatten Sie jemals mit dem Opernschaffen Schuberts näheren Kontakt?

Nein! Aber das ließe sich ja vielleicht noch nachholen...? Grundsätzlich bin ich jedoch der Meinung, daß Werke, die so selten aufgeführt werden, den Grund dafür in sich tragen. Ich glaube, daß die Oper nicht Schuberts ganz große Stärke war. Ich muß allerdings sagen, ich war all die Jahre so sehr in meinem Beruf eingespannt, daß ich mich um dieses Randrepertoire auch kaum kümmern konnte. Und Schuberts Opern werden ja praktisch nicht aufgeführt.

Wie würden Sie, die Sie es jahrzehntelang direkt beobachten konnten, die Zukunft des Liederabends als Veranstaltungsform beurteilen: Hat sich das Publikum gewandelt – kommen mehr Leute, vielleicht auch andere Gruppen?

Das unterliegt nach meiner Erfahrung einem ständigen Wandel. Neulich habe ich noch gehört, daß jetzt wieder sogar prominente Sänger Liederabende vor nur halbvollem Saal geben müssen. Das ist natürlich kein gutes Zeichen. Aber das ist ein Auf und Ab – auf die Ebbe folgt auch wieder die Flut. Und es ist eine Art Modeerscheinung: Nachdem in letzter Zeit so viel Wirbel um die »drei Tenöre« gemacht wurde, gehen jetzt eben Veranstaltungen dieser Art besonders gut. Als nächstes sollen drei Soprane folgen, wie man mir erzählt hat... Ich hatte das Glück, daß zu meinen Liederabenden viele junge Menschen gekommen sind. Etliche waren durch das Fernsehen aufmerksam geworden. Das finde ich eigentlich sehr positiv – ich habe das Fernsehen ganz bewußt dazu genutzt: Wo sonst kann man ein so breites Publikum ansprechen! Manche Zuhörer kamen nach einem Liederabend zu mir und sagten: »Wir kennen Sie von der Oper, wir kennen Sie vom Fernsehen – aber das heute abend, das war das Allerschönste!« Das hat mich gerade bei jungen Leuten sehr beeindruckt: Schließlich ist so eine Folge von vierundzwanzig Liedern doch keine ganz leichte Kost... Und wenn ich nur zwanzig junge Menschen für das Lied dazu gewonnen habe – dann ist das doch sehr schön.

Haben Schuberts Lieder für Sie etwas Besonderes, das Sie in wenigen Sätzen charakterisieren könnten?

Im Liederabend-Programm sind sie immer ein Höhepunkt und werden vom Publikum ganz besonders geliebt. Für Schubert kommen die Leute immer! Und auch für den Sänger ist es eine sehr spezielle Sache, Schubert zu singen: Seine Lieder sind halt ganz besonders innig.

25. 03. 95, Köln

Christine Schäfer

Schubert zu singen macht einfach glücklich

Als Oratoriensängerin sind Sie seit Jahren ein Begriff; als Opernsängerin haben Sie in diesem Sommer bei den Salzburger Festspielen als Lulu Aufsehen erregt – welche Bedeutung hat das Lied für Sie, Frau Schäfer?

Ich empfinde Lieder als kleine, in sich geschlossene Opern: Da passiert in wenigen Minuten so vieles, wofür man auf der Opernbühne den halben Abend braucht. Das Lied ist sehr intensiv, sehr konzentriert, und gerade deshalb kann es einen so packen. Dann gibt es natürlich auch Lieder, in denen weniger ›passiert‹, die ganz philosophisch-betrachtend angelegt sind. Das hat auch einen großen Reiz. Die enge Verbindung von Text und Musik, wie sie im Lied zu finden ist, bedeutet mir generell sehr viel. Ich habe auch früher immer gerne Gedichte gelesen – und deshalb hat mich diese Kombination von Anfang an fasziniert.

Das Lied als ›kleine Oper‹: Nimmt die Oper in Ihrer künstlerischen Arbeit den ersten Rang ein, von dem aus sich die anderen Tätigkeiten ableiten?

Ich möchte eigentlich keine Rangfolge aufstellen. Die Oper in Verbindung mit dem Spiel, mit Kostümen, Schminke und Requisiten ist so völlig anders als ein Liederabend, daß ich das nicht gegeneinander abwägen möchte. Natürlich ist der Liederabend das Anstrengendste, das Nervenaufreibendste, so daß ich derzeit mit fünf bis zehn Liederabenden im Jahr ausgelastet bin.

Sehen Sie Schwierigkeiten darin, Oper und Liedgesang zu vereinbaren?

Ich denke, das kommt darauf an, welchen musikalischen Anspruch man an die Oper stellt. Meiner Ansicht nach erfordert der Liedgesang sängerisch und künstlerisch das gleiche wie die Oper. In meinem Fall kommt natürlich hinzu, daß ich eine leichte Stimme, eine ›Mozart-Stimme‹ habe, so daß die Vereinbarkeit mit dem Liedgesang ohnehin gegeben ist. Für eine sehr schwere Stimme, etwa aus dem Wagner-Fach, könnten sich da schon eher Probleme ergeben.

*Einige Kritiker mußten der Besprechung Ihrer Lulu unbedingt vor-
anstellen, daß man Frau Schäfer bisher doch eher aus dem oratorischen Fach kenne. Ist man in diesem Musikbetrieb Ihrer Erfahrung nach schnell festgelegt auf bestimmte Gattungen, bestimmte
Rollen und dergleichen?*

Nein, diese Erfahrung habe ich eigentlich nicht gemacht. Daß
ich mich zunächst auf das Oratorium spezialisiert habe, hing
damit zusammen, daß meine Stimme für die Oper einfach noch
ein bißchen Zeit brauchte. Und so konnte ich langsam in das lyrische Fach hineinwachsen. Außerdem war es mir sehr angenehm,
meine musikalischen und stilistischen Erfahrungen erst einmal auf
dem Konzertpodium zu sammeln. In der Oper kann ich davon
jetzt profitieren.

*Nach den CD's zu urteilen, die bisher von Ihnen erschienen
sind, haben Sie ein besonderes Interesse für das zeitgenössische
Lied – das Sie wohl mit wenigen Kollegen teilen. Wie ist diese Vorliebe entstanden?*

Mein Zugang zur sogenannten E-Musik kam über mein Interesse an der Modernen Musik zustande. Damals war ich etwa
sechzehn Jahre alt. Ich denke schon, daß ich ein besonderes Verständnis, ein besonderes Empfinden für die Moderne Musik habe.
Davon abgesehen, sollte sich meines Erachtens jeder Sänger damit beschäftigen. Ich denke, wir haben eine Verpflichtung, dem
Publikum Neue Musik nahezubringen. Sie kann genauso melo-
disch sein wie Mozart! Im Gegenteil: Es gibt Konzertarien von
Mozart, die mit ihren Sprüngen und komplizierten Intervallen
den Schwierigkeiten, die man mit Moderner Musik haben kann,
in nichts nachstehen.

*Viele andere Sängerinnen und Sänger tun sich mit Neuer Musik
aber wesentlich schwerer. Braucht es einen besonderen Anstoß,
muß man auch als Interpret dahin geführt werden? Sie haben in
Berlin bei Fischer-Dieskau und Reimann studiert, waren also so
nahe als möglich ›dran‹...*

Selbstverständlich ist es ein großer Vorteil, wenn man bei
einem Komponisten selber Lied-Kurse belegen kann und so unmittelbar an die Neue Musik herangeführt wird. Von dieser Arbeit mit Herrn Fischer-Dieskau und Herrn Reimann habe ich natürlich sehr profitiert. Grundsätzlich muß man sich aber einmal

klarmachen, wie ein Sänger an neue Werke herangeht: Er lernt sie auswendig – muß sie sich also komplett einprägen. Der Instrumentalist hat da immer noch den Finger, mit dem er an die ›richtige‹ Stelle greifen kann... Sich als Sänger aber eine disharmonische Melodie einzuprägen, das ist ein ungeheuer schwieriger Prozeß. Man muß immer wieder eine Hürde nehmen! Das geht selbst mir so, die ich mich oft damit beschäftige. Und diesen Arbeitsaufwand wollen viele eben nicht investieren.

Welche Bedeutung hat der Liedkomponist Schubert für Ihre Arbeit?

Schubert bin ich lange Zeit aus dem Wege gegangen, weil ich einen sehr großen Respekt vor ihm habe. Ich hatte den Anspruch an mich selbst, erst ein gewisses Maß an Qualität erreicht zu haben, bevor ich ihm begegne. Mit Schuberts Liedern setze ich mich deshalb erst seit jüngster Zeit auseinander. Und gerade er ist nun meine spezielle Liebe geworden. Es macht einfach glücklich, Schubert zu singen...

In welchem Umfang haben Sie sich dem immensen Liedschaffen Schuberts denn in dieser Zeit schon genähert?

In einem sehr kleinen! Den Anfang machte die Schubert-Serie von Graham Johnson, für die ich eine Gruppe von Liedern aufgenommen habe, die ich vorher größtenteils gar nicht kannte. Darunter waren etwa das Duett »Nur wer die Sehnsucht kennt«, »Der Gott und die Bajadere« sowie weitere Goethe-Lieder in älteren, unbekannten Versionen. Im Konzert habe ich bisher bevorzugt die Gretchen-Lieder gesungen, die ich als eine ganz eigene, besondere Welt empfinde. Sie haben eine Theatralik, mit der man aus dem üblichen Liederabend-Rahmen ein wenig heraustreten kann. Das reizt mich sehr. Dann hat Irwin Gage eine Gruppe eigens für mich zusammengestellt, die mir auch sehr gut gefällt. Sie beinhaltet »Im Frühling«, »Nacht und Träume«, »Im Freien«, »An den Mond«, »Der Jüngling an der Quelle« und »Der Einsame«.

Sowohl Herr Johnson als auch Herr Gage machen sich ausführliche Gedanken über die Programmgestaltung. Fällt es Ihnen als Sängerin leicht, solch ein vorgegebenes Programm anzunehmen, oder haben Sie eher den Wunsch, selber Einfluß zu nehmen?

In der Regel habe ich keine Probleme mit einem von dem Pianisten ausgewählten Programm, weil die Lieder in den meisten

Fällen einfach so gut sind. Außerdem haben Pianisten wie Gage oder Johnson viel mehr Erfahrung mit der Programmgestaltung als ich, sie kennen viel mehr Literatur und sie können meine Stimme einschätzen – also vertraue ich gerne darauf, daß sie das Richtige aussuchen. Ich habe sogar die Erfahrung gemacht, daß Vorschläge, die ich zunächst ablehnen wollte, dann doch sehr sinnvoll waren. Wenn man sich mit den Liedern erst einmal auseinandersetzt, findet man meist einen Zugang. Und ich bin neugierig, immer wieder etwas Neues kennenzulernen!

Können Sie sich vorstellen, einen ganzen Abend ausschließlich Schubert zu singen?

Ich habe es bisher noch nie gemacht – und bis zum Kölner Schubert-Zyklus 1996/97 ist ja noch etwas Zeit... Aber ich bin auf die Erfahrung gespannt! Und Schuberts Lieder sind so wunderbar, daß ich eigentlich keine Bedenken habe. An einem Abend mit mehreren Gruppen bedaure ich immer, wenn die Schubert-Lieder vorüber sind...

Haben Sie eine Erklärung dafür, weshalb man immer dieselben Schubert-Lieder in den Programmen hört, obwohl doch die Auswahl so groß ist?

Das hängt meines Erachtens damit zusammen, daß wir Interpretationen heute nur noch im Vergleich beurteilen. Was die wenigen, ganz berühmten Liedinterpreten singen – und das Publikum im Ohr hat, singen alle anderen auch, um ihre Qualität zu beweisen. Sie wollen sich messen lassen können an den vorgegebenen Leistungen. Auch als Nachwuchssänger glaubt man, nur konkurrieren zu können, wenn man auch das gleiche Repertoire singt wie die Etablierten. Ich bin froh, daß ich gerade mit dem modernen Lied angefangen habe, denn mit den Hörerfahrungen aus dem Konzertsaal und von der Schallplatte verglichen zu werden, kann ganz schön hart sein. Mit unbekannteren Stücken hat man sicher größere Chancen. Außerdem finde ich ein möglichst breites Repertoire für alle interessanter und versuche, meinen Teil dazu beizutragen. Obwohl ich jetzt schon bemerke, wie schwer es fällt, immer wieder etwas Neues zu lernen – immer wieder diese Energie aufzubringen, anstatt auf ein bekanntes, erprobtes Programm zurückzugreifen. Wenn man sich in frühen Jahren kein breites Repertoire erarbeitet hat, ist die Gefahr, bei denselben Stücken zu bleiben, sicher sehr groß.

Sie sagten eben, oft kämen die Programmvorschläge von den Pianisten. Nach welchen Kriterien würden Sie *einen Liederabend zusammenstellen?*

Ein Programm alleine zu entwickeln, das würde mir sehr schwerfallen. Deshalb überlege ich immer gemeinsam mit den Pianisten. Axel Bauni, mit dem ich oft zusammenarbeite, hat da auch immer sehr gute Ideen. Mit den Wünschen des Veranstalters überein zu kommen, ist allerdings manchmal gar nicht so einfach: Da muß man mit dem jonglieren, was man hat...

Welche Rolle spielt der Text, wenn Sie sich für oder gegen ein neues Lied entscheiden?

Dem Text kommt eine sehr große Bedeutung zu. Es gibt wirklich Texte, die ich nicht singen möchte – zum Beispiel bei Strauss-Liedern. Wenn dann die Musik ganz überragend ist, kann ich aber darüber hinwegsehen. Das ist etwa bei vielen Brahms-Liedern der Fall.

Wie ist Ihre Meinung zum Thema ›Männer-Lieder‹: Ist es sinnvoll, wenn sich Sängerinnen mit dieser Literatur beschäftigen?

Es gibt etliche Männer-Lieder, bei denen ich es völlig unerheblich finde, ob nun er von ihr oder sie von ihm spricht. Deshalb zögere ich auch nicht, sie zu singen. Bei den Zyklen ist es schon etwas komplizierter: Ich würde liebend gerne eine »Winterreise« singen, wenn da nicht diese Erwartungshaltung des Publikums und der Kritiker dagegen stünde. Ich finde diesen Zyklus so wunderschön, daß ich bedaure, ihn *nur* deshalb nicht singen zu können, weil ich eine Frau bin. Andere Gründe wie stimmliche Probleme oder dergleichen könnte ich viel eher akzeptieren. Die Mezzosopranistinnen zeigen ja derzeit, daß es grundsätzlich möglich ist! Allerdings haftet diesen Stimmen vorab etwas Männliches an, was bei einem ›Engelssopran‹ wie dem meinen natürlich vollkommen anders ist. Ich denke aber auch, daß ein Liedsänger eher wie ein Schauspieler auf dem Podium steht, der eine Lesung macht. Weniger als eine individuelle Person – insofern ist es eigentlich egal, ob eine Frau oder ein Mann diese Zyklen singt. Entscheidend ist vielmehr, ob der Interpret den Inhalten gerecht werden kann.

Was sagen Sie zu der Diskussion, es gäbe keinen Nachwuchs für den Liedgesang bzw. das Publikum stürbe aus? Und welche Rolle spielen die Veranstalter in diesem Zusammenhang?

Ich denke, das Publikum, das sich für Liederabende interessiert, ist sehr erlesen. Aber wenn Veranstalter den Mut haben, einen prominenten Saal zu einem guten Termin zu vergeben und ein bißchen Werbung für das Konzert zu machen, dann kommen auch entsprechend viele Zuhörer! Diese Erfahrung habe ich etwa in der Kölner Philharmonie gemacht. Enthusiasmus gehört unbedingt dazu – auf allen Seiten. Der Veranstalter hat es aber in der Hand, für diese Veranstaltungsform Aufmerksamkeit zu wecken. Leider stehen dem oft finanzielle Risiken entgegen – in Frankfurt ist zum Beispiel die Saalmiete so immens hoch, daß sich kaum einer wagt, einen Liederabend zu veranstalten. Das Publikum ist meiner Ansicht nach schon vorhanden, und auch an Sängern, die gerne und gut Lied singen, fehlt es nach meiner Einschätzung nicht. In der Londoner Wigmore Hall treten junge Sänger ohne großen Namen vor einem ausverkauften Saal auf. Diese Chancen braucht man! Ich schätze, es kommt vor allem darauf an, ob es in einer Stadt eine Tradition gibt, Liederabende zu veranstalten. Das bedarf der Pflege. Daß der Sängernachwuchs vorhanden ist, merkt man schon an der Konkurrenz, die man selber hat! Da gibt es derzeit mindestens vier junge deutsche Soprane, die viele Liederabende singen: Ruth Ziesak, Christiane Oelze, Juliane Banse und ich. Das ist doch für ein Land und eine Generation sehr viel! Und um ein größeres, jüngeres Publikum zu gewinnen, kann auch der einzelne Sänger etwas tun: Indem er nämlich bei allen Gelegenheiten dem Vorurteil entgegentritt, der Liederabend sei etwas Konservatives und Altertümliches. Daß sich dieses Image ändert, daran müssen wir arbeiten. Für mich gehört zum Beispiel dazu, eine Gruppe mit zeitgenössischen Liedern in jedem Programm zu haben. Das spricht auch wieder ein anderes Publikum an.

Welche Maßnahmen könnten Sie sich denn vorstellen, um speziell jüngere Leute für einen Liederabend zu interessieren?

Als E-Musik-Sänger in die Pop-Szene zu gehen, um ein neues Publikum zu finden, halte ich für problematisch. Das grundsätzliche Interesse muß wohl in der Schule geweckt werden. Wenn ich nur an meinen Musikunterricht denke: Für die meisten war es der blanke Horror, sich ein klassisches Stück anhören zu müssen... Für uns Interpreten alleine ist es schwierig, mehr Leute in den Konzertsaal zu ziehen.

Wie beurteilen Sie die Chancen für junge Sänger, überhaupt Liederabende geben zu können?

Ich persönlich hatte das Glück, über die Liedklasse von Fischer-Dieskau und Reimann früh Kontakte knüpfen zu können, so daß ich keine Probleme hatte, Veranstalter zu finden. Außerdem habe ich an Wettbewerben teilgenommen und mich da eher auf das Lied konzentriert. Wenn man dann gut abschneidet, ist einem auch eine gewisse Aufmerksamkeit sicher. Es gibt ja auch Veranstalter, die gerade junge Künstler vorstellen wollen. Kontakte sind sicher sehr wichtig, aber man muß eben auch bereit sein, selber die Initiative zu ergreifen. Anfangs wird man nicht gefragt, sondern man muß selber fragen! Das fängt schon in der Hochschule an – ich habe meine Lehrerin so lange bedrängt, bis ich meinen ersten Liederabend geben konnte...

Haben Sie Lieblingslieder?

Mein Lieblingslied von Schubert ist »An den Mond«, und zwar nicht die durchkomponierte Fassung, sondern das Stropenlied. An diesem Lied hänge ich wirklich sehr und singe es besonders gerne als Zugabe. Ansonsten könnte ich jetzt im einzelnen eher Lieder aufzählen, die ich *nicht* mag, weil ich viel zu viele sehr schätze, um sie hier nennen zu können.

Was macht für Sie das Besondere am Lied Schuberts aus, das ihn von anderen Liedkomponisten unterscheidet?

Ich finde bei Schubert die Kombination von Text und Musik sehr speziell – sie weist eine besondere Klarheit auf. Es gibt nichts Überflüssiges; alles ist auf das Wesentliche konzentriert. Man hat immer den Eindruck, die Musik auf diesen Text könne gar nicht anders sein. Die Deutung ist vollkommen zwingend. Während ich bei anderen Komponisten eher überlege, was kann ich für die Interpretation noch hinzufügen, nehme ich mich bei Schubert eher zurück: Seine Lieder sprechen für sich; sie *lassen* einen singen. Schubert beflügelt den Sänger – und klärt ihn.

08. 11. 95, Amsterdam

Andreas Schmidt

Anwalt der unbekannten Lieder
bekannter Komponisten

In welchem Alter haben Sie Ihren ersten Liederabend gegeben, Herr Schmidt?

Wenn ich mich recht erinnere, war ich da gerade neunzehn – und habe meine erste »Winterreise« gesungen. Die »Winterreise« mußte es deshalb sein, weil ich sie als einziges Werk des Liedrepertoires richtig kannte und von Angeginn meiner Beschäftigung mit dem Lied immer wieder daran gearbeitet hatte. Natürlich war das verwegen! Aber für mich kam einfach nichts anderes in Frage. Andererseits war es auch ein toller Beginn... Ich hatte damals gerade angefangen, in Düsseldorf Kirchenmusik zu studieren, und nahm privat Gesangsunterricht bei Ingeborg Reichelt. Mit einem Dozenten der Hochschule habe ich dann eines Tages spontan beschlossen, mal eine »Winterreise« aufzuführen. Das Konzert fand in einem kleinen Raum vor vielleicht dreißig Zuhörern statt. Kurz darauf hatten wir Gelegenheit, es in einem kleinen Ort im Westfälischen zu wiederholen. Ein Privatmann veranstaltete dort Konzerte in einer umgebauten Scheune. Der Rahmen hat mich allerdings sehr irritiert: Die Musik diente mehr der Untermalung eines Abendessens...

Sehr schnell sind Sie dann allerdings an sehr prominenten Orten aufgetreten wie etwa der Schubertiade Feldkirch. Wie fühlt man sich als der Jüngste im Saal – der zudem noch auf dem Podium steht?

Im Liederabend ist mir das gar nicht so sehr aufgefallen, weil meine Begleiter der Anfangszeit genauso jung waren wie ich. Ganz anders dagegen in der Oper oder im Oratorium: Mit Kollegen aufzutreten, die zwanzig oder mehr Jahre älter waren als ich und die einem ja nicht nur die Jahre, sondern auch die in dieser Zeit gesammelte Erfahrung voraus hatten, war nicht immer leicht. Im Liederabend habe ich meine Jugend eigentlich nie als irgendwie nachteilig empfunden, was wohl auch daran liegen mag, daß ich sehr früh begonnen hatte, mich mit dem Lied zu beschäftigen.

Was gab den Anstoß zu dieser Beschäftigung?

Mein Vater hatte mir etliche Lied-Schallplatten mit Fischer-Dieskau geschenkt und mich so mit dem Lied bekanntgemacht. Ich war ja in der kirchenmusikalischen Tradition großgeworden und stand dem Oratorium zunächst sehr viel näher. Nachdem diese Platten mich auf das Lied neugierig gemacht hatten, kaufte ich mir unglaubliche Mengen von Noten, um mir einen Überblick zu verschaffen, was es in dieser Kunstgattung so alles gibt. Damit bin ich bis heute noch nicht fertig geworden...!

Steht das Lied heute für Sie an erster Stelle?

Ich würde sagen: gleichberechtigt an erster Stelle. Ich wende auch viel Zeit auf für die Oper und das Oratorium. Die Tatsache, daß ich beim Lied ganz alleine entscheiden kann, was ich wann singen möchte, also von äußeren Einflüssen unabhängig bin, gibt ihm schon eine herausragende Bedeutung. Und letztlich kann einem die Arbeit am Lied die größte Befriedigung schenken: Man kann am meisten von sich selber einbringen.

Wie würden Sie Ihre Beziehung zu dem Liedkomponisten Schubert beschreiben?

Schubert war der erste Liedkomponist, den ich kennenlernte. Schon deswegen nimmt er eine besondere Stellung ein. Ich habe mir seine Lieder, und bald dann auch die anderer Komponisten, zunächst selber erarbeitet. Seit meinem 6. Lebensjahr hatte ich Klavierunterricht und war somit in der glücklichen Lage, mich beim Studieren selber begleiten zu können. Auf diese Weise habe ich sehr viele Lieder kennengelernt. Und Schubert ist für den Liedersänger das, was Bach für den Oratoriensänger ist – von der gleichen Wichtigkeit und Unverzichtbarkeit, von der gleichen Schwierigkeit. Sich mit seinem Schaffen auseinanderzusetzen, gehört einfach dazu. Und auf seine Werke kommt man immer wieder zurück. Die Zyklen kommen in jedem Jahr mehrfach vor, worauf ich auch achte: Sie sind so kostbar, daß ich nicht mehrere Jahre auf sie verzichten wollte.

Sie haben sich mit allen drei Zyklen wiederum sehr früh beschäftigt. Sind Sie jemals dem Einwand begegnet, für diese Werke noch nicht die nötige ›Reife‹ mitzubringen?

Wenn man sich das Lebensalter Schuberts vergegenwärtigt, in dem er diese Werke komponiert hat, nämlich mit Anfang dreißig,

warum sollte der Interpret sie dann nicht im selben Alter aufführen können? Die Situationen, die etwa in der »Winterreise«
beschrieben werden, erlebt der Sänger in verschiedenen Altersstufen bestimmt unterschiedlich – weil sich seine eigenen Erfahrungen ändern, weil er ein immer wieder neuer und anderer
Mensch ist. Ich glaube, man muß mit diesen Werken wachsen.
Man muß mit ihnen leben, mit ihnen umgehen – dann ›reifen‹ sie
ganz von alleine. Sie bis zu einem bestimmtem Lebenszeitpunkt
aufzuschieben und anzunehmen, dann könne man sie sogleich
angemessen interpretieren, halte ich für den falschen Ansatz. Die
Fähigkeit zur freien Gestaltung kann nur aus der Erfahrung vor-
angegangener Aufführungen erwachsen und eine ›reife‹ Interpretation kann meines Erachtens nur aus der stetigen Auseinandersetzung mit dem Werk entstehen. Die Problemsituationen, die
geschildert werden, sind überdies keinem Lebensalter fremd. Ich
schätze, jeder Interpret kann sich in seinem jeweiligen Alter darunter etwas vorstellen. Aber wie gesagt: Immer wieder etwas
anderes und etwas Neues. In ein Werk wie die »Winterreise«
fließen die Erfahrungen eines ganzen Lebens ein. Und die geschil-
derten Stimmungen sind ja auch vielfältig: Da gibt es ein Erinnern an jugendliches Glück, da keimt Wut auf – die mit zunehmendem Alter des Sängers vielleicht eine eher resignative Farbe
erhält, während ein jüngerer Interpret vielleicht mehr Auflehnung
hineinlegt. Und gerade das ist das Spannende an dieser Musik –
und läßt sie leben. Interpretationen können eben verschieden
sein, und zwar nicht nur bei unterschiedlichen Interpreten, sondern durchaus auch bei demselben Interpreten in verschiedenen
Lebensabschnitten. Das kann ich bei älteren Kollegen hören –
und glaube es auch schon bei mir selber zu spüren. Ich habe kürzlich die »Winterreise« sechsmal hintereinander gesungen und
selbst da war keine Aufführung genau wie die vorangegangene.
Und diese Veränderung ist ein stetiger Prozeß: Das Stück wächst
und reift. Im übrigen gefällt es ja vielleicht auch gar nicht allen
›vollreif‹ am besten, sondern mundet dem einen oder anderen
gerade auch in einem früheren Stadium...

Steht Ihnen einer der Zyklen besonders nahe?

Auch das hat sich verändert und wird sich vermutlich wieder
verändern: Zuerst habe ich mich mit der »Winterreise« ausein-

andergesetzt; sie ist der Zyklus, den ich am längsten kenne. Eine
Weile habe ich mich dann besonders mit dem »Schwanengesang«
beschäftigt. Die »Schöne Müllerin« habe ich relativ spät erst für
mich entdeckt und in letzter Zeit dann sehr häufig gesungen. Das
Mißverständnis, dem ich in jungen Jahren wohl auch aufgesessen
bin, daß die »Winterreise« der dramatischere Zyklus sei im Verhältnis zur »Müllerin« – die man ja auch öfter mit hohen Stimmen
hört und mit einem freundlicheren Klang verbindet – ist sicher
weit verbreitet. Umso interessanter war es, dieses Werk mit der
tiefen Stimme und den dunkleren Farben für mich zu entdecken.
Meine Vorstellung von diesem Zyklus hat sich durch die eigene
Beschäftigung damit sehr verändert. Im Grunde ist die »Müllerin«
sogar die grausamere Geschichte, die konsequentere Geschichte –
weil sie zu Ende geführt wird: Der Müllerbursche begeht Selbstmord, indem er sich in den Bach stürzt. In der »Winterreise«
dagegen bleibt das Ende offen. Die Situation ändert sich eigentlich nicht – nach den vierundzwanzig Liedern stellen sich die gleichen Fragen wie am Anfang. Es geht um das ewige Leid, um das
ewige Suchen. Die Problematik wird nicht bewältigt. Bei der
»Schönen Müllerin« wird sie das – wenn auch auf tragische Weise. Aber das Suchen und das Leid finden ein Ende. Spannend ist,
wie sich diese Sichtweise bei einem selber ändert. Anfangs hat
man das Ende der »Müllerin« vielleicht nicht so tragisch genommen, vielleicht eher romantisch verklärt gesehen, wozu das
»Wiegenlied« ja auch verleitet. Man kann es aber auch als grau-
same Geschichte begreifen – und dann kann das »Wiegenlied«,
seinen fünf Strophen zum Trotz, keine versöhnliche Stimmung
herstellen. Auch wenn es versucht, den Zuhörer einzulullen und
ihm zu suggerieren, daß der Tod für diesen Müllerburschen
schon das Richtige war. Daß diese Sichtweise sich wandelt, bietet
eben Raum für unzählige Interpretationen.

Sehen Sie eine Verbindung zwischen dem Wanderer und dem
Müllerburschen?

Durchaus: Ich begreife beide als den Archetypus des Menschen,
der unterwegs ist. In beiden Fällen geht es um verunglückte Liebe.
In der »Winterreise« ist die Liebesgeschichte eben schon zu Ende;
es gibt keine Handlung mehr. Bei der »Müllerin« wird diese Geschichte gerade erzählt. Vielleicht ist der Müllerbursche der jün-

gere Liebende, wohingegen der Wanderer in der »Winterreise«
nicht der ist, der seine erste Liebe erlebt, sondern seine größte
Liebe. Der, gerade weil er Vergleiche ziehen kann mit anderen
Beziehungen, versucht, diese leidvolle Erfahrung für sich zu verarbeiten. Der Müllerbursche hingegen scheint der Überzeugung
zu sein, daß die erste Liebe die einzige ist – und geht den somit
konsequenten Weg: in den Selbstmord. Die Macht, mit der diese
Liebe ihn überfallen hat, läßt ihm keinen anderen Ausweg. Der
Wanderer hat seine erste Liebe hingegen überlebt; vielleicht war
sie auch nicht so stark wie die des Müllerburschen. Er hat aus seinen vorangegangenen Erfahrungen Kraft zum Überleben gewonnen. Er war sicher schon in verschiedenen Städten und hat schon
verschiedene Enttäuschungen erlebt. Aber diese ist die größte –
und die zu verarbeiten müht er sich erfolglos.

Verbindet sich mit dem letzten Lied der Winterreise, dem »Leier-
mann«, für Sie eine bestimmte Vorstellung – oder bleibt alles offen?
Im Laufe des Kurses, den ich auf der Stuttgarter Bach-Akademie hier gerade gebe, wird mir so vieles wieder ganz klar, was
man sonst eher intuitiv macht – und das ist ja gerade das Schöne
am Unterrichten: Indem man Sachverhalte verbalisieren muß,
holt man sie sich deutlich ins Bewußtsein. Dazu gehört vor allem,
wie wichtig es für einen Sänger ist, sich Bilder vorzustellen – sich
die Textworte in eine Geschichte zu verwandeln, die man dem
Zuhörer erzählt. Zu dem Lied »Der Leiermann« kann man sich
sehr viele Bilder vorstellen: Den Leiermann selber als Figur in dieser eisigen, erfrorenen Atmosphäre, wo kein Leben mehr Platz zu
haben scheint. Man kann ihn sicher auch als Symbol des Todes
verstehen. Die schüchterne Annäherung des Wanderers könnte
heißen: »Bist du, Leiermann, mein Freund – bist du, Tod, mein
Freund?«. Aber diese Frage bleibt im Raum stehen. Es gibt keine
Antwort. Wie der ganze Zyklus nur Fragen aufwirft! Der Ausgang bleibt also offen, und so kann man viele Bilder für sich entwickeln, die man beim Singen vor sich sieht. Diese inneren Bilder
spiegeln sich im Gesichtsausdruck, in der Körperspannung und in
der Stimme des Sängers wider – und damit übertragen sie sich auf
die Zuhörer. Im übrigen überträgt es sich auch, wenn jemand
nichts denkt. Wenn er keine Bilder vor sich sieht, sondern nur an
die Produktion dessen denkt, was da im Notentext steht. Asso-

ziationen zu haben – und sie im Augenblick der Aufführung immer wieder neu zu entwickeln: Das ist entscheidend für die Ausdruckskraft eines Sängers.

Im Gegensatz zu »Müllerin« und »Winterreise« ist der »Schwanengesang« kein feststehender Zyklus. Nach welchen Kriterien haben Sie die Lieder zusammengestellt?

Früher habe ich die im »Schwanengesang« vorgegebenen Lieder als zweite Programmhälfte eines Konzertes genommen und im ersten Teil weitere, dazu ausgewählte Lieder von Schubert gesungen. Inzwischen bin ich der Meinung, daß man es so nicht machen sollte, weil es zuviel wird. Es tut dem Zyklus auch nicht gut, wenn die beiden Gruppen der Rellstab- und der Heine-Lieder so unvermittelt aufeinander folgen. Besser ist, entweder eine Pause oder einige andere Lieder dazwischen zu haben. Das arme Seidl-Lied, das dem Verleger mit hineingerutscht ist, muß nun immer dazu herhalten, daß es weitere Lieder von Seidl sein müssen, die man auswählt. Ich glaube, es muß möglich sein, eine zwingendere Verbindung herzustellen, als die, daß damals gerade die »Taubenpost« mitherausgegeben wurde. Als ich den »Schwanengesang« für die CD aufnahm, überlegte ich mir infolgedessen, wo es noch eine zyklushafte Folge von Liedern bei Schubert gibt, die auf die Texte desselben Dichters komponiert und gegen Ende seines Lebens entstanden ist. Da stießen wir dann recht bald auf Karl Gottfried von Leitner. Und so ergänzten wir Rellstab und Heine um eine Gruppe von Leitner-Liedern. Diese Lösung finde ich nach wie vor sehr befriedigend, denn diese dritte Gruppe bildet ein gutes Gegengewicht zu den schier übermächtigen Rellstab- und Heine-Liedern. Zufrieden bin ich auch deshalb, weil wir damit eine Version gefunden haben, die es vorher nicht gab – und die einfach sinnvoll ist. In den Konzerten der letzten Jahre habe ich die »Taubenpost« dann ganz weggelassen. Ich singe sie jetzt lieber an Abenden mit ausgewählten Schubert-Liedern. Denn: Die »Taubenpost« auf das letzte Heine-Lied folgen zu lassen, sei es der »Atlas« oder der »Doppelgänger«, das wirkt doch mehr wie eine falsch verstandene Zugabe. Heine muß am Schluß des »Schwanengesangs« stehen.

Damit sind wir schon bei den grundsätzlichen Fragen der Programmgestaltung: Von welchen Aspekten lassen Sie sich bei der Lied-Auswahl leiten?

Zunächst einmal macht es mir unglaublichen Spaß, Programme zusammenzustellen! Wenn ein Liederabend ansteht, für den der Veranstalter nicht so eindeutige Vorgaben gemacht hat wie »Sie müssen aber ›Winterreise‹ – oder ›Dichterliebe‹ – singen« beziehungsweise eine Liste von Werken anfügt, die keinesfalls gesungen werden dürfen, wenn man also einmal relativ frei planen darf, dann finde ich es faszinierend, zu Hause zu sitzen und Möglichkeiten der Programmgestaltung zu bedenken. Man kann sich am Textdichter orientieren und danach Gruppen zusammenstellen – von einem oder von mehreren Komponisten; man kann Werke verschiedener Schaffensperioden zusammenfassen und einander gegenüberstellen, um so einen Einblick in die Entwicklung eines Komponisten zu geben; man kann sich einfach ein Motto suchen und Lieder beliebiger Komponisten thematisch anordnen; man kann einen Dichter in möglichst vielfältigen Vertonungen präsentieren; man kann einen Komponisten unter verschiedenen Aspekten beleuchten – es gibt endlose Kombinationsmöglichkeiten! Fast wie beim Lotto. Jedenfalls, was die Vielzahl der Möglichkeiten angeht. So beliebig wie bei »6 aus 39« sollte es natürlich nicht sein: Schließlich ist man hier dafür verantwortlich, wie die ›Gewinnzahlen‹ am Ende aussehen... Aber ein Sängerleben reicht nicht aus, um alle diese Möglichkeiten durchzuspielen.

Von vielen Seiten hört man die Klage, der Liederabend als Veranstaltungsform sei in der Krise: Die einen schieben das auf den Sängernachwuchs, der das Publikum nicht hinreichend zu fesseln verstehe; junge Sänger beschweren sich über die Veranstalter, die ungern Liederabende aufs Programm setzen, weil dann ›der Saal nicht voll ist‹ – und die Veranstalter weisen darauf hin, das Publikum für diese besondere Konzertform sterbe allmählich aus. Wie schätzen Sie die Situation ein?

Ich glaube eigentlich nicht, daß sich die Situation verändert hat. Liederabende waren immer schon etwas Besonderes und werden es gewiß auch bleiben. Wir Sänger haben natürlich dafür zu sorgen, daß zunächst das Publikum – und damit auch die Veranstalter – ›dranbleiben‹. Wir müssen immer wieder beweisen, daß es nach wie vor gute Gründe gibt, Liederabende anzubieten. Meine ersten Liederabende haben allesamt in der Provinz stattgefunden – und an den merkwürdigsten Örtlichkeiten: in Wandelhallen von kleinen Bädern, in Sporthallen, in größeren privaten Räumlichkeiten, kurz überall, wo ein klavierähnliches Instrument zur Verfügung stand... Es war auch überhaupt nicht daran zu denken, mit einem Liederabend Geld zu verdienen. Man bekam seine Fahrtkosten erstattet, mehr nicht. Und da muß man durch, wenn man ein Lied-Sänger werden möchte. Viele singen dann lieber irgendeine Gastvorstellung an einem kleinen Theater: Das kostet weniger Vorbereitung und bringt mehr Geld. Und mehr Publikum ist auch da... Gute Gründe dafür, daß etliche Sänger sich überhaupt nicht mit diesem Repertoire beschäftigen wollen. Aber es gibt eben immer wieder einige, denen das Lied wichtig genug ist, diese Mühen auf sich zu nehmen. Ich glaube nicht, daß der Liederabend vom Aussterben bedroht ist. Es war immer schon eine Minderheit, die sich damit beschäftigt hat – bei den Interpreten wie beim Publikum. Eine Veränderung sehe ich höchstens darin, daß sich gerade jetzt viele Nachwuchssänger sehr für das Lied interessieren. Insofern haben wir heute sogar bessere Voraussetzungen als vor zwanzig oder dreißig Jahren – wo für Liederabende von vornherein nur fünf Sänger in Frage kamen. Andere hatten kaum eine Chance. Diese Eisbergspitze hat sich nun doch etwas verbreitert. Man muß allerdings sehr aktiv sein, um bei Agenturen und Veranstaltern auf der Liste der Namen zu stehen, die für die begrenzten Liederabendtermine, die es gibt, in Frage kommen. Leichter wird es erst, wenn man sich auf anderen Gebieten profiliert und einen Namen gemacht hat. Eine Lied-CD veröffentlicht zu haben ist natürlich auch sehr hilfreich.

Die jungen Sänger also gibt es – gibt es auch ein nachwachsendes Publikum?

Merkwürdigerweise ist das typische Liederabend-Publikum ein etwas älteres. Aber: Die Altersstrukturen bleiben so. Das heißt: Dieses ältere Publikum wächst stetig nach. Vielleicht finden viele Menschen eben den Weg zur Poesie und zum Lied erst in späteren Jahren – wenn sie im übrigen auch mehr Zeit haben, sich mit diesen Dingen zu beschäftigen, weil die alltäglichen Probleme mit dem Beruf oder der Familie sie nicht mehr so sehr in Anspruch nehmen. Sicher wäre es schöner, wenn das Publikum bei Liederabenden durchsetzter wäre. Wir tun dazu, was wir tun können:

nämlich möglichst gute Liederabende singen. Und wenn sich mehr und mehr junge Interpreten für das Lied einsetzen, zieht das mit der Zeit vielleicht auch mehr jüngere Zuhörer an. Denn die Voraussetzungen, sich für Liederabende zu interessieren, sind vom Alter eigentlich gänzlich unabhängig: Es genügen die Liebe zur Musik und zur Literatur.

Könnte nicht gerade das unserer Zeit eigene abnehmende Interesse an der Literatur, die Hinwendung zum bewegten Bild und die Abwendung vom Text, zu dem man sich eigene Bilder erst schaffen muß, dazu beitragen, daß das Lied immer weniger Anhänger findet?

Da sehe ich ein Problem, das unsere gesamte Kultur betrifft: Alles, was mit nicht-visuellem Aufnehmen zu tun hat, wird immer komplizierter. Wir leben inmitten einer Bilder- und Geräuschflut. Man wird mit diesen Reizen ständig beschossen und kann kaum noch zur Ruhe finden. Sich da einmal abzuschotten und ganz auf die Lektüre eines Buches einzulassen, ist nicht leicht. Wir bewegen uns von der lesenden zur nur noch schauenden Gesellschaft, weg von der eigenen Vorstellungskraft hin zum Konsum der Vorstellungen einiger weniger anderer. Dieses Problem betrifft alle – und die Liedgestalter in besonderem Maße. Hinzu kommt die Schwierigkeit, daß Poesie eine Art von Literatur ist, die den Zugang zur Sprache noch erschwert. Ich vergleiche das mit einer Fremdsprache: Romantische Gedichte benutzen Vokabeln, die einem heutigen Hörer nicht ohne weiteres vertraut sind. Ein noch so interessant gestalteter Vortrag bleibt für Sie langweilig, wenn Sie die Sprache nicht verstehen. So ist es mit dem Lied auch: Wir, die wir tagtäglich damit umgehen, empfinden diese Barrieren gar nicht mehr. Das Publikum hingegen muß sich diese Sprache erst erarbeiten. Und dazu braucht es einen Anreiz: Der Lied-Sänger muß immer wieder neu beweisen, daß diese Thematik, von der die Texte handeln, eine aktuelle Dimension hat – daß sie den heutigen Interpreten und Hörer genauso bewegen und ergreifen kann, wie sie damals den Dichter und Komponisten bewegt und ergriffen hat. Das Vokabular hat sich geändert, nicht aber die Inhalte. Das muß der Sänger dem Zuhörer vermitteln – und quasi als Übersetzer fungieren: Je gekonnter wir übersetzen, desto besser erschließt sich dem Publikum das Anliegen des Dichters und des Komponisten. Ansonsten könnte sich jemand, der einen Liederabend besucht, um der Kultur Genüge zu tun, auch sagen: Ich verstehe diese Sprache zwar nicht, aber ich bin ja in zwei Stunden wieder draußen... Wir müssen das Publikum anregen, für sich selber einen Zugang zu dieser Sprache zu finden. Das erfordert allerdings viel Idealismus – und Zeit.

Wieviele Schubert-Lieder haben Sie im Repertoire?

Wenn ich sie nächste Woche im Konzert singen sollte: schätzungsweise 300.

Warum kommen von den unzähligen Liedern Schuberts so viele nie oder äußerst selten im Liederabend vor?

Diese Frage stelle ich mir – und anderen – immer wieder! Wenn ich mir anschaue, wie der Trend der Zeit dahingeht, für CD-Produktionen oder Aufführungen ständig etwas auszugraben, was es noch nicht gibt, und das Repertoire beständig zu erweitern. Das bislang zur Verfügung stehende Repertoire ist aber bei weitem noch nicht ausgeschöpft! Ich möchte mich daher zum Anwalt vergessener Lieder bekannter Komponisten machen, anstatt mich vorrangig um – teilweise vielleicht gar zu Recht – vergessene Komponisten zu bemühen. Bei dem vermeintlich Bekannten ist noch so vieles zu entdecken! Aber kaum jemand verläßt die ausgetretenen Pfade. Das hat die Kursarbeit hier in Stuttgart auch wieder bewiesen: Brahms-Lieder sollten vorbereitet werden – und alle Studenten hatten sich mehr oder weniger dieselben Lieder vorgenommen... Brahms hat aber mehr als diese zwanzig Lieder geschrieben, die allenthalben zu hören sind! Einem Lied-Sänger sollte ein wirklich repräsentativer Teil des Lied-Schaffens eines bedeutenden Komponisten zur Verfügung stehen. Und gerade bei Schubert sind wir davon noch sehr weit entfernt. Wer sich als Liedinterpret ernstnimmt, müßte sich in diesem Sinne um eine Repertoire-Erweiterung kümmern. Warum sollte ich denn einen Liederabend singen mit zwanzig Liedern von fünfzehn unbekannten Komponisten – anstatt zwanzig Lieder von Franz Schubert, darunter fünfzehn unbekannte oder selten zu hörende? In diesem Sinne zu wirken, empfinde ich als sehr sinnvolle Aufgabe. Die Lieder von Brahms, Pfitzner oder Strauss, die kaum jemand kennt, für die CD aufzunehmen, daran arbeite ich derzeit mit großem Vergnügen. Das weitet den Blick auf diese Komponisten, die allesamt zu wichtig sind, als daß man sich damit begnügen sollte, nur eine Handvoll Lieder von ihnen zu kennen.

Wie haben Sie die Reaktion des Publikums auf ein solches Programm mit unbekannteren Liedern erfahren?

Das Publikum will meines Erachtens einen spannenden Liederabend hören – alles andere zählt erst in zweiter Linie. Ich denke sogar, die Zuhörer freuen sich, wenn ihnen einmal etwas Neues geboten wird. Außerdem wird jeder kluge Veranstalter eine Mischung anstreben, die auch die ›highlights‹ enthält. Und dann neben den Schubertschen Zyklen eben auch Programme mit ausgewählten Liedern, die das Publikum nicht direkt mit dem Namen Schubert verbindet, anbieten.

Haben Sie Lieblingslieder? Oder, aus den genannten Gründen, vielleicht gerade nicht?

Ich würde mich da nie entscheiden wollen. Zum Glück muß ich es auch nicht. Also lasse ich es lieber.

Was macht für Sie das Besondere des Schubertschen Liedes aus im Vergleich zu anderen Lied-Komponisten?

Für mich bedeutet das Lied Schuberts die erste Gleichstellung von Gesang und Klavier. Das empfinde ich als einen ganz zentralen Punkt. Bei Schubert ist das Klavier zum ersten Mal in hohem Maße dafür mitverantwortlich, daß eine bestimmte Atmosphäre entsteht. Er war der erste, der es verstanden hat, die Kunstform des Liedes so auszuweiten, daß ein Lied von zwei Minuten Dauer so viel aussagen kann wie bei anderen Komponisten eine ganze Sinfonie. Schubert-Lieder sind für mich Essenz, sind essentielle Musik: aufs Eigentliche, Wesentliche und Wichtigste reduziert. Er hat mit sparsamsten Mitteln das Größtmögliche erreicht.

25. 08. 95, Stuttgart

Peter Schreier

Die glückliche Verbindung
von Kunst und Einfachheit

*Wenn Sie drei Werke auf eine einsame Insel mitnehmen dürften,
Herr Schreier: Welche wären das?*

Das hängt bei mir eigentlich immer davon ab, womit ich mich
gerade beschäftige: Wenn ich heute ein Stück mit in den Himmel
– oder auf die einsame Insel – nehmen dürfte, dann wäre es die
Johannes-Passion, die ich in den nächsten Tagen hier in Hamburg
dirigieren werde. Wäre ich hingegen vor zwei Wochen danach
gefragt worden, wäre es die »Winterreise« gewesen, die ich da mit
Daniel Barenboim in Chicago gemacht habe. Grundsätzlich würde ich mich auch nicht gerne festlegen wollen auf drei Werke,
aber natürlich gibt es ein paar Lieblingsstücke – dazu gehören die
»Winterreise« und der »Schwanengesang« von Schubert sowie die
Passionen von Bach. Einzelne Lieder zu nennen, fällt mir etwas
schwerer, aber zweifellos hat Schubert die meisten Lieder geschrieben, mit denen ich auf eine einsame Insel gehen könnte.

*Was die Gattungen anbetrifft, haben jetzt nur Lied und Orato-
rium Erwähnung gefunden, die Oper nicht. Ist das Zufall – oder
Absicht?*

Vielleicht ist es kein Zufall! Bei den Opern muß ich schon
etwas länger nachdenken... Da würde ich den 1. und 3. Akt von
Pfitzners »Palestrina« mitnehmen wollen; das wäre allerdings ein
Riesenaufwand. Und ob das alles auf einer Insel unterzubringen
wäre... Da müßte ich wohl eine Schallplattenaufnahme mitnehmen. Die Oper steht mir aber in der Tat nicht so nahe wie die
Kammermusik, das Lied, das Oratorium – zu diesen habe ich
mich Zeit meines künstlerischen Lebens hingezogen gefühlt.
Werke wie »Cosi fan tutte« und »Don Giovanni« sind mir zwar
auch ans Herz gewachsen, aber: Ich könnte ohne sie leben...

*Hat sich dieser musikalische Geschmack im Laufe der Jahr-
zehnte entwickelt oder verändert?*

Ich bin sehr früh zum Kunstlied gekommen: Während meines
Studiums hatte ich das große Glück, in einem jungen, angehen-
den Kapellmeister einen musikalischen Partner zu finden, der sich

mit aller Kraft und Energie dem Lied verschrieben hatte. Er hat
mit mir eine riesige Anzahl von Liedern erarbeitet: von Ravel,
Debussy, Lewkovitch, einem dänischen Komponisten, der hier
gar nicht so bekannt ist und der wunderschöne Lieder geschrieben hat, von Prokofjew nahezu das gesamte Liedschaffen. Ich
glaube, daß ich damals gelernt habe, was plastische Lied-Deutung
ist, wie man ein Lied, um mit meinen Worten zu sprechen, bild-
haft machen kann. Da ich während des Studiums noch viel Zeit
hatte, mich ausgiebig damit zu beschäftigen, bin ich damals so
richtig auf das Lied gekommen.

Wann haben Sie sich den Schubertschen Zyklen zugewendet?

Das war doch viel später. Zuerst kam »Die schöne Müllerin«;
das muß in den Jahren meines ersten Engagements gewesen sein,
als ich etwa Mitte Zwanzig war. An die »Winterreise« habe ich
mich sehr spät erst gewagt, mit knapp fünfzig Jahren. Ich hatte
zum einen etwas Scheu davor, weil dieser Zyklus der Tradition
gemäß vorrangig von tiefen Stimmen gesungen wird – obwohl er
von Schubert original für Tenor komponiert ist. Und außerdem
liegt der Charakter der »Winterreise« – das sehr Nachdenkliche,
Resignative, was wohl in Schuberts Natur lag -, meinem Naturell
zunächst einmal eher fern. Den »Schwanengesang« schließlich
habe ich mir im Zusammenhang als letzten Zyklus erarbeitet.
Einzelne Lieder daraus hatte ich allerdings schon früher regelmäßig gesungen.

*Sagt diese Reihenfolge der Erarbeitung auch etwas über den
Schwierigkeitsgrad der Zyklen für den Sänger aus?*

Der gesanglich schwerste ist sicherlich der »Schwanengesang«. Die Tongebung, die man beim »Schwanengesang« braucht,
ist eine dynamisch anspruchsvollere als bei der »Winterreise«
oder der »Müllerin«. Der »Schwanengesang« verlangt von dem
Interpretierenden am meisten – ich möchte fast sagen, die »Winterreise« erreicht das Publikum in jedem Falle wegen der Volks-
tümlichkeit ihrer Aussage. Beim »Schwanengesang« muß man
wesentlich mehr investieren an Gestaltungswillen. Die »Schöne
Müllerin« wirkt wohl auf den ersten Blick als der ›heiterere‹
Zyklus, ist aber gesanglich ebenfalls sehr anspruchsvoll.

*Sie erwähnten gerade den Begriff ›volkstümlich‹ im Zusammen-
hang mit der »Winterreise«: Wie möchten Sie ihn verstanden wissen?*

Das ist in der Tat ein ganz gefährlicher Begriff! Ich will damit
sagen, es ist kunstvoll in einem volksliedhaften Ton geschrieben.
›Volkstümlich‹ im Sinne von Unterhaltungsmusik meine ich damit nicht. Obwohl natürlich auch diese ihre Berechtigung hat; ich
möchte mich keineswegs darüber erheben. Was nun gerade an
der »Winterreise« so eine enorme Wirkung auf den zuhörenden
Menschen hat, ist, daß Schubert seine Aussage in Töne zu bringen vermag, die jeder verstehen kann – ohne daß sie plakativ oder
primitiv sind. Ein besonders gutes Beispiel scheint mir das Lied
»Der Wegweiser«, das mit so einfachen Mitteln im Klavier eine
solche Eindringlichkeit erreicht und Verständnis weckt auch bei
einem Hörer, der über keine große musikalische Vorbildung verfügt. Ich staune immer wieder darüber, welch einen großen Kreis
von Menschen eine Musik wie die der »Winterreise« anspricht.
Das Geheimnis dieser – und vieler anderer – Lieder Schuberts
liegt wohl darin, daß sie sich einprägen, man behält sie im Ohr,
singt sie auch einmal so vor sich hin, ohne daß es einem recht
bewußt wird. Das betrifft die »Winterreise« in hohem Maße, aber
auch Lieder wie das »Ständchen«, von dem man meines Erachtens
nun wirklich sagen kann, daß es volkstümlich geworden ist.

*Wie stehen Sie zu der Auffassung, die Interpretation der
Schubertschen Zyklen sollte den Männerstimmen vorbehalten
bleiben: Ist das reine Konvention – oder gibt es inhaltliche
Gründe?*

Das liegt ja wohl zunächst einmal an den Texten: Es geht in
beiden Fällen um Männer und ihre unglückliche Liebesbeziehung
zu einer Frau; es wird aus der Sicht der Männer erzählt. Wenn
man das nun persönlich nimmt, müßten es schon Männer singen.
Was ich jedoch ohne weiteres einsehe, ist, daß die Sängerinnen in
ihrem Repertoire arg benachteiligt wären, wenn sie diese Werke
nicht singen dürften. Ein den Frauen vorbehaltener Zyklus wie
»Frauenliebe und -leben« läßt sich damit meines Erachtens nicht
vergleichen. Ich persönlich empfinde es allerdings als etwas
befremdlich, wenn eine Frau über eine Frau singt. Letztlich würde ich deshalb doch die Interpretation durch einen Sänger vorziehen. Wir Männer singen ja auch nicht die Frauenlieder – wie
»Suleika« oder »Mignon«.

Die »Schöne Müllerin« begleitet Sie nicht nur seit Jahrzehnten auf Ihrem Weg durch die Konzertsäle in aller Welt, sondern Sie haben sie auch mehrfach für die Schallplatte eingespielt. Wieviele Aufnahmen gibt es insgesamt?

Bisher existieren fünf verschiedene Aufnahmen: Die erste war eine in originaler Gestalt mit Walter Olbertz. Um gleich die zweite originale zu nennen – und zugleich die jüngste: Das ist die mit András Schiff aus dem Jahre 1989. Dann gibt es eine mit Norman Shetler, die die Vogelschen Verzierungen vorstellt. Und außerdem habe ich eine mit Gitarre und eine mit Hammerklavier eingespielt.

Wenn man die Aufnahmen mit den verschiedenen Instrumenten, Gitarre, Hammerklavier und moderner Flügel, nun einmal miteinander vergleicht: Wo liegen die grundsätzlichen Unterschiede in der Interpretation?

Schubert hat seine gesamte Kammermusik – und die Lieder zählen ja dazu – unter dem Aspekt des Hausmusizierens geschrieben. Heute wird sie in großen Konzertsälen geboten und daraus folgt schon die erste Diskrepanz: Hier ist eigentlich nur der Konzertflügel ein wirkliches Äquivalent zum Sänger – mit anderen Instrumenten besteht in Sälen, die nicht speziell für Kammermusik gedacht sind, heute meines Erachtens kaum eine Möglichkeit, Lieder zu singen. Soweit einmal die rein räumliche Komponente. Das Hammerklavier ist sicherlich das authentischste der Instrumente: Das hatte Schubert selbst zur Verfügung; den Konzertflügel gab es ja noch nicht. Also hat Schubert unter diesem Klangeindruck komponiert. Die Gitarre war ein Mode-Instrument – damals wie heute – und wurde für das häusliche Musizieren bevorzugt verwendet, da natürlich nicht in jedem Haushalt ein Hammerklavier zur Verfügung stand. Schubert hat etliche Fassungen seiner Klavierlieder für Gitarre authorisiert. Er spielte ja selbst Gitarre und hat dies bestimmt als eine Möglichkeit, seine Lieder im kleinen Kreis aufzuführen, akzeptiert. Für den professionellen Sänger ergeben sich allerdings einige Schwierigkeiten, während die Gitarre für den Laiensänger wohl das ideale Begleitinstrument ist. Das Hammerklavier ist dagegen schon klanglich anspruchsvoller, obwohl es noch nicht über die Farbigkeit verfügt wie der moderne Konzertflügel. Grundsätzlich bin ich der Auffas-

sung: Warum sollte nicht das Klavier als eine echte Weiterentwicklung des Hammerflügels betrachtet werden? Schließlich spielen wir im heutigen Sinfonieorchester auch nicht mehr auf Gam-
ben. Diese Weiterentwicklung hat doch klanglich immer zu etwas
Schönerem geführt. Zwar mag das eine oder andere ›interessanter‹ klingen mit historischen Instrumenten – aber eine moderne
Oboe beispielsweise würde ich doch gegen keine historische ein-
tauschen wollen! Daß man das heute gleichwohl tut, halte ich
zum großen Teil für eine Modeerscheinung.

*Wenn man die verschiedenen Einspielungen im Vergleich hört,
fällt meines Erachtens auf, daß die Gitarre für die letzten Lieder
der »Schönen Müllerin« besonders gut geeignet ist, weil sie den
Prozeß der Verinnerlichung am schönsten zur Geltung bringt.*

Ja, durchaus! Für diese Lieder ist die Gitarre einfach ideal. Die
ganz großen Emotionen, etwa in »Hätt' ich tausend Arme zu
rühren« oder »Was sucht denn der Jäger am Mühlbach hier«,
bleiben in dieser Fassung natürlich etwas verhaltener. Allerdings
wissen wir nicht genau, welche Tempi Schubert sich vorgestellt
hat; er hat Vortragsbezeichnungen oftmals wieder durchgestri-
chen und abgeändert. Auch bleiben Anweisungen wie »Etwas
geschwind« oder »Nicht zu langsam« immer auch eine Spur sub-
jektiv. Deshalb glaube ich, daß der Sänger in den etwas bewegte-
ren Liedern ruhig auf die Gitarre Rücksicht nehmen kann, die
eben die »Ungeduld« nicht so schnell spielen kann wie das moderne Klavier. Man muß sich aber auch vergegenwärtigen, daß die
Gitarre bei der Studioproduktion durch die Einstellung des
Mikrophons entsprechend ›herangeholt‹ wird, was im Konzertsaal eben nicht möglich ist.

*Ermöglicht also doch der moderne Flügel die optimale Inter-
pretation?*

Sicher bietet der Flügel für uns heute die besten Möglichkeiten,
aber die beiden Fassungen mit den anderen Instrumenten sind als
zusätzliche Hör-Erfahrungen gedacht – damit man sich ein Bild
davon machen kann, wie zu Schuberts Zeit musiziert wurde. Das
klangliche Spektrum war damals eben beschränkter. Ich möchte
die verschiedenen Fassungen auch gar nicht vergleichen. Wenn
man sich die »Müllerin« mit Gitarre anhört, muß man sich eben
auf diesen Klang einstellen. Jedes Instrument hat seine Reize! Und

wenn ich mir die Version mit Hammerklavier anhöre, dann muß ich halt wissen, daß das Hammerklavier gewisse Grenzen hat. Wichtig ist doch vielmehr, daß die jeweiligen Interpreten zu einer in sich geschlossenen, stimmigen Aussage finden – und die Hörer sich auf diese einlassen. In diesem Zusammenhang fällt mir die Bemerkung eines Kritikers in Dresden ein, der nach einer Aufführung der »Müllerin« mit Gitarre schrieb: »Nächstens müssen wir uns wohl noch Wagners »Ring« mit Streichquartett anhören!«. Ich wollte diese Besetzung nur einmal als klangliche Alternative anbieten – und damit die Hausmusik-Form des Musizierens vorstellen.

Wenden wir uns der »Winterreise« zu. Da gibt es einen Konzertmitschnitt aus der Semper-Oper vom Februar 1985 mit Sviatoslav Richter. Ist das ein besonderes Dokument?

Ich glaube schon. Die Zusammenarbeit mit Richter ist sicherlich dokumentarisch. Zumal er eine ganz besondere Beziehung zu diesen Liedern hat, die seiner Geisteshaltung sehr nahestehen. Das zeigt sich vielleicht auch in den Tempi, die mir heute zum Teil fast etwas zu nachdenklich sind – etwa »Der Lindenbaum«. Aber damals war es für mich das ganz große Erlebnis. Auch dieser gedankliche Zwang, der da entstand: Ich hätte es zu dem Zeitpunkt gar nicht anders machen können! Nun war es ja zugleich auch meine erste »Winterreise« – und so hat sie für mich schon eine herausragende Bedeutung.

Im Jahre 1991 folgte die Einspielung mit András Schiff. Da zeigt sich meines Erachtens ein anderer Zugriff auf das Werk. Worin liegt das begründet?

Das liegt zunächst einmal am Unterschied der Generationen: Richter ist gerade achtzig geworden; Schiff ist Anfang vierzig. Schiff hat zu diesem Zyklus ein ganz natürliches Verhältnis – man merkt deutlich, daß er mit dieser Musik aufgewachsen ist. Er kennt die Lieder alle auswendig – und singt sie selbst mit! Sein Klavierspiel ist grundsätzlich frei von Manieriertheiten. Das zeigt sich auch hier: Seine »Winterreise« ist so natürlich agogisch im Ablauf, daß man die Überzeugung gewinnt: genau so und nicht anders muß es sein.

Liegen die Unterschiede in der Interpretation demnach nur in der Person des Pianisten begründet?

Nicht nur – in den sechs Jahren, die zwischen den beiden Aufnahmen lagen, habe ich die »Winterreise« sehr oft gesungen; sie
wurde gereifter, überlegener. Auch aus der zunehmenden Lebenserfahrung heraus: Da hat man sich mit dem Tod vielleicht schon
eher mal beschäftigt, was ich bis zu meinem fünfzigsten Lebensjahr eigentlich gar nicht getan habe. Und dann geht einem ein
Lied wie »Der Wegweiser« doch schon ganz schön nahe... Eine
grundsätzlich andere Auffassung liegt der zweiten Einspielung
aber nicht zugrunde. Ich gehe eigentlich sowieso nicht mit einer
fest vorgefassten Meinung an eine Interpretation heran. Vielmehr
ist es eine Frage des Augenblicks – der Inspiration von außen und
meiner momentanen Verfassung, sowohl seelischer als auch
körperlicher Art. Alle diese Umstände wirken auf eine Interpretation ein, die deswegen auch immer wieder neu und anders sein
kann.

Um die drei Zyklen abzuschließen, möchte ich noch über den
»Schwanengesang« sprechen – der ja gar kein Zyklus im eigent-
lichen Sinne ist...

Es sind die letzten Lieder Schuberts, die keinen inhaltlichen
Zusammenhang aufweisen wie die »Müllerin« oder die »Winterreise«. Ich empfinde sie daher bloß als eine willkürliche Zusammenstellung und fühle mich auch nicht an eine bestimmte Reihenfolge gebunden.

Die einzelnen Sänger ordnen die Lieder zum »Schwanengesang«
sehr unterschiedlich an. Auf der Einspielung mit András Schiff
haben Sie die Reihenfolge Rellstab – Heine – Seidl gewählt. War-
um diese?

Rellstab – Heine ist ja die übliche Anordnung, die der erste
Verleger zusammengestellt hat. Wenn man die beiden Gruppen
betrachtet, sind die Heine-Lieder unzweifelhaft die stärkeren –
auch schon vom Text her. Sie müssen deshalb auf die Rellstab-
Lieder folgen. Innerhalb der Heine-Gruppe sind wir der Umstellung der Lieder nach Goldschmidt gefolgt – wobei ich heute aber
doch finde, daß »Der Doppelgänger« am Schluß stehen müßte. Er
ist die Krönung dieser Zusammensetzung. Die Rellstab-Gruppe
ist außerdem um das Lied »Herbst« erweitert. Ich finde es ein sehr
schönes, stimmungsvolles Lied, das gut in diesen Rahmen paßt.
Wie gesagt, fühle ich mich beim »Schwanengesang« nicht an eine

bestimmte Vorgabe gebunden. Im übrigen finde ich, daß Seidls »Taubenpost« eigentlich gar nicht hier hereinpaßt: Mit dem »Doppelgänger« ist eindeutig der Höhepunkt erreicht.

Es gibt Sänger, die – wahrscheinlich deswegen – die Seidl-Lieder voranstellen.

Das könnte man zweifelsohne tun. Im Konzert schließe ich auch mit der Heine-Gruppe ab. Eine Liedzusammenstellung auf einer CD gehorcht etwas anderen Gesetzen: Man versucht immer, mit etwas ›Populärerem‹ anzufangen – und das ist eben das erste Rellstab-Lied, »Liebesbotschaft«, in stärkerem Maße als eines der Seidl-Lieder.

Was ist grundsätzlich für den Interpreten reizvoller: einen vorgegebenen Zyklus zu singen oder sich selber einzelne Lieder zusammenzustellen?

Ich betrachte einen Liederabend immer als ein ganzes und beschränke mich auch auf zwei, höchstens drei Komponisten. Ein gemischtes Programm zu singen, ergäbe für mich keinen Sinn, keinen Zusammenhang. Ich denke, es ist auch für das Publikum angenehmer, sich in Ruhe in einen Komponisten ›einhören‹ zu können, als einen ständigen Wechsel vorgesetzt zu bekommen. Außerdem wähle ich mir die Lieder natürlich danach aus, ob sie mir persönlich ›liegen‹, wähle Lieder, auf die ich einen guten Zugriff habe, von denen ich eine Vorstellung entwickeln kann – wo ich ein Bild vor mir sehe. Die Reihenfolge der Lieder ändert sich immer wieder einmal: je nach den Erfahrungen, die ich im Konzert damit mache.

In der Schubert-Edition von Graham Johnson ist jeder Band unter ein Thema gestellt; bei Ihrer Aufnahme heißt das Thema ›Strophenlied‹. Im Booklet-Text schreibt Johnson dazu: »Schon der bloße Begriff ›Strophenlied‹ ruft beim Publikum wie bei den Ausführenden heftige Abwehr hervor...« – warum hat Johnson mit dieser Aufgabe gerade Peter Schreier betraut?

Diese Auswahl kam eigentlich so zustande, daß ich gerne die Schulze-Lieder singen wollte, die mir sehr gut gefallen und die ja den zweiten Teil der Aufnahme einnehmen. Die übrigen Lieder hat Johnson dann dazu ausgesucht. Natürlich ist die Interpretation eines Strophenliedes besonders schwierig, weil man leicht der Gefahr unterliegt, daß die Aufmerksamkeit der Zuhörenden nachläßt. Es kommt also auf starke Differenzierung an – der Sänger muß eine Möglichkeit finden, trotz der in allen Strophen wiederkehrenden Melodie so fesselnd zu gestalten, daß das Ohr immer von neuem interessiert wird. Und das ist in der Tat nicht ganz einfach. Ich weiß allerdings nicht, ob das Publikum wirklich von vornherein eine Abscheu hat gegenüber Strophenliedern – und mit Grauen daran denkt: O je, das Lied hat sieben Strophen! In der »Schönen Müllerin« zum Beispiel fällt einem das doch kaum auf: Jede Strophe für sich hat eine andere Farbe – der Sänger muß sie allerdings darstellen können. Ich bin Graham Johnson übrigens sehr dankbar für die Anregung zu dieser Zusammenstellung: Von alleine wäre ich auf viele dieser Lieder gar nicht gekommen.

Woran könnte es liegen, daß so viele Schubert-Lieder weitgehend unbekannt sind – wenn sogar ein versierter Schubert-Sänger wie Peter Schreier bei der Schubert-Edition Neues für sich entdeckt?

Es liegt wahrscheinlich in erster Linie daran, daß Schubert eine ganze Anzahl Lieder geschrieben hat, die geradezu populär geworden sind – aufgrund ihrer Texte und ihrer Melodien. Denken wir nur an das »Heidenröslein«! Wenn diese Lieder nicht so überaus bekannt wären, hätten die anderen wohl eher eine Chance, ebenfalls ›populärer‹ zu werden – was bei über sechshundert Liedern natürlich seine Grenzen hat. Und außerdem: Auch bei einem Franz Schubert ist nicht alles genial...

Könnte nicht auch der in einigen Liedern etwas sehr altmodisch anmutende, geradezu betuliche Text die Aufnahme durch das Publikum erschweren? Auf der CD der Schubert-Edition heißt es etwa gleich im ersten Lied: »Ich hab' ein Mädchen funden, sanft, edel, deutsch und gut«. Wie geht ein heutiger Interpret diese Texte an?

Da gibt es grundsätzlich zwei Möglichkeiten: entweder vollkommen ernsthaft oder ironisch. Ich gehe allerdings davon aus, daß sie zu Schuberts Zeit durchaus ernst genommen wurden. Ähnlich ist es etwa mit Brahms‹ »Schöner Magelone«: Der Text ist für uns heute doch etwas kindisch. Welcher Erwachsene ist denn schon in der Lage, sich auf so ein Märchen einzulassen – und es nachzuempfinden? Schließlich zieht heute keiner mehr mit Schild und Speer durch die Lande, um sich ein Mädchen zu suchen... Und wenn der Ritter in den unmöglichsten Situationen zur Laute greift und singt – das ist dermaßen phantastisch, da bleiben nur die zwei Möglichkeiten, sich mit einem Schuß Ironie zu distanzieren oder es vollkommen ernst zu nehmen. Ich halte die zweite Lösung für die der Musik angemessenere. Ansonsten fallen Text und Musik meines Erachtens auseinander.

Wissen Sie zufällig, wieviele Schubert-Lieder Sie jemals gesungen haben?

Ich schätze: so an die einhundertfünfzig.

Gibt es darunter Lieblingslieder?

Das ist schwer zu sagen... Eines könnte ich vielleicht nennen: »Die Liebesbotschaft«, das erste Rellstab-Lied aus dem »Schwanengesang«. Am liebsten würde ich jeden Liederabend mit der »Liebesbotschaft« beginnen! Das erinnert mich an ein Erlebnis mit András Schiff: Wir hatten ein Konzert in Salzburg – auf dem Programm standen ausschließlich Werke Mozarts. András Schiff kommt rein und erklärt: »Zum Einspielen nun ein Stück aus dem »Wohltemperierten Klavier« von Johann Sebastian Bach!« – etwa so geht es mir mit Schuberts »Liebesbotschaft«...

Schubert und das Lied: Sind das synonyme Begriffe?

Sicher! Mit dem Namen Schubert verbindet sich ohne Zweifel der Begriff »Lied«. Betrachtet man etwa sein Opernschaffen im Vergleich: Diese Musik ist irgendwie Lied geblieben. Der rezitativisch-dramatische Effekt hat ihm nicht so gelegen. Jede Arie in Schuberts Opern erscheint mir wie ein Lied. Ich habe mir gerade in Zürich »Des Teufels Lustschloß« angesehen, und ich muß sagen, obwohl Harnoncourt sich alle Mühe gegeben hat: Der Funke springt einfach nicht über. Als Bühnenwerk bleibt es irgendwie langweilig. Es stellt sich kein theatralischer Zusammenhang her. Als Sinfoniker hingegen hat Schubert ganz große Leistungen erbracht. Trotzdem machen die Lieder den ›eigentlichen‹ Schubert aus.

Wie ließe sich Ihrer Ansicht nach beschreiben, was das Besondere und Spezifische an Schuberts Liedern ist?

Meines Erachtens ist es die glückliche Verbindung zwischen Kunst und Einfachheit. Sein Geheimnis liegt darin, daß er alle Menschen anspricht: die Musikgebildeten, die ganz mit der Musik leben, aber auch die, die Musik aus einem anderen Blickwinkel aufnehmen. Er trifft jeden! Diese Art, Kunst zu machen, ist sicherlich das Größte, was es geben kann. Wenn man bedenkt, daß sich die klassische Musik heute größtenteils an ein Spezialpublikum wendet; wenn man sich vergegenwärtigt, welch ein Bruchteil von Menschen – gemessen an der Gesamtbevölkerung – sich mit ihr beschäftigt: Das ist doch eigentlich erschreckend. Und gerade Schuberts Musik erreicht einen erstaunlich großen Kreis! Ich glaube wirklich, was Franz Schubert so genial macht, ist diese Synthese von größter Kunst und höchster Einfachheit der Mittel.

30. 03. 95, Hamburg

Mitsuko Shirai/Hartmut Höll

Konsequent und kompromißlos

S*eit 1972 arbeiten Sie gemeinsam als ›Lied-Duo‹: Können Sie sich noch an den Beginn Ihrer Zusammenarbeit erinnern?*

M. SHIRAI (lachend): Wir können uns sogar sehr genau erinnern...!

H. HÖLL: Also: Ich mochte Gesang überhaupt nicht! Ich habe Solo-Klavier studiert, und Gesang war für mich hauptsächlich mit viel Lärm und Pathos verbunden... Außerdem dachte ich immer, Singen ist nur etwas für große, dicke Frauen oder Männer. Da sprach mich mein Lehrer eines Tages an, eine fabelhafte japanische Sängerin suche einen Klavierpartner zum Liedstudium: Ob ich nicht Interesse hätte...? Ich hatte vorher auch ein wenig Germanistik und Philosophie studiert – und wußte im Augenblick meiner ersten Begegnung mit Mitsuko Shirai, daß das Lied *mein* Thema ist. Daran hat sich bis zum heutigen Tage nichts geändert...

M. SHIRAI: Man muß sich vorstellen, was das für ein Zufall war: Der Pianist, der mit den Gesangsstudenten meiner Lehrerin üblicherweise arbeitete, hatte keine Stunde mehr frei. So kam die Anfrage über Umwege an Hartmut Höll!

H. HÖLL: Wichtiger als diese anekdotischen Anmerkungen ist die Feststellung, daß ich als Pianist damals eine Sängerin kennenlernte, mit der ein tiefes Einverständnis im Ausdruck und in gemeinsamer Empfindung gegeben war. Doch so fing es an: Wir studierten Mendelssohn- und Wolf-Lieder. Ich spielte die Mendelssohnschen Sechzehntel so, wie man das als wohltrainierter Pianist eben tut – und Mitsuko sagte ganz ruhig und höflich, als wir auf »Flügeln des Gesanges« zum ersten Mal durchgespielt hatten: »Würden Sie mir bitte etwas Zeit zum Atmen geben...«. Daraufhin bekamen die Sechzehntel leichte Ecken hier und da – und ich wunderte mich, welch unpräzise Wesen Sänger doch manchmal sind. Sehr rasch begriff ich aber dann, wie organischer Atem den Klang strukturiert und Ausdrucksträger ist, und habe erst einmal hart gearbeitet, um das Niveau zu erreichen, das Mitsuko mir vorgab – um eine musikalische Partnerschaft überhaupt möglich zu machen. Erst viel später, als ich selbst schon unterrichtete, habe ich begriffen, was für ein Glücksfall das war, als Pianist eine Sängerin kennenzulernen, die uneitel genug war, eine solche Duo-Partnerschaft überhaupt zuzulassen. Nach einem Jahr gemeinsamen Studiums haben wir bereits unseren ersten Liederabend gegeben: Mörike-Vertonungen von Hugo Wolf. Jetzt, da wir in Karlsruhe eine gemeinsame Liedklasse haben, erfahren wir, daß viele junge Leute meinen, diesen Begriff »Liedduo« könne man sich ohne weiteres zulegen, sozusagen beschließen, nun sei man ein ›Duo‹... Doch diese Bezeichnung muß sich gleichsam durch das Konzertieren wie ein Ehrentitel ergeben. Oft aber läuft es doch so, daß es einem Sänger, wenn er Karriere macht, egal ist, mit welchem Pianisten er arbeitet...

Wo nehmen Sie als festes Duo immer wieder neue künstlerische Anregungen her?

M. Shirai: Ich beschäftige mich immer wieder von neuem mit den Werken unserer Programme. Das heißt: Ich setze mich mit Text und Musik auseinander, als würde ich mich ihnen neu annähern. Ich versuche, mich in die Liedsituation, in das ICH des Liedes hineinzuversetzen, die innere Entwicklung des Werkes zu verstehen.

H. Höll: Man muß die Personen gleichsam lebendig werden lassen. Wir haben neulich zum ersten Mal die »Dichterliebe« im Konzert aufgeführt. Dieses Werk habe ich nun sehr oft mit Fischer-Dieskau gemacht und kann nun wirklich nicht behaupten, hier keine gültige Interpretation erfahren zu haben. Doch ist es notwendig, den Dichterliebenden immer wieder neu zu erleben und zu hinterfragen. Bei den ersten Proben kämpfte ich ständig damit, wie ich das ›früher‹ gemacht hatte. Mitsuko tastete sich ebenfalls suchend an dieses ICH in seiner Unstetigkeit und Zerrissenheit heran. Einmal meinte sie: »Ich mag diesen Typen einfach nicht!« – weil ihr seine Weichheit, seine ständigen Tränen und Klagen schwer akzeptabel waren. Wir brachen eine Probe dann einfach ab. Und in der nächsten Sitzung hörte ich schon im Klang des ersten Liedes, daß sie ein Zentrum gefunden hatte, daß der Dichterliebende und sie im Einklang waren. Da war plötzlich im Timbre soviel Ausdruckskraft, soviel vielschichtige Seelenregung, daß es leicht für mich wurde, diesem Strom zu folgen und mich lebendig auf ihre zwingende Darstellung einzulassen. So wächst Qualität zu Qualität – und wir versuchen, in großer Selbständigkeit eines jeden Gemeinsamkeit zu schaffen.

Wenn ich Sie recht verstehe, beziehen Sie neue Impulse für Ihre Arbeit immer wieder aus den Werken unmittelbar. Ich möchte trotzdem nochmals nachfragen: Ist es nicht schwieriger, immer mit demselben Partner zu arbeiten – während wechselnde Besetzungen immer wieder andere Aspekte in die Arbeit hineinbringen?

M. SHIRAI: Es ist nicht schwieriger, sondern alles hängt davon ab, wie man mit sich und miteinander umgeht: Man muß eben bereit sein, sich immer wieder von neuem auf die Suche zu begeben. Und im übrigen finde ich: Was mir Hartmut in unserer gemeinsamen Arbeit geben kann, das bietet mir kein anderer Pianist. Wahrscheinlich wegen seines Interesses für Literatur *und* Musik und seiner Bereitschaft, sich so vollkommen auf das Lied einzulassen. Er spielt eben nicht nur Klavier, sondern macht zugleich die Hintergründe deutlich. Er erlebt mit, was die Personen in einem Lied erleben.

H. HÖLL: Das könnte ich über sie natürlich genauso sagen... Ich denke, das Wichtigste ist für uns, uns das ICH eines Stückes anzueignen. Und ich kann mir schon vorstellen, auch mit anderen Sängern zusammenzuarbeiten, aber nur, wenn ich spüre, daß diese auch lebendig sind und lebendig sein wollen! Erschöpft sich eine Probe darin, daß festgelegt wird, ›dieses Ritardando doch ein wenig früher‹ oder ›hier eine größere Abstufung vom forte zum piano zu machen‹, dann sehe ich darin keinen rechten Sinn. Die Frage ist doch, warum steht hier denn dieses forte? Welche Situation, welche Seelenregung wollte der Komponist mit dieser Anweisung verdeutlichen? Wenn man das nicht nachschaffen kann, hilft es nichts, nur mechanisch einer solchen Anweisung nachzukommen. Die von mir erwünschte Lebendigkeit kann sich jedoch nur dann in Klang umsetzen, wenn ein Sänger seine Technik so gut beherrscht, daß er sich in totaler Freiheit von Kopf bis Fuß einbringen kann. Lied ist das Differenzierteste, das es überhaupt gibt – und damit auch das technisch Anspruchsvollste. Hier wird im kleinsten Zeitraum die größte technische, ausdrucksbezogene und empfindungsreiche Variation gefordert. Ich werde immer wieder gefragt, mit anderen Sängern zu arbeiten – aber: Ich bin verwöhnt...

M. SHIRAI: Unsere Verständigung auf dem Podium funktioniert mittlerweile von selbst: Im gemeinsamen Atem ist alles gegeben. Hier muß nichts ›berechnet‹ oder festgelegt werden. Es geht immer darum, selbstlos-selbstbewußt zu sein.

H. HÖLL: Angefangen haben wir mit Liedern von Mendelssohn, Wolf, Alban Berg, Webern – das übliche Repertoire eben. Eine ganz neue Herausforderung war dann Schuberts »Winterreise«. Wir haben über zwei Jahre nachgedacht, ausprobiert und intensiv gearbeitet und gekämpft. Eine öffentliche Aufführung haben wir lange hinausgeschoben, so lange, bis wir wußten, daß und warum wir dieses Werk musizieren wollen und müssen. Vor allem auch Mitsuko mußte entscheiden, ob sie als *Sängerin* sich dieser Herausforderung stellen kann und will. Es ist gut, in einer solch langen Partnerschaft zu stehen: Wir wissen immer genau, an welchem Punkt wir gerade sind, und können kontinuierlich und aufbauend neues Repertoire erarbeiten. Vor zwanzig Jahren hätten wir in unseren kühnsten Träumen vieles nicht für möglich gehalten, was wir uns gemeinsam erarbeitet haben und wo wir hineingewachsen sind.

Sie erleben Ihre feste Partnerschaft demnach beide als Vorteil. Wie erklären Sie sich, daß zwar andere Kammermusikformationen in fester Besetzung existieren – etwa als Streichquartett, Lied-Duos aber kaum?

H. HÖLL: Ich denke, das ist ein grundsätzliches Problem: Das Lied wird nicht als eine Form der Kammermusik akzeptiert! Weitverbreitet ist nach wie vor die Auffassung, Lied sei ein Hobby für Opernsänger – und zwar in dem Sinne, daß ein Liederabend mal zur ›Entspannung‹ eingeschoben wird... Das ist ein großer Irrtum! Mit dieser Einstellung kann keine Lied-Kultur entstehen und kein Lied-Publikum gebildet werden. Wo es Lied-Reihen als feste Einrichtung gibt – und sie darüberhinaus von dem, der sie veranstaltet, pfleglich behandelt werden, da wächst etwas zusammen. Da sind auch genügend interessierte Zuhörer vorhanden – etwa in Amsterdam, in Köln oder in Stuttgart.

M. SHIRAI: Leider gibt es auch Sänger, die sich für etwas Besseres halten als die Pianisten, mit denen sie arbeiten. Ihnen fehlt oft Verständnis für kammermusikalische Zusammenarbeit, die die Werke von Schubert bis Webern doch alle fordern. Ein überzeugendes musikalisches Ergebnis ist auf das Zusammenwirken zweier selbständiger und dabei partnerschaftlicher Musiker angewiesen!

H. Höll: Der Liedpianist braucht ebensoviel Klaviertechnik wie sie jeder Klaviersolist braucht – aber eine ganz andere Art von Technik! Man muß seine Kräfte anders trainieren: Es gilt, mit feinster Differenzierung Miniaturen zu bewältigen, auf kleinstem Raum höchste Flexibilität im Dienste der Empfindung und des Ausdrucks zu haben, immer wieder von neuem sich umstellen und einstellen zu können. Glücklicherweise ist in den letzten Jahren an deutschen Hochschulen die erfreuliche Veränderung zu beobachten, daß in die Liedklassen nicht mehr die Sänger abgeschoben werden, bei denen es ›für die Oper nicht reicht‹ – oder die Pianisten, denen man keine ausreichenden solistischen Qualitäten zuerkennt. Man begreift, daß es für das Lied ganz besonderer Begabung bedarf.

M. Shirai: Für uns ist Liedgesang etwas sehr Persönliches – das heißt: Wir bringen im Lied sehr viel von uns selbst ein. Und zwar nicht als ›Zutat‹ zu dem Werk, sondern indem wir das Stück für uns erschließen, das ICH des Liedes zum eigenen machen. Tut man das nicht, bleibt alles an der Oberfläche – es entsteht keine lebendige Lied-›Situation‹, sondern nur ein Vortrag. Unser Eindruck ist: Vor Ausdruck, vor Emphase haben heute viele Menschen richtiggehend Angst. Alles muß möglichst glatt, dünn und schmerzlos sein... Ähnliches gilt auch für die Sprech-Kultur: Wir finden es schlimm, einem Sprecher zuzuhören und uns dabei fragen zu müssen, was er eigentlich meint – um auf diesem Umweg die entsprechende Empfindung zu entdecken.

Obwohl es schon angeklungen ist: Nochmals die Frage, was einen Pianisten genau dazu bewegt, sich vorrangig dem Lied zuzuwenden?

H. Höll: Das eine ist: Mir persönlich liegt die Miniatur eines Liedes eben näher als eine große Form. Das andere – und wichtigere – ist, daß für mich im Lied der Hinweis auf das, was Kunst eigentlich ausmacht, am stärksten spürbar ist: Daß es sich um zutiefst Persönliches handelt. Nehmen wir etwa »Wanderers Nachtlied« mit der Textzeile: »Balde ruhest du auch« – und dieses ›du‹ spricht hier zu sich selbst, da muß ich mir sofort überlegen:

Welche Ruhe ist hier gemeint – was erlebe ich in diesem Moment? Das kann ich nicht gestalten, sondern das muß ich selbst empfinden. Und gerade das interessiert mich am Lied – nicht nur als Pianist, sondern als Mensch.

Wie haben Sie als junge Sängerin zum Lied gefunden, Frau Shirai?

M. SHIRAI: Ich habe das Lied immer gemocht, schon als ich noch in Japan war. Dann erhielt ich ein Stipendium und kam nach Deutschland. Bald darauf begann dann unsere Zusammenarbeit. Für mich war es anfangs schwierig, aus diesem Gruppenleben, das wir in Japan pflegen und für das eine zu starke Individualität störend ist, zum eigenen Ich zu finden. Ein knappes Jahr, nachdem ich das Studium in Deutschland aufgenommen hatte, belegte ich einen Kurs für Improvisation, der mir sehr geholfen hat. Wir übten so etwas wie Pantomime – und dadurch lernte ich, in die Situation eines Liedes ›hineinzuspringen‹. Und darüberhinaus habe ich damals eigentlich erst mich selbst entdeckt.

Sie haben das Lied zum Zentrum Ihrer gemeinsamen Arbeit gemacht: Welche Bedeutung kommt dabei dem Liedkomponisten Schubert zu?

H. HÖLL: Vor allem ist er sehr schwer! Deshalb sind wir auch immer dankbar für jedes Programm, in dem Schubert nicht vorkommt... Und deshalb manchen wir reine Schubert-Abende...

M. SHIRAI: Gerade für Frauenstimmen ist Schubert besonders heikel. Ich denke, daß Schubert im eigentlichen Sinne ein Instrumentalkomponist ist – und es die Männerstimmen von daher leichter haben als die Frauenstimmen, weil sie eher in ihrer Sprechlage singen können und sich die instrumentale Spannung mit der Deklamation, die bei Schubert in besonderem Maße unerläßlich ist, leichter verbindet. Die Frauenstimme hingegen liegt immer eine Oktave höher. Eine bestimmte Form von Künstlichkeit, die dadurch leicht entstehen kann, muß erst überwunden werden, um zu natürlich wirkender Deklamation zu kommen. Die »Winterreise« war für mich eine Offenbarung – auch wenn beispielsweise Elisabeth Schwarzkopf sich öffentlich dagegen ausgesprochen hat, daß ich das singe. Ich habe über Lied, über Leben, über Musik im allgemeinen durch diesen Zyklus unendlich viel erfahren.

H. HÖLL: Das soll aber nicht heißen, daß wir nun jedem Studenten empfehlen würden, möglichst rasch die »Winterreise« einzustudieren. Jeder muß dazu in seinem eigenen Leben und seinem Repertoire einen bestimmten Punkt erreicht haben – um die Chance, die solch ein Zyklus bietet, überhaupt wahrnehmen zu können. Schubert ist keine Empfindung fremd. Selbst wenn er mit Abgründen spielt, verliert er merkwürdigerweise seine Balance nicht. Auch sein Tonmaterial scheint vertraut und ist doch aller Nuancen fähig. Zum Beispiel diese Triolen-Begleitfigur in den »Harfner«-Liedern: An sich ein simples Motiv, das leicht nach Jahrmarkt klingen kann – und Schubert drückt damit tiefstes Leid und Verzweiflung aus! Ich kann mir vorstellen, daß ein junger Student, der das zum erstenmal liest, denkt: Ist ihm da nichts anderes eingefallen...? Und später spürt er: Es kann gar nicht anders sein! Bei Schubert ist alles ein Balance-Akt...

Wie erklären Sie sich, daß einige Schubert-Lieder so unglaublich bekannt sind, während die übergroße Mehrheit in den Notenbänden schlummert?

H. HÖLL: Das liegt nicht zuletzt am Peters-Verlag! Dieser hat im Band 1 der Schubert-Ausgabe alles das zusammengetragen, was man singen ›soll‹ und was leicht verkäuflich ist. Bis zu Band 7 kommt man zumeist nicht. Kürzlich haben wir einen Liederabend in Wien gemacht mit den Schubert-Liedern »Die Götter Griechenlands«, »An Silvia«, »Daß sie hier gewesen«, »Du liebst mich nicht«, »Im Freien«, »Nachtviolen«. »Zügenglöcklein«, »Herbst«, »Auflösung«, »Abendstern« und anderen. Viele sind späte Lieder, zählen aber zu unserem üblichen Repertoire. Doch wurden wir vielfach darauf angesprochen, was für ein ›schweres‹ Programm das gewesen sei... Einerseits ist Schubert ein Erfolgsgarant beim Publikum – Veranstalter wünschen sich immer Schubert-Lieder. Andererseits wird es, sobald man von den gewohnten Pfaden abweicht, schnell sehr schwer für die Zuhörer. Dann merken sie nämlich erst, daß man bei Schubert sehr wohl hinhören und verkraften können muß. Den ›sicheren Erfolg‹ garantieren nur die bewährten Pfade.

Sie beide gehen diese gerade nicht – also sind Sie doch wohl davon überzeugt, daß ein Interpret sein Publikum durchaus für Neues gewinnen kann. Warum halten viele Kollegen trotzdem am ›Bewährten‹ fest?

M. Shirai: Ich schätze, bei vielen ist das eigene Interesse nicht groß genug, sich die Mühe zu machen, in der Vielfalt der Lied-Literatur auf die Suche zu gehen und Unbekanntes zu erarbeiten. ›Bekannt‹ sind auch vor allem die heiteren, leichter zu genießenden Werke.

H. Höll: Uns hat man oft vorgeworfen, unsere Programme seien zu dunkel oder zu meditativ. Aber: Wieviele ›positive‹ Liebeslieder gibt es etwa bei Schubert? Mir fällt nur ein einziges ein: »Versunken«. Und warum haben Dichter Gedichte geschrieben? Das ist doch immer auch der Versuch, mit einer Lebenssituation fertig zu werden, etwas zu bewältigen – sich etwas von der Seele zu schreiben. »Ich bin ja so glücklich: Wie geht es mir gut!« reicht eben für ein Gedicht nicht aus... Schubert gilt landauf, landab als freundlich, seine Musik tue nicht weh, habe zweifellos hohen Unterhaltungswert – das Zuhören sei einfach angenehm. So sieht *unser* Schubert nicht aus, der Schubert, wie wir ihn – übrigens weit vor der »Winterreise« – kennengelernt haben. Nehmen Sie ein Lied wie »Im Frühling«: »Still sitz‹ ich an des Hügels Hang« – ein wunderschönes Lied! Aber wenn ich mich nun frage, wie lange liegt diese Liebe, von der da die Rede ist, denn zurück? Dann muß ich diese Balance finden zwischen Erinnerung, in der das Glück von damals wieder gegenwärtig wird, der Wehmut, die damit verbunden ist, und dem Schatten, der darauf gefallen ist; gleichzeitig liegt ein leises Lächeln über der Wehmut – das ist eine extrem schwierige, eine delikate Sache, die ganz großen Empfindungsreichtum erfordert! Ist der vorhanden, haben wir hier alles andere als ein einfach konsumierbares Lied. Sicher gilt das nicht für alle Stücke von Schubert, denken wir an den »Musensohn« oder an »Seligkeit«. Aber selbst über dem »Musensohn« liegt ein Schatten von Alleinsein, den man als Grundierung mithören muß.

Wie entstehen Ihre Liederabendprogramme – ist zuerst eine Idee vorhanden, zu der Sie dann Lieder suchen, oder gehen Sie anders vor?

M. Shirai: Das ist unterschiedlich. Bisweilen geben wir uns ein Thema vor oder wir stellen einen Komponisten oder auch einen Dichter in den Mittelpunkt.

H. Höll: Themen haben wir eigentlich eher für einzelne Gruppen, weniger für den ganzen Abend. Manchmal lassen wir uns auch von musikalischen Formen anregen, gestalten das Programm etwa in einer sinfonischen Form, die wir mit einem Scherzo beschließen, oder wählen einen Adagio-Satz nach der Pause als eine eher meditative Gruppe. Unsere Programm-Ideen sind sehr unterschiedlich, eine nur bunte, unterhaltsame Mischung würden wir schwerlich machen. In zahlreichen Gesprächen und Musizierversuchen nimmt so ein Programm langsam Gestalt an.

Erlegen Sie sich selber auf, regelmäßig Ihnen unbekannte Lieder hinzuzunehmen?

H. HÖLL: Heute nicht mehr, aber in den ersten Jahren unserer gemeinsamen Arbeit sind wir so vorgegangen, daß wir für jeden Liederabend ein neues Programm einstudiert haben. Da gab es einmal einen Monat mit sechs Konzerten – also sechs neuen Programmen... Da sind wir schier verzweifelt – und wurden vernünftiger. Mit der Zeit haben sich dann einige Programme herauskristallisiert, auf die wir immer wieder zurückkommen, weil sie einfach ›stimmen‹ und sich bewährt haben.

Welche Rolle spielt für Sie der Text, wenn Sie neue Lieder aussuchen?

M. SHIRAI: Wir sehen uns immer sofort die Verbindung von Text und Musik an, lesen also nicht zuerst den Text in einem Gedichtband durch. Das heben wir uns ganz bewußt für einen späteren Zeitpunkt auf, wenn wir das Lied schon kennengelernt haben. Die Vertonung ist schließlich bereits die Interpretation des Textes durch den Komponisten und diese wollen wir erkennen – *sein* Blick auf den Text ist maßgeblich.

Heißt das, über die Textqualität als solche wollen Sie nicht befinden, sondern allein die neue Einheit aus Text u n d Musik ist für Sie ausschlaggebend?

M. SHIRAI: Absolut! Haben verschiedene Komponisten denselben Text vertont, sieht man doch, wie etwas ganz anderes daraus entsteht – je nach dem Erleben des Komponisten.

H. HÖLL: Wir lesen den Text in der gedruckten Ausgabe wirklich erst, wenn wir mit dem Lied sehr vertraut sind. Da entdecken wir dann manchmal neue Aspekte, die wir wiederum in der Komposition suchen – und dadurch auch diese dann unter Umständen in einem neuen Licht sehen. Nimmt man das Gedicht aber zunächst für sich wahr, kann einem das eigene Textverständnis den Blick auf die Komposition verstellen. Da wir Musiker sind, kann das nicht in unserem Interesse sein...

Das umstrittene Thema ›Männerlieder‹ haben wir eben schon mal berührt, ich möchte aber noch etwas ausführlicher darauf eingehen. Sie haben einige der ›Männer-Zyklen‹ gesungen, Frau Shirai: Gilt die Entscheidung, sich darauf einzulassen, nur für Sie selbst, oder würden Sie andere Sängerinnen dazu ermutigen, es Ihnen gleichzutun?

M. Shirai: Ermutigen – nein. Jeder muß das mit sich selbst ausmachen. Ich selbst gehe nicht als singende Frau aufs Podium, sondern als Medium, als Mensch. Und da bin ich mitten in der »Winterreise«. Zwar ist anfangs von einer verlorenen Liebe die Rede, aber im Mittelpunkt steht diese Reise: Sie führt den Wanderer zu sich selbst – eine Erfahrung, die jeder als Mensch machen kann – vielleicht auch machen muß. Bei der »Schönen Müllerin« liegt der Fall anders; dieses Werk würde ich nicht singen.

H. Höll: Ich möchte etwas ausführlicher erklären, was Mitsuko damit meint, wenn sie sagt, sie tritt nicht als singende Frau auf: Das heißt, es geht nicht um weibliche ›Attraktivität‹, man darf sich nicht, betont fraulich, ganze Ausdrucksbereiche verschließen. Mitsukos Bestreben ist es, ›neutral‹ aufzutreten, um von diesem zentralen Punkt aus alles erreichen zu können, ungefiltert jeden Ausdrucksbereich zu erschließen. Dies alles entscheidet sich übrigens lange vor dem Konzert – in der Einstellung zu sich selbst und der Art, mit sich selbst umzugehen. Nochmals: andere ermutigen – nein! Wenn sich Studentinnen im 2. Semester die »Winterreise« vornehmen, ist das sozusagen die negative Auswirkung der Aktivitäten von Ludwig, Fassbaender und Shirai... Wenn eine junge Sängerin Schumanns »Nußbaum« nicht anständig singen kann – und dann mit Mahlers »Liedern eines fahrenden Gesellen« ankommt, ist das furchtbar für den Lehrer – und fürs Werk. Und wenn auf die Frage, warum sie ausgerechnet dieses Werk ausgewählt hat, die Antwort kommt: »Weil ich diese Lieder mag...«, ist es eine ziemliche Katastrophe... Für *uns* ist die Frage, ›Männerlieder‹ zu singen oder nicht eigentlich kein Thema mehr. Wenn ich als Frau oder Mann strukturell erfassen kann, worum es in einem Werk geht, und alles, was das Stück enthält, nachempfinden und zum Klingen bringen kann – dann steht einer überzeugenden Interpretation nichts im Wege. Gleichwohl spürt man im Publikum bisweilen Vorbehalte – und wird mit der Auffassung konfrontiert, so etwas ›dürfe‹ man nicht machen. Das hängt meines Erachtens mit der Furcht vor versteckter Homosexualität zusammen. Wenn man diesen Gedanken weiterführt, dürften Frauen letztlich die meisten Lieder nicht singen, da sie fast alle von männlichen Dichtern und Komponisten stammen – und insofern ›männliche‹ Gedanken und Gefühle transportieren. Oder: Wie kommen Goethe und Schubert überhaupt dazu, in den Gretchen-Liedern zutiefst ›weibliche‹ Emotionen zum Ausdruck bringen zu wollen...? Wieso vertont Schumann »Frauenliebe und -leben«...? Dieser Unsinn läßt sich endlos fortspinnen! Und das beweist: Ein Kriterium, ›was man darf‹, taugt nichts.

Sie sagten vorhin, Frau Shirai, die »Winterreise« habe für Sie eine ganz besondere Bedeutung gehabt. Könnten Sie erklären, was es damit auf sich hat?

M. SHIRAI: In diesem Zyklus ist einfach alles vorhanden: alle Sehnsüchte, alle Resignation, Gedanken über Tod, Leben und Vergänglichkeit... Auf dieser Reise, die ich nun schon oft gemacht habe, erfahre ich so viel – auch über mich. Das habe ich in diesem Ausmaß mit keinem anderen Stück erlebt. Allerdings habe ich auch selten so sehr mit einem Werk gekämpft und um es so gerungen. Ich hatte auch durchaus Vorbehalte gegenüber einem solchen Männerzyklus. Zum Glück fand die erste Aufführung in einem besonderen Rahmen statt: mit Peter Härtling und Tabea Zimmermann – ein gemeinsames Nachdenken über dieses Werk. Vielleicht hätte ich mich sonst doch davor gescheut. Und Fremdsein und Fremdgemachtwerden sind auch Themen unserer Zeit.

H. HÖLL: Bei der »Winterreise« muß man vor jedem Lied sehr genau wissen, wo man selbst ist – und wo der Winterreisende ist. An manchen Stellen fehlen zwischen zwei Liedern ein paar Stationen: imaginäre Gedichte, imaginäre Lieder.

M. SHIRAI: Immer gibt es eine seelische Ausgangsposition: Dort muß man beginnen und mutig weiterschreiten – dann erst erschließt sich einem die jeweilige Situation. Man darf diese Lieder nicht pauschal betrachten: Das Lied ist freundlich, das traurig, dieses besonders traurig...

H. Höll: Wenn man sich hier offenhält, entfaltet der Zyklus einen immensen Sog. Da erfährt man, wie konsequent Kunst eigentlich ist. Und daß sie eben keine Kompromisse kennt! Kunst geht immer auf Leben und Tod. In der »Winterreise« kommt keiner an dieser Erfahrung vorbei.

Im Hinblick auf 1997 haben Sie sich ein besonderes Schubert-Projekt ausgedacht. Könnten Sie näheres erzählen?

H. Höll: Schubert selbst hat 108 opera veröffentlicht, das heißt: Er hat verschiedene Werke in Gruppen zusammengestellt, die auch so gedruckt erschienen sind. Diese von Schubert selbst vergebenen opus-Zahlen sind heute weitgehend in Vergessenheit geraten. Man arbeitet nur noch mit den Nummern des chronologisch angelegten Deutsch-Verzeichnisses. Durch die vollkommen willkürliche Anordnung der Lieder bei Peters sind sowieso alle Zusammenhänge zerrissen. Wir finden es äußerst interessant, zu erfahren, wie Schubert selbst mit seinem Werkkatalog umgegangen ist. Zum Beispiel nimmt er in einem solchen opus Lieder zusammen, die zu ganz unterschiedlichen Zeiten entstanden sind. Die Motive zu erspüren, den Überlegungen Schuberts zu folgen, ist spannend und äußerst aufschlußreich. Und genau das wollen wir tun, indem wir diese Werkzusammenstellungen in einer Konzertreihe der Internationalen Hugo-Wolf-Akademie in Stuttgart 1997 aufführen, beginnend an Schuberts Geburts- und beschließend an seinem Todestag. Außerdem entsteht auch eine CD-Edition bei Capriccio. Es handelt sich insgesamt um etwa 140 Lieder, sehr viel Klaviermusik, darunter etliches für vier Hände, ein paar kirchenmusikalische und ein paar kammermusikalische Werke: Quartette, Klaviertrios. Man kann daran ablesen, was *ihm* wichtig war – und hat sozusagen ein von Schubert vorgegebenes Programm. Ich erhoffe mir davon eine Aufmerksamkeit für Dinge, die Schubert offensichtlich am Herzen lagen, wo auch biographische Situationen erfahrbar werden. Ein paar Beispiele: Schubert veröffentlicht als opus 14.1 Suleika I. Darauf folgt als opus 14.2 »Geheimes«. Sieht man sich die Texte an, versteht man, warum: Auf »Was bedeutet die Bewegung? Bringt der Ost mir frohe Kunde...?« – Marianne von Willemer in Frankfurt fragt sich, was der Ostwind aus Weimar zu ihr herüberweht – antwortet Goethe: »Über meines Liebchens Äugeln stehn verwundert alle Leute...«, womit Schubert diese Liebesbeziehung fast räumlich gestaltet. Suleika II hingegen veröffentlicht er als Einzellied in opus 31. Ein anderes Beispiel: opus 59 enthält so bekannte Lieder wie »Du bist die Ruh‹« und »Lachen und Weinen«. Das opus beginnt mit dem Lied »Du liebst mich nicht«. Für uns ist es das vielleicht härteste Liebeslied eines Nicht-Geliebten, das wir von Schubert kennen. Die rhythmische Figur im Klavier baut sich wie eine Schraube auf, daß es einem schwindelig werden kann. Das Lied endet in totaler Verzweiflung. Darauf folgt »Daß sie hier gewesen« – dieses eigentümliche Lied, das mehr aus Pausen als aus Klängen besteht – sozusagen Webern im Jahre 1823. Das Objekt der Liebe ist hier schon in die Ferne gerückt. Dann kommt: »Du bist die Ruh«. Vor dem Hintergrund der ersten beiden Lieder erscheint dieses Lied in einem anderen Licht: »Die Sehnsucht du« erhält eine ungeheure Spannung – »...und was sie stillt« ist geradezu resignativ, denn hier wird die Sehnsucht eben nicht gestillt, sondern als Unruhe spürbar. Wenn jetzt »Lachen und Weinen« folgt, hat das Lied überhaupt nichts heiter-unbeschwertes mehr, sondern zeigt jemanden, der verloren dasteht: »Manchmal lach’ ich, manchmal wein’ ich – es ist eh egal...«. Als ganzes ist opus 59 somit eine schmerzliche Erfahrung. Und dabei hört man diese Lieder so oft aus dem Zusammenhang herausgelöst – als nette Zugabe oder ›Programm-Aufheller‹... In diesem Sinne ist bei den opera vieles zu entdecken! Das vorletzte Lied-Opus von Schubert, opus 106, enthält »Heimliches Lieben« – für viele ein fast kitschiges Lied, dessen Titel bereits alles verrät. Darauf folgt »Das Weinen«, dann »Vor meiner Wiege« – das Zurückdenken vor dem Tod an das, wie alles begann. Danach kommt »An Silvia« – eine Reminiszenz an »Heimliches Lieben« sozusagen. Das letzte Lied-Opus 108 sieht so aus: »Über Wildemann«, »Todesmusik« – ein Stück, das in Verklärung endet, und an den Schluß setzt Schubert hier ein 1815 komponiertes Stück: »Die Erscheinung«, eine letzte, weit entrückte Liebes-Vision. Der Text schließt mit den Worten: »Fahr’ wohl, Erscheinung, fahr’ wohl, dich kenn’ ich wohl, und deines Winkes Meinung versteh’ ich, wie ich soll. Wohl für die Zeit geschieden, eint uns ein schönes Band, droben, nicht hienieden, hat Lieb’ ihr Vaterland«: Zusammenstellungen am Ende eines Lebens...

Könnten Sie abschließend beschreiben, was für Sie das Wesen des Schubertschen Liedes ausmacht?

H. Höll: Beim Gedanken an Schubert bewegen mich zwei Aspekte: Zum einen muß man immer bedenken, was vor Schubert war in Bezug auf das Lied, wie wir es heute verstehen: Das ist sehr wenig. Schuberts Liedkunst kommt ganz unvermittelt. Wenn man dann daran denkt, daß der *Beginn* der musikalischen Heine-Rezeption Schuberts »Schwanengesang« ist, ahnt man, welcher Schritt hier getan wurde. Das Lied beginnt bei Schubert – und erreicht mit ihm die ganze Ausdruckshöhe! Damit bin ich gleich beim zweiten Aspekt: Es gibt keinen Ausdruck, der Schubert fremd ist – von größter Sehnsucht, Zärtlichkeit, Visionärem bis hin zu Abgründen des Frostes und des Eises, des trostlosen oder seligen Todes findet sich einfach alles bei ihm. Und all das kann er ausdrücken mit einem musikalischen Material, das ›rein‹ bleibt. Was wiederum besondere Schwierigkeiten für den Interpreten mit sich bringt. Bei Schubert kann man eben nicht wühlen im eigenen Gefühl wie etwa bei Wagner – bei ihm bleibt alles in einer eigentümlichen Balance. Das Wesen der Schubert-Lieder liegt für mich in ihrer großen inneren Gelassenheit – in Verbindung mit einer Größe des Ausdrucks, die alles fordert.

M. Shirai: Das scheint mir sehr gut gesagt! Ich möchte noch hinzufügen, daß Schubert ein ganz besonderes seelisches Spannungsfeld aufbaut: Ich komme hier in ganz neue Räume, ganz weit nach oben. Das muß ich aber auch erreichen *können*, wenn ich diese Lieder interpretieren möchte. Schubert zwingt mich zu einem konsequenten Umgang mit mir selbst.

12. 11. 95, Stuttgart

Biographischer Anhang

Olaf Bär

Der Bariton Olaf Bär begann seine musikalische Laufbahn als Knabensopran im Dresdner Kreuzchor. Im Jahre 1978 nahm er ein Gesangsstudium an der Musikhochschule »Carl Maria von Weber« in Dresden auf. Auf den ersten Preis beim Walther-Gruner-Wettbewerb für deutsches Lied in London 1983 folgte eine rasche internationale Karriere als Lied- und Konzertsänger. Regelmäßige Liederabende führen Olaf Bär heute sowohl in die großen Musikzentren Europas wie auch auf regelmäßige Tourneen durch Australien, Japan sowie Süd- und Nordamerika. Zeugnis vom Rang Olaf Bärs als Konzertsänger legt die Zusammenarbeit mit bedeutenden Dirigenten wie John Eliot Gardiner, Nicolaus Harnoncourt, Sir Georg Solti oder Riccardo Muti ab. Auch als Opernsänger ist Olaf Bär auf vielen wichtigen Bühnen der Welt etabliert: von der Semper-Oper in Dresden über das Royal Opera House Covent Garden in London, die Scala in Mailand, die Wiener Staatsoper, die Deutsche Staatsoper in Berlin bis zu den Opernhäusern in Zürich, Amsterdam oder Frankfurt. Zahlreiche Platteneinspielungen in den Bereichen Lied, Oratorium und Oper dokumentieren die Vielseitigkeit seiner Sängerpersönlichkeit.

Juliane Banse

Die Sopranistin Juliane Banse wuchs in Zürich auf. Ab dem fünften Lebensjahr erhielt sie Violinunterricht und absolvierte parallel zur Schule eine Ballettausbildung am Züricher Opernhaus. Mit fünfzehn Jahren nahm sie ihren ersten Gesangsunterricht. Nach dem Abitur studierte sie Gesang an der Münchner Musikhochschule bei Brigitte Fassbaender. Im Juni 1989 gewann sie den ersten Preis des Gesangswettbewerbs des KulturForums München. Im Oktober desselben Jahres folgte ihr Debüt als Pamina an der Komischen Oper in Berlin mit so großem Erfolg, daß sie sofort als Ilia in »Idomeneo« und als Susanna verpflichtet wurde. Juliane Banse ist seither an der Brüsseler Oper, in Leipzig, Salzburg, Wien und Glyndebourne mit verschiedenen Mozart- und Strausspartien aufgetreten. Als Konzert- wie als Liedsängerin hat sie sich in den europäischen Musikzentren und auf den großen

Festivals ebenfalls etabliert. Im Herbst 1995 debütierte sie in Amerika mit Konzerten unter der Leitung von Leonard Slatkin und Raymond Leppard. Juliane Banse hat bereits einige Platteneinspielungen mit Künstlern wie Brigitte Fassbaender, Vladimir Ashkenazy sowie Claudio Abbado aufzuweisen.

Barbara Bonney

Die amerikanische Sopranistin Barbara Bonney ist auf der Opernbühne wie dem Konzertpodium gleichermaßen zu Hause. Als gefragte Mozart- und Strauss-Interpretin tritt sie mit den führenden Opernorchestern und unter prominenten Dirigenten wie Sir Georg Solti oder Carlos Kleiber in Wien, New York, München, Hamburg oder Genf auf. Als Konzertsängerin konnte Barbara Bonney in letzter Zeit Auftritte mit Claudio Abbado, John Eliot Gardiner und Seiji Ozawa verzeichnen. Liederabende gibt sie gleichermaßen in New York, London, Madrid und Berlin. Zahlreiche Opernaufnahmen mit Werken Händels, Mozarts und Humperdincks sowie Lied-CD's, die Strauss, Wolf, Mendelssohn und Schubert enthalten, hat Barbara Bonney bisher eingespielt.

Christian Elsner

Der Tenor Christian Elsner stammt aus Freiburg im Breisgau. Als Mitglied des Freiburger Domchores erhielt er seine erste Stimmbildung bei dem amerikanischen Tenor Richard Riffel. Im Jahre 1987 nahm er ein Gesangsstudium bei Professor Martin Gründler an der Frankfurter Musikhochschule auf. Ergänzenden Unterricht in Liedinterpretation hatte er später bei Charles Spencer und Dietrich Fischer-Dieskau. 1993 gewann er den Walther-Gruner-Liedwettbewerb in London. Ein Jahr später wurde er beim Internationalen Musikwettbewerb der ARD in München mit dem 2. Preis ausgezeichnet. Inzwischen gastierte Christian Elsner an den Opernhäusern in Mainz, Bremen, Frankfurt und Heidelberg. Als Konzertsänger ist er bereits in allen wichtigen deutschen Konzertsälen aufgetreten und war bei internationalen Festivals zu Gast. Darüberhinaus führten ihn Liederabende in die Londoner Wigmore

Hall wie zur Schubertiade Feldkirch. 1995 erschien seine erste Lied-CD mit Schumanns »Dichterliebe« und dem Liederkreis op. 39.

Brigitte Fassbaender

Die Mezzosopranistin Brigitte Fassbaender ist in Berlin geboren und studierte Gesang bei ihrem Vater, Kammersänger Willy Domgraf-Fassbaender. Sie debütierte an der Münchner Staatsoper und ersang sich dort im Lauf der Jahre alle bedeutenden Partien ihres Faches wie Oktavian, Dorabella, Sesto, Carmen, Eboli, Amneris, Charlotte, Fricka, Geschwitz, Brangaene und viele andere mehr. Sie gastierte an allen bedeutenden Opernhäusern der Welt – in NewYork, San Francisco, Chicago, Mailand, London, Wien, Bayreuth, Berlin, Hamburg wie Salzburg – und arbeitete mit den großen Dirigenten unserer Zeit. Konzert und Liedgesang nahmen jedoch den größten Raum in ihrem musikalischen Schaffen ein. Brigitte Fassbaender hat mehr als 100 Schallplatteneinspielungen aufgenommen. Zu Beginn des Jahres 1995 beendete sie ihre Gesangskarriere, um sich ganz der Regie zu widmen, der seit 1990 ihr Interesse gilt. Im Herbst 1995 übernahm sie die Operndirektion des Staatstheaters Braunschweig.

Dietrich Fischer-Dieskau

Der Bariton Dietrich Fischer-Dieskau wurde 1925 in Berlin geboren. Im Jahre 1941 begann er seine Gesangsausbildung, die er ab 1942 an der Musikhochschule Berlin bei Professor Hermann Weissenborn fortsetzte. Nach dem Abitur wurde er zum Wehrdienst einberufen und geriet in Kriegsgefangenschaft, aus der er 1947 heimkehrte. Sogleich nahm er sein Gesangsstudium wieder auf und gab schon bald erste Liederabende. Sein Operndebut fand 1948 an der Städtischen Oper Berlin statt, wo er den Marquis Posa sang. Auftritte in Wien, München, Salzburg und Bayreuth folgten bald. Im Jahre 1954 unternahm Dietrich Fischer-Dieskau eine erste Lied-Tournee durch die USA. Obwohl er an allen wichtigen Opernhäusern mit den großen Partien seines Stimmfachs aufgetreten ist, wird sein Name in erster Linie mit dem Liedge-

sang verbunden, dem er sich zeit seiner Sängerlaufbahn mit allem
Engagement gewidmet und für den er neue Maßstäbe gesetzt hat.
Seit 1983 unterrichtet Fischer-Dieskau an der Hochschule der
Künste in Berlin. Im Jahre 1992 beendete er seine Sängertätigkeit.
Seither tritt er als Rezitator und zunehmend auch – wieder – als
Dirigent auf.

Irwin Gage

Der Pianist Irwin Gage stammt aus Cleveland/Ohio. Er studierte
Klavier, Musikwissenschaft und Literatur an den Universitäten
von Michigan und Yale. Sein besonderes Interesse für das Kunst-
lied führte ihn nach Wien, wo er an der Akademie für Musik und
darstellende Kunst bei Hilde Lang-Rühl und Erik Werba studier-
te. Irwin Gage ist in der ganzen Welt als Begleiter bedeutender
Solisten bekannt wie Arleen Auger, Brigitte Fassbaender, Tom
Krause, Dietrich Fischer-Dieskau, Gundula Janowitz, Jessye Nor-
man, René Kollo, Lucia Popp, Cheryl Studer oder Peter Schreier.
Sein besonderes Interesse gilt der Zusammenarbeit mit jungen
Sängern wie Julie Kaufmann, Roman Trekel, Matthias Görne,
Christine Schäfer oder Christiane Oelze. Irwin Gage hält Mei-
sterkurse in Europa, Japan und den USA. Seit 1979 leitet er die
Klasse für Liedinterpretation am Konservatorium in Zürich. Im
Jahre 1988 war er dort Mitbegründer des Konzertvereins »Freun-
de des Liedes«. Für seine zahlreichen Einspielungen wurde Irwin
Gage vielfach mit Schallplattenpreisen ausgezeichnet.

Matthias Görne

Der Bariton Matthias Görne machte seine ersten Gesangs- und
Bühnenerfahrungen als Mitglied des Kinder- und Extrachores am
Städtischen Theater in Chemnitz. 1985 begann er ein Gesangs-
studium bei Professor Hans-J. Beyer in Leipzig und setzte seine
Ausbildung später bei Dietrich Fischer-Dieskau und Elisabeth
Schwarzkopf fort. Im Jahre 1989 erhielt er beim Internationalen
Robert-Schumann-Wettbewerb in Zwickau den zweiten, ein Jahr
später beim Internationalen Hugo-Wolf-Wettbewerb den ersten

Preis. Als Konzertsänger ist Matthias Görne dann in rascher Folge in Leipzig, Berlin und Zürich unter Dirigenten wie Kurt Masur, Helmuth Rilling oder Vladimir Ashkenazy aufgetreten. Sensationellen Erfolg feierte er im September 1992 in der Kölner Neuproduktion mit der Titelpartie von Hans Werner Henzes »Der Prinz von Homburg«. Von 1993 bis 1994 war Matthias Görne Ensemblemitglied an der Dresdner Staatsoper. Neben diesen Tätigkeiten widmet er dem Liedgesang besondere Aufmerksamkeit. Liederabende führten ihn bisher schon nach Amsterdam, Paris, Leipzig, Berlin, Köln sowie London. Auch einige Schallplatteneinspielungen im Bereich Lied und Oratorium liegen mit Matthias Görne bereits vor.

Thomas Hampson

Der amerikanische Bariton Thomas Hampson studierte bei Marietta Coyle, Elisabeth Schwarzkopf, Martial Singher und Horst Günther. 1981 gab er sein Operndebüt in Düsseldorf und ging dann nach Zürich, wo er im Mozartzyklus von Harnoncourt/Ponnelle den Don Giovanni und den Grafen im »Figaro« sang. Seither ist Thomas Hampson an allen großen Häusern wie Salzburg, Wien, München, Florenz oder NewYork mit den großen Partien von Mozart ebenso wie von Puccini, Schubert, Monteverdi, Henze und Britten aufgetreten. Als Konzertsänger war er mit Dirigenten wie Leonard Bernstein, James Levine, Seiji Ozawa, Wolfgang Sawallisch oder Daniel Barenboim zu hören. Eine starke Affinität hat Thomas Hampson zum Liedgesang. Das Zentrum seiner Tätigkeit liegt vor allem bei den Liedern Gustav Mahlers, um deren Neue Kritische Ausgabe sich der Bariton verdient gemacht hat. Neben dem klassischen europäischen, vor allem deutschen, Liedrepertoire beschäftigt sich Thomas Hampson auch mit dem Liedgut seiner Heimat. Er hat zahlreiche Einspielungen sowie etliche Schallplattenpreise aufzuweisen.

Robert Holl

Der Baßbariton Robert Holl wurde in Rotterdam geboren. Er studierte bei Jan Veth und David Hollestelle. Nachdem er 1971 den 1.Preis im Internationalen Gesangswettbewerb von s'Hertogenbosch gewonnen hatte, setzte er seine Studien bei Hans Hotter in München fort. Dort wurde er im folgenden Jahr erster Preisträger beim Internationalen ARD-Wettbewerb. Von 1973 bis 1975 war er Mitglied der Bayrischen Staatsoper München und wirkte dann längere Zeit vornehmlich als Konzertsänger. In den letzten Jahren hat sich Robert Holl mit Auftritten in Wien, Brüssel und Zürich der Oper mit Partien von Mozart, Schubert, Rossini, Strauss und Tschaikowski erneut zugewendet. Seiner Tätigkeit als Konzert- und Lied-Sänger widmet er sich jedoch nach wie vor. Robert Holls besondere Liebe gilt dem deutschen Lied, insbesondere dem Schaffen Schuberts, wie dem russischen Lied. Seine Liederabende führen ihn in alle großen Musikzentren Europas, der USA sowie nach Israel. Er ist nicht nur Gast auf den wichtigen Lied-Festivals, sondern auch künstlerischer Leiter von 'Schubertiaden' in Holland und Österreich sowie der »Woche der Romantischen Musik« auf Schloß Grafenegg. Von Robert Holl sind zahlreiche Schallplattenproduktionen erschienen.

Graham Johnson

Der aus Rhodesien stammende Pianist Graham Johnson studierte an der Royal Academy of Music in London und setzte seine Studien anschließend bei Geoffrey Parsons fort. Im Jahre 1972 war er der offizielle Begleiter bei Peter Pears' ersten Meisterklassen, woraus eine regelmäßige Zusammenarbeit mit Pears hervorging. 1975 folgte die Einladung, mit Elisabeth Schwarzkopf zu konzertieren. Graham Johnson hat ganze Reihen von Liederabenden ins Leben gerufen. Für den 1976 von ihm mit der Unterstützung Gerald Moores gegründeten »Songmaker's Almanach« hat er über 150 Programme zusammengestellt und jeweils den Klavierpart übernommen. In London präsentierte Graham Johnson 15 Jahre lang jeden Sommer eine Reihe von Liederzyklen für die South Bank und die Wigmore Hall. Daneben ist er für den Rundfunk tätig: Er schreibt Sendungen zum Thema Lied, das er in seiner weltumfassenden Form begreift, und moderiert diese auch selbst. Seit 1987 ist er Professor für Liedbegleitung an der Londoner Guildhall School of Music. Graham Johnson arbeitete mit vielen großen Liedinterpreten unserer Zeit – etwa Elly Ameling, Arleen Auger, Dame Janet Baker, Brigitte Fassbaender, Lucia Popp, Jessye Norman, Peter Schreier, Marjana Lipovšek, Felicity Lott oder Dame Margaret Price. In seiner HYPERION Schubert Edition spielt er zur Zeit das gesamte Liedschaffen Schuberts mit zahlreichen bedeutenden Sängern ein.

Christoph Prégardien

Der Tenor Christoph Prégardien begann seine musikalische Laufbahn bei den Limburger Domsingknaben. An der Frankfurter Musikhochschule studierte er Gesang bei Martin Gründler, später bei Carla Castellani in Mailand, Karlheinz Jarius in Frankfurt und Alois Treml in Stuttgart. Christoph Prégardien genießt hohe Reputation als Konzertsänger und arbeitet regelmäßig mit Dirigenten wie Brüggen, Christie, Gardiner, Harnoncourt, Hogwood, Jacobs oder Rilling zusammen. Als Opernsänger trat er u.a. in Frankfurt, Stuttgart, Kairo, Montpellier, Tokio und Genf auf. Sein Repertoire umfaßt Partien wie Monteverdis Ulisse, Mozarts Tamino und Don Ottavio, Rossinis Almaviva oder Verdis Fenton. Christoph Prégardiens besondere Liebe gilt dem Liedgesang. Seinen ersten vier Lied-CD's mit Werken von Killmayer, Schubert, Schumann und Mendelssohn war auf Anhieb großer Erfolg beschieden. Insgesamt hat er bei mehr als 80 Produktionen, vor allem im oratorischen Bereich, mitgewirkt.

Hermann Prey

Der Bariton Hermann Prey wurde in Berlin geboren. Seine Gesangsausbildung erhielt er an der dortigen Hochschule für Musik bei Günther Baum und vor allem bei Harry Gottschalk. Im Jahre 1952 beendete Hermann Prey seine Ausbildung und gewann beim Meistersinger-Wettbewerb in Nürnberg den 1. Preis.

Daran knüpfte sich eine erste Einladung in die USA, in die Hermann Prey seither auf unzähligen Gastspielreisen zurückgekehrt ist. Im gleichen Jahr trat Hermann Prey sein erstes Opernengagement in Wiesbaden an. Bereits 1953 holte ihn Günther Rennert an die Hamburgische Staatsoper. Den Durchbruch zur internationalen Karriere brachte ihm der Figaro im »Barbier von Sevilla« 1956 in der Wiener Staatsoper. Seither hat er in allen großen Opernhäusern gesungen – in Mailand, London, Buenos Aires, San Francisco, NewYork ebenso wie in Wien, München oder Bayreuth. Der Schwerpunkt seiner Tätigkeit liegt bei der Mozartschen Oper. Seine zweite große Liebe gilt dem Liedgesang, insbesondere dem Schaffen Schuberts. Hermann Prey gründete verschiedene ›Schubertiaden‹, die sich die Aufführung des Gesamtwerks von Schubert zur Aufgabe gemacht haben. Von Hermann Prey liegen zahlreiche Platteneinspielungen im Opern- wie im Lied-Bereich vor.

Thomas Quasthoff

Der Baßbariton Thomas Quasthoff studierte seit seinem 13. Lebensjahr in Hannover Gesang bei Professor Charlotte Lehmann sowie Musiktheorie und Musikgeschichte bei Professor Huber-Contwig. Nach Jurastudien an der dortigen Universität wurde er Sprecher beim NDR. Mit dem Gewinn des 1.Preises beim Internationalen Musikwettbewerb der ARD in München 1988 begann seine Karriere. In der Folge gab Thomas Quasthoff Konzerte und Liederabende in Amsterdam, Barcelona, Berlin, Bordeaux, Budapest, Dresden, Leipzig, Hannover, Madrid, München, Paris, Rom, Sevilla, Strasbourg, Wien und Zürich. Er arbeitet mit Dirigenten wie Helmuth Rilling, Sir Colin Davis oder Georges Prêtre. Sein USA-Debüt gab Thomas Quasthoff beim Oregon Bach Festival 1995 mit Brittens »War Requiem«, Dvořáks »Stabat Mater«, Mozarts »Requiem« und Bachs »Johannes-Passion«. Im Herbst desselben Jahres erfolgte sein Japan-Debüt im Rahmen einer Tournee mit der Internationalen Bach-Akademie unter Leitung von Helmuth Rilling. Seinen ersten Auftritt in der Londoner Wigmore Hall hatte Thomas Quasthoff im Januar 1996. Bisher liegen einige Schallplatteneinspielungen mit oratorischem Repertoire sowie Lieder und Balladen von Loewe und Schubert vor.

Anneliese Rothenberger

Die Sopranistin Anneliese Rothenberger wurde in Mannheim geboren. Ihre Gesangsausbildung erfolgte dort bei Professor Erika Müller-Seeger. Im Jahre 1947 bekam sie ihr erstes Opernengagement in Koblenz. Schon ein Jahr später wurde sie Mitglied der Staatsoper Hamburg. Ihr Debüt bei den Salzburger Festspielen erfolgte 1954 in der Oper »Penelope« von Rolf Liebermann. Ihren ersten großen internationalen Erfolg feierte Anneliese Rothenberger 1957, als sie in Salzburg die Hauptrolle der Agnes in Liebermanns »Schule der Frauen« sang. Vor allem mit Partien von Mozart und Strauss war Anneliese Rothenberger in den folgenden Jahren an allen wichtigen Bühnen und bei den großen Festivals der Welt zu Gast. Im Jahre 1960 gab sie ein triumphales Debüt an der NewYorker Metropolitan Opera als Zdenka in Richard Strauss' Oper »Arabella«. Im gleichen Jahr schrieb Heinrich Sutermeister für sie die in Zürich uraufgeführte Oper »Madame Bovary«. Daneben hat sich Anneliese Rothenberger immer auch mit großem Engagement für das Lied eingesetzt. So gewann sie dem deutschen Lied Freunde in aller Welt, etwa auf großangelegten Tourneen in den USA oder in Rußland. Mit einer Fernsehreihe hat sie sich erfolgreich für den musikalischen Nachwuchs eingesetzt. Von den zahlreichen Schallplattenproduktionen Anneliese Rothenbergers sind viele vergriffen; etliche wurden jedoch auf CD neu herausgebracht.

Christine Schäfer

Die Sopranistin Christine Schäfer wurde in Frankfurt geboren. Sie studierte Gesang bei Professor Ingrid Figur in Berlin und nahm an Meisterkursen bei Arleen Auger teil. Von 1986 bis 1989 arbeitete sie in den Liedklassen von Aribert Reimann und Dietrich Fischer-Dieskau in Berlin. Im Jahre 1988 war Christine Schäfer Preisträgerin des Bundeswettbewerbs Gesang des VDMK in Berlin. Im gleichen Jahr gab sie mit der Uraufführung der »Nacht-Räume« von Aribert Reimann bei den Berliner Festwochen ein vielbeachtetes Debüt. Eine rege Konzerttätigkeit schloß sich an. Christine Schäfer trat bei etlichen Festspielen wie dem Barockfest Würzburg, dem Europäischen Musikfest Stuttgart, bei der Mozart-Woche in Salzburg wie der Bach-Woche in Ansbach auf. Sie arbeitet mit Dirigenten wie Helmuth Rilling, Leopold Hager, Sir Charles Mackerras, Reinhard Goebel und Nicolaus Harnoncourt. Internationale Beachtung brachte ihr Debüt bei den Salzburger Festspielen 1995 als Lulu. Im gleichen Sommer trat sie erstmals in Glyndebourne auf. Eine wichtige Rolle in Christine Schäfers künstlerischer Arbeit kommt dem Lied zu. Einige Platteneinspielungen mit Liedern wie mit oratorischem Repertoire hat Christine Schäfer bereits aufzuweisen.

Andreas Schmidt

Der Bariton Andreas Schmidt wurde in Düsseldorf geboren. Er studierte zunächst Klavier, Orgel und Dirigieren, dann Gesang bei Ingeborg Reichelt in Düsseldorf und Dietrich Fischer-Dieskau in Berlin. Im Jahre 1983 gewann er den Deutschen Musikwettbewerb und wurde bereits 1984 Ensemblemitglied der Deutschen Oper Berlin. Mit Rollen von Mozart, Wagner, Verdi, aber auch in Uraufführungen von Werken Wolfgang Rihms und Hans Werner Henzes konnte Andreas Schmidt hier zahlreiche Opernerfahrungen sammeln. Gastspiele führten ihn nach Hamburg, München, Wien, Genf, London, Barcelona, Paris und erstmals 1991 nach NewYork, wo er seither in zahlreichen Partien zu hören war. Als Konzertsänger arbeitete Andreas Schmidt mit Dirigenten wie Abbado, Ashkenazy, Barenboim, Bernstein, Davis, Gardiner, Giulini, Haitink, Harnoncourt, Levine, Masur, Ozawa, Sawallisch, Sinopoli und Solti. Aber auch als Liedsänger hat sich Andreas Schmidt schon sehr früh einen Namen gemacht. Zahlreiche Plattenaufnahmen zeugen von seiner breitangelegten künstlerischen Tätigkeit.

Peter Schreier

Der Tenor Peter Schreier wurde 1935 in Meißen an der Elbe geboren. Mit zehn Jahren wurde er Mitglied des Dresdner Kreuzchores und schon als Knabenalt vielfach mit solistischen Aufgaben betraut. An der Dresdner Musikhochschule studierte er Gesang, Chorleitung und Dirigieren. 1959 gab Peter Schreier sein Bühnendebüt als »Erster Gefangener« in Beethovens »Fidelio«. Zwei Jahre später wurde er Mitglied der Staatsoper Dresden; 1963 kam er an die Deutsche Staatsoper Berlin. 1966 sang er erstmals bei den Bayreuther Festspielen. Sein umjubeltes Debüt bei den Salzburger Festspielen gab Peter Schreier im Jahre darauf. Vor allem als Mozart-Sänger eroberte er sich in der Folge die Opernbühnen der Welt. Sein Repertoire ist weitgespannt und umfaßt über 60 Bühnenrollen. Besondere Aufmerksamkeit erregten neben seiner Mozart-Gestaltung Partien von Wagner und Pfitzner. Als Oratoriensänger, vor allem in Werken Johann Sebastian Bachs, war und ist Peter Schreier weltweit gefragt. Vielen gilt er als die ideale Verkörperung des Bachschen Evangelisten. Seine Tätigkeit als Dirigent, die mittlerweile gleichberechtigt neben dem Singen steht, nahm bei Bachs Werken ihren Ausgang. Peter Schreiers große Liebe aber gilt dem Lied – in all seinen Ausprägungen und Stilrichtungen, wobei dem Schaffen Schuberts gleichwohl ein zentraler Stellenwert zukommt. Als Tenor wie als Dirigent hat Peter Schreier eine beeindruckende Discographie vorzulegen.

Mitsuko Shirai/Hartmut Höll

Die Sopranistin Mitsuko Shirai und der Pianist Hartmut Höll arbeiten seit 1972 als Lied-Duo zusammen. Seit den gemeinsamen Studienzeiten haben sich beide kontinuierlich ein riesiges Lied-Repertoire erarbeitet, mit dem sie in ganz Europa, den USA, Israel, Japan und Südamerika aufgetreten sind. Gleichwohl gehen sie nicht ausschließlich gemeinsame Wege: Mitsuko Shirai gab Konzerte mit den Berliner Philharmonikern, der New Japan Philharmonic, dem Atlanta Symphony Orchestra, der Academy of St. Martin in the Fields und anderen mehr. Sie arbeitete mit Dirigenten wie Riccardo Chailly, Seiji Ozawa, Wolfgang Sawallisch oder Sir Neville Marriner. Als Opernsängerin hat Mitsuko Shirai Partien von Mozart, Wagner, Dukas und Berlioz gestaltet. In den Jahren 1973 bis 1976 selbst vielfache Preisträgerin internationaler Wettbewerbe stellt Mitsuko Shirai seither immer wieder ihre Erfahrung als Jurorin zur Verfügung. Hartmut Höll war von 1982 bis 1993 Partner von Dietrich Fischer-Dieskau bei Liederabenden in Salzburg, Edinburgh, Florenz, Luzern, München und Berlin wie in New York, Japan, Israel und Skandinavien. Bis 1986 leitete Hartmut Höll eine Liedklasse für Pianisten und Sänger an der Musikhochschule in Frankfurt; in gleicher Funktion war er von 1987 bis 1992 in Köln tätig. Er ist künstlerischer Leiter der Internationalen Hugo-Wolf-Akademie in Stuttgart. Seit April 1992 leiten Mitsuko Shirai und Hartmut Höll gemeinsam eine Liedklasse an der Musikhochschule in Karlsruhe; seit Oktober 1994 sind sie darüberhinaus als Gastprofessoren am Salzburger Mozarteum tätig. Eine umfangreiche Veröffentlichung von Lied-CD's liegt vor, die mit zahlreichen Schallplattenpreisen ausgezeichnet wurde.

Nicht nur zum Schubert-Jahr

Eine abschließende Anmerkung

Im Zusammenhang mit dem Kölner Schubert-Zyklus in der Saison 1996/97 entstand die Idee, mit den beteiligten Sängerinnen und Sängern Interviews über Schubert und das Lied zu führen. Diese sollten sowohl vom WDR gesendet wie auch als Buch herausgegeben werden.

Im Laufe der Vorarbeiten erweiterte sich der Kreis der Gesprächspartner sowohl um einige Sänger, die ihre aktive Laufbahn bereits beendet haben, als auch um einige Pianisten, denen das Lied Schuberts besonders nahesteht.

Die Reaktionen auf meine Bitte, an diesem Projekt teilzunehmen, reichten von sofortiger begeisterter Zustimmung über die liebenswürdigsten Absagen mit den verschiedensten Begründungen bis zum Ausbleiben jeglicher Reaktion auch auf mehrmaliges Anschreiben. Mit insgesamt zwanzig Künstlern kam es schließlich zu einer Verabredung – und ich reiste von Hamburg bis Feldkirch, um alle vor das Mikrophon zu bekommen.

Auch wenn ich oftmals zu hören bekam, der ›richtige‹ Adressat für mein Anliegen sei doch wohl Dietrich Fischer-Dieskau, bin ich froh und dankbar, daß ich eine Vielzahl von Stimmen und Auffassungen versammeln konnte: Allen meinen Interview-Partnern möchte ich herzlich danken! Ich würde mich sehr freuen, wenn dieses Buch eine Anregung sein könnte, über den Lied-Gesang und die wunderbare Veranstaltungsform des Liederabends – auch über das ›Schubert-Jahr‹ hinaus – ein wenig nachzudenken.

Ein Dank auch an Hans Winking, Mitveranstalter des Kölner Schubert-Zyklusses, für vielfältige organisatorische Unterstützung – sowie an meine Tochter Charlotte, deren unverzichtbarer Beitrag darin bestand, daß sie sich redliche Mühe gegeben hat, nicht zu ›stören‹, wann immer ich mich zum Schreibtisch zurückzog.

Köln, 12. März 1996
Sabine Näher

Bildquellen

Brinkhoff/Mögenburg, Geesthacht, S. 184

Böhme, Hans Ludwig, Coswig, S. 86

Crowthers, Malcolm, London, S. 124

Herbstl. Musiktage Bad Urach, S. 148

Neumeister, Werner, München, S. 54

Purdom, Vivianne, Rom, S. 40

Saniter, Tilman, Stuttgart, S. 176

Swinkels, Jan, Best, S. 74

Vohler & Vohler, München, S. 12

Walter, Nikolaus, Feldkirch, S. 30

Anthony Baines
Lexikon der Musikinstrumente
Aus dem Englischen
übersetzt
und für die deutsche Ausgabe
bearbeitet von Martin Elste
1996. XII, 408 Seiten, 310 Abb.,
gebunden
ISBN 3 - 476 - 00987 - 4
Gemeinschaftsausgabe mit dem
Bärenreiter Verlag, Kassel

Das «Lexikon der Musikinstrumente» informiert in
alphabetischer Anordnung über die gesamte Breite und
Vielfalt der europäischen wie außereuropäischen Musikinstrumente, ihres Baus, ihrer Herkunft, ihres Klangs,
ihrer Spieltechnik, ihrer Verwendung im Orchester bzw.
bei Riten sowie der wichtigsten Veränderungen, die sie
im Verlauf ihrer Geschichte erfahren haben. Dabei sind
nicht nur die klassischen oder traditionellen Instrumente, sondern gleichermaßen die außereuropäischen
Ethnologien sowie das gesamte Instrumentarium der
populären Unterhaltungsmusik (Pop, Rock, Jazz u.a.)
berücksichtigt. Neben dem einzelnen Instrument finden
sich auch Eintragungen zu Instrumentenfamilien sowie
zu allen relevanten historischen wie ethnologischen
Instrumentengruppierungen. Mehr als 300 Abbildun-
gen, Zeichnungen und Notenbeispiele unterstützen und
verdeutlichen die Darstellung. Zu den Vorzügen dieses
Werks gehört nicht zuletzt die Eleganz und Klarheit
seiner Sprache, die das Lexikon für alle Musikinteres-
sierte verständlich macht.

VERLAG J.B. METZLER

Michael Gielen/Paul Fiebig
Beethoven im Gespräch:
Die neun Sinfonien
1995. VI, 153 Seiten, kartoniert
ISBN 3 - 476 - 01334 - 0

«Ich habe Jahre gebraucht, bis ich all das wußte, was ich heute zu vermitteln versuche.» Der Dirigent Michael Gielen gibt Rechenschaft über seine Auseinandersetzung mit den Sinfonien Beethovens, die er eingehend und von Werk zu Werk fortschreitend erläutert. Dabei geht es ihm nicht um subjektive Bekenntnisse, sondern — ganz in der Nachfolge des Schönberg-Kreises und der Musikphilosophie Adornos — um die Vermittlung objektiver Einsichten in Form, Struktur und musikalischen Gehalt der Musik. Auf diese Weise ist ein Buch entstanden, das einerseits in Beethovens Sinfonik einführt, andererseits Einsichten und Zusammenhänge nahelegt, die Beethovens Werk vom Staub des akademischen Klassizismus wie feuilletonistischer Beliebigkeit gleichermaßen befreit. Der Band enthält noch vier weitere Texte: Überlegungen zu den «Fidelio»- bzw. «Leonoren»-Ouvertüren, autobiographische Fragmente, die Rede zur Verleihung des Adorno-Preises sowie ein allgemeines Gespräch, in dem insbesondere das Außenseitertum des Dirigenten Gielen, der — wie wenige — um das Innenleben der Werke bemüht ist, zur Sprache gebracht wird.

VERLAG
J.B. METZLER

Peter Gülke
Fluchtpunkt Musik
Reflexionen eines Dirigenten
zwischen Ost und West
1994. VII, 192 Seiten, kartoniert
ISBN 3 - 476 - 01209 - 3
Gemeinschaftsausgabe mit dem
Bärenreiter-Verlag, Kassel

Die eindrucksvollen Momentaufnahmen des Dirigenten
Peter Gülke, der 1983 die deutsch-deutsche Grenze in
Richtung Westen überschritt, werfen Licht auf vierzig
Jahre Erfahrung mit Musik und Politik in Deutschland.

«Dabei trifft sich Beobachtungsgabe mit Fabulierlust,
und sprachliches Feingefühl verleiht der Darstellung
punktuell literarisches Profil.» *Deutsche Welle, Köln*

«In seinen Schriften verbinden sich analytische Schärfe
und Gründlichkeit, ästhetische, auch politische Reflexion
mit flüssig-anschaulicher Diktion ... – stets spürt man
das lebhafte Interesse eines Musikers, dem die Kunst
alles andere als ein Glasperlenspiel ist.» *FAZ*

VERLAG
J.B. METZLER

Die Welt der Bach-Kantaten

Band 1
Johann Sebastian Bachs
Kirchenkantaten: Von Arnstadt bis
in die Köthener Zeit
Herausgegeben von Christoph Wolff.
Mit einem Vorwort von Ton Koopman
1996. 238 Seiten, 85 Abb., gebunden
ISBN 3 - 476 - 01425 - 8
Gemeinschaftsausgabe mit dem
Bärenreiter-Verlag, Kassel

Bachs Kantaten gehören zu den bekanntesten, meist-
gespielten Werken der Barockmusik. Aber ihre Welt ist
nicht mehr unsere Welt. Beim Hören und Spielen
tauchen Fragen auf, deren Beantwortung dazu verhilft,
Bachs Musik aus ihrem historischen Dasein heraus
besser zu verstehen. Führende Bachforscher geben in
diesem Buch eine Einführung in die Welt der Bach-
Kantaten. Allgemein-historischer und biographischer
Kontext, literarische und theologische Gesichtspunkte,
analytische und ästhetische Überlegungen ergänzen sich
dabei gegenseitig. Entstanden ist das Projekt in Zusammenarbeit mit dem bekannten holländischen Dirigenten Ton Koopman. Der erste Band behandelt Bachs
Kantatenwerk bis zu seiner Berufung als Leipziger
Thomaskantor 1723. Ein zweiter, den weltlichen Kantaten gewidmeter Band erscheint voraussichtlich 1997, ein
abschließender dritter Band, der den Leipziger Kantaten
gewidmet ist, voraussichtlich 1998. Jeder Band ist in sich
abgeschlossen.

VERLAG
J.B. METZLER

Wolfgang Willaschek
Mozart-Theater
Vom «Idomeneo» bis zur «Zauberflöte»
1995. IX, 421 Seiten, gebunden
ISBN 3 - 476 - 00852 - 5

Mozart-Theater ist stets aufs Äußerste hin angelegt:
Experimente mit Menschen auf Liebe und Tod. Wolfgang Willaschek betrachtet Mozarts Musikdramen und
-komödien zwischen «Idomeneo» und «Die Zauber-
flöte» aus der Perspektive praktischer Theaterarbeit.
Er verbindet Informationen zur Werkentstehung und
Aufführungsgeschichte mit musikalischen Analysen,
Rollen- und Situationsbeschreibungen sowie assozia-
tiven Gedanken, wie sie am Beginn einer Inszenierung
stehen. Ziel ist eine Interpretation, die Gradmesser für
die anhaltende Aktualität und die außergewöhnliche
Wirkung von Mozarts Opern sein kann, die es nicht als
Monumente zu verewigen, sondern als Lebens- und
Liebesentwürfe zu vergegenwärtigen gilt.

VERLAG
J.B. METZLER